POLYPHEM

Eine Odyssee
Studien zum Leben und Werk Wilhelm Dörpfelds

Herausgegeben von
Mira Weidhaas-Berghöfer und Armin Eich

Beiträge zur Geschichte und Heimatkunde
des Wuppertals
Band 46

Bibliografische Informationen der Deutschen Nationalbibliothek

Die Deutsche Nationalbibliothek verzeichnet diese Publikation in der Deutschen Nationalbibliografie; detaillierte bibliografische Daten sind im Internet über dnb.d-nb.de abrufbar.

Gefördert durch

© 2021 Polyphem Verlag, Wuppertal

Titelbild: Wilhelm Dörpfeld vor der Statue des Zeus aus dem Hera-Tempel in Pergamon. Stadtarchiv Wuppertal, NDS 23, Kasten 8, Fotoalbum Wilhelm Dörpfeld „Ein Geschenk an meine Schwester", S. 27.
Foto: Gianna Hedderich

Einbandgestaltung und Satz: Patrick Leiverkus, Wuppertal
Druck und Bindung: Books on Demand, Norderstedt

ISBN 978-3-96954-001-5

Besuchen Sie uns im Internet: www.polyphem-verlag.de

Vorwort

Eine wissenschaftlichen Ansprüchen genügende Biografie des Barmer Archäologen Wilhelm Dörpfeld (1853–1940) existiert bislang leider nicht. Peter Goesslers pietätvolle Darstellung *Wilhelm Dörpfeld, ein Leben für die Antike* (Stuttgart 1951) enthält zwar manche wertvolle Information und eine Fülle biografischer Details, ist aber in ihrer ehrfürchtigen Haltung gegenüber dem Protagonisten zu kritiklos und verzichtet zudem darauf, ihre Quellen offenzulegen. Dies ist umso bedauerlicher, als Goessler auf einen Großteil des Dörpfeld'schen Nachlasses zurückgreifen konnte, mithin aus dem Vollen schöpfte. Für eine kritische und aus den Quellen gearbeitete Biografie wäre demnach Raum, zumal der Archäologe, Bauforscher und Publizist Dörpfeld tiefe Spuren in den Archiven und Bibliotheken Europas hinterlassen hat. Und er hat viel dafür getan, dass das so ist, angefangen bei seiner druckreifen Handschrift, seinen präzisen Zeichnungen und der Hortung seiner Manuskripte und Briefe, von denen er häufig Kopien aufbewahrte. Archive in Wuppertal, Leiden, Jena, Berlin, Stuttgart, Ankershagen, Athen und Kairo, um nur die wichtigsten zu nennen, bewahren zum Teil umfangreiche Zeugnisse seiner wissenschaftlichen Tätigkeit und seines publizistischen Wirkens auf: die Basis einer postumen Heroisierung, deren Umsetzung er plante und für legitim erachtete. Seine Notizbücher und Briefe dokumentieren den verbissenen Kampf um seine Thesen, die sich mit zunehmendem Alter immer mehr von der Schulwissenschaft entfernten. Mit derselben Obsession für die von ihm als richtig beurteilte Sache griff er in politische Debatten ein und nahm Partei in publizistischen Streitigkeiten. Die Einordnung und Darstellung der zugrunde liegenden Quellen verlangen in jedem Einzelfall eine vertiefte Einarbeitung, wenn man nicht im Anekdotischen und oberflächlich Biografischen stecken bleiben will. Hier ist noch viel zu tun und spezielle Expertise gefragt, denn kaum ein einzelner Autor oder eine Autorin wird mit dem gleichen Sachverstand Dörpfelds Grabungspläne, die erbittert geführten philologischen Kontroversen oder seine Interventionen in den politischen Meinungsstreit deuten und darstellen können.

Der vorliegende Band führt daher in die Archive, unter der Anleitung von Expertinnen und Experten, die den Aktenstaub, mit Fotografien, Briefen, Notizbüchern vollgestopfte Kartons und endlose Regale nicht gescheut haben. Wir hoffen, dass die Leserinnen und Leser diese Leidenschaft teilen und Archivalien nicht als toten Urväterhausrat empfinden.

Am Beginn steht ein Beitrag von Klaus Goebel über die bergische Heimat des Archäologen, die er nie aus den Augen verlor, und die Elterngeneration, die besonders durch den Namen des Reformpädagogen Friedrich Wilhelm Dörpfeld, des Vaters von Wilhelm, bekannt ist.

Stefanie Kennell, Kennerin der deutschen Wissenschaftsgeschichte des 19. Jahrhunderts und Schliemannforscherin, widmet ihren Beitrag dem nicht immer spannungsfreien Verhältnis zwischen Heinrich Schliemann und Wilhelm Dörpfeld am Beispiel der Grabungen von Tiryns.

Bernhard F. Steinmann beleuchtet die Entwicklung von Dörpfelds Bild der mykenischen Kultur, deren Deutung ihn zunehmend in Konflikt mit der Fachwelt brachte. Während dieser Beitrag vor allem die archäologischen Aspekte von Dörpfelds Sonderweg in den Blick nimmt, untersucht Mira Weidhaas-Berghöfer unter dem Titel *Die Odyssee eines Bauforschers* die Beziehungen der archäologischen und philologischen Arbeit Dörpfelds, die ihn zu einer neuen Bewertung der homerischen Odyssee führte. Diese Thesen wurden allerdings nicht so sehr kontrovers diskutiert als mit ostentativem Schweigen der Schulwissenschaft übergangen, eine Ablehnung, der sich der selbstbewusste Bauforscher nicht beugen wollte, wie seine Aufzeichnungen und Korrespondenz zeigen.

In die Zeit der Jenaer Honorarprofessur führt der Beitrag von Matthias Steinbach, der Dörpfeld als charismatischen Lehrenden und im gesellschaftlichen Umfeld professoralen Statusdenkens zeigt, einem Milieu, in dem er sich zwar zu bewegen wusste, in dem er aber nie wirklich heimisch wurde.

Gianna Hedderich dokumentiert die zeitweise von Dörpfeld mit obsessiver Energie betriebenen Bemühungen, in einer Art privater Außenpolitik den Paragrafen 231 des Versailler Vertrags, in dem „Deutschland und seine Verbündeten als Urheber für alle Verluste und Schäden (sc. des Krieges) verantwortlich" gemacht wurden, zu revidieren. Dörpfelds felsenfester patriotischer Standpunkt und sein (allerdings nicht uneingeschränktes) Eingehen auf die dilettierenden, aber weltanschaulich weit ausgreifenden archäologischen Unternehmungen Wilhelm II. machten Dörpfeld zu einem gern gesehenen „Gast bei Kaisers" im niederländischen Exil. Den persönlichen und wissenschaftlichen Aspekten dieser nicht einfachen Beziehung ist der Beitrag von Thorsten Beigel gewidmet.

Eine weitere, bislang weniger beachtete Station in der „Odyssee des Bauforschers" Dörpfeld, nämlich Ägypten, behandelt Lars Petersen. Obwohl zum Zeitpunkt seines Besuches des Königreichs am Nil schon 78 Jahre alt, trat der streitbare Gelehrte auch hier mit idiosynkratischen Thesen hervor, für die er unter anderem in dem hier vorgestellten Rundbrief an Verwandte und Bekannte warb.

Im hohen Alter verließen den rastlosen Archäologen schließlich doch die Kräfte. Seine bedingungslose Identifikation mit dem nationalen Machtstaat, die Bejahung des monokratischen Zentralismus und das Gefühl der Kränkung, die er sehr persönlich mit dem Versailler Vertrag verband, prädisponierten ihn für eine Unterstützung der NSDAP, deren Aufstieg er euphorisch verfolgte. Der rassistischen Komponente des deutschen Faschismus wusste er nichts abzugewinnen und er war durchaus auch auf seine alten Tage in der Lage, anderen Völkern mit Hochachtung zu begegnen. Zu einer öffentlichen Distanzierung von der NSDAP oder auch nur einem entschiedenen Eintreten für verfolgte Kollegen hat er sich aber aus prinzipieller Loyalität gegenüber der NS-Regierung nicht bereitgefunden. Diesen Aspekt seiner Biografie hat Alexandra Kankeleit ausführlich aus den Akten nachgezeichnet. Das Streben nach Anerkennung und der Anspruch auf persönliche Ehre, die sich mit dem Ansehen eines dominanten Machtstaates unauflöslich verbanden, hatten ihn zur Unterstützung der NSDAP bewogen. Er ist hier genauso gescheitert wie mit seinen ehrgeizigen wissenschaftlichen Thesen. Solange er seinem Talent zu Exaktheit und nüchterner Interpretation gefolgt war, genoss sein Werk höchstes Ansehen. Emblematisch stehen für diese Phase seines Lebens die Korrekturen an den Resultaten und auch Methoden des egomanischen Heinrich Schliemann. Als er die Sensation suchte und die Welt mit aufsehenerregenden Thesen verblüffen wollte, verließ er das Feld seiner spezifischen Begabung und scheiterte. Analog dazu war es auf dem Gebiet der Politik gerade die manische Sucht nach Ehre und Dominanz, die ihm ins Gegenteil ausschlug. Dieser Aspekt seiner Biografie ist früher meist mit Schweigen übergangen worden. Wir haben das Gegenteil getan.

Ursprünglich war vorgesehen, einen interessanten Archivfund als Anhang zu diesem Tagungsband zu publizieren. Es handelt sich um ein von Dörpfeld für sein privates Umfeld zusammengestelltes Buch mit privaten

Fotografien zu seiner Grabungstätigkeit, die er von eigener Hand kommentiert hat. Doch hätte das Bildertagebuch den Rahmen dieses Buches gesprengt, so dass wir uns entschieden haben, es parallel als eigene, von Gianna Hedderich und Mira Weidhaas-Berghöfer herausgegebene Publikation im Polyphem Verlag mit dem Titel „Wilhelm Dörpfeld – Meiner lieben Schwester Christine… Impressionen eines weitgereisten Archäologen" zu edieren.

Die Beiträge des Sammelbandes sind aus einer Tagung im Juli 2018 hervorgegangen. Dem Bergischen Geschichtsverein danken wir für die Aufnahme in die Reihe *Beiträge zur Geschichte und Heimatkunde des Wuppertals* und für die großzügige Unterstützung des Drucks, ebenso wie der Jackstädt-Stiftung und der Stadtsparkasse Wuppertal. Viel verdanken wir auch der Unterstützung und Expertise von Herrn Thorsten Dette, dem Leiter des Wuppertaler Stadtarchivs. Dem Wuppertaler Graduiertenkolleg *Dokument-Text-Edition* danken wir für die Unterstützung der Tagung und alle weiteren Hilfen. Frau Jacqueline Kik, Herr Marco Laudenberg und Herr Paul Reinke haben bei der Gestaltung des Manuskripts unverzichtbare Hilfe geleistet. Peggy und Patrick Leiverkus haben unsere Bemühungen um das Manuskript mit ihrer Expertise in die richtigen Bahnen gelenkt. Auch ihnen sei an dieser Stelle unser herzlicher Dank ausgesprochen.

Mira Weidhaas-Berghöfer   Armin Eich

Wuppertal, im November 2020

Inhaltsverzeichnis

Wilhelm Dörpfeld und das Bergische Land.
Eine lebenslange Beziehung
Klaus Goebel 11

Die Dörpfeld-Schliemann-Zusammenarbeit. Der Fall Tiryns
Stefanie A. H. Kennell 25

Wilhelm Dörpfeld und die mykenische Kultur
Bernhard F. Steinmann 50

Homers Helden als Weimars Gegner. Wilhelm Dörpfeld in Jena
Matthias Steinbach 73

Wilhelm Dörpfeld. Die Odyssee eines Bauforschers
Mira Weidhaas-Berghöfer 84

„Denn die Gelehrten sind dazu berufen, den wahren Frieden
in Europa wiederherzustellen." Dörpfelds Revisionsversuche
zur Kriegsschuldfrage
Gianna Hedderich 107

Zu Gast bei Kaisers. Wilhelm Dörpfeld in Amerongen und Doorn
Thorsten Beigel 128

Wilhelm Dörpfeld am Nil. Ein Rundbrief aus Ägypten 1930/31
Lars Petersen 145

„Er lebt allein im Kampfe für seine Idee".
Wilhelm Dörpfeld in der Zeit des Nationalsozialismus
Alexandra Kankeleit 162

Autorinnen und Autoren 213

Register 215

Wilhelm Dörpfeld und das Bergische Land. Eine lebenslange Beziehung

Klaus Goebel

Wilhelm Dörpfeld ist zeitlebens mit seiner Geburtsstadt Barmen und darüber hinaus mit dem Bergischen Land in engem Kontakt geblieben, vor allem mit Vater, Geschwistern, anderen Familienangehörigen und Freunden. Er kümmert sich auch um das Werk des Vaters und sein Angedenken.

Die Eltern stammen aus Wermelskirchen. Großeltern und Verwandte wohnen dort. In den Berufsjahren und verstärkt im vorgezogenen Ruhestand sucht Dörpfeld nach Spuren ihrer Herkunft vom gleichnamigen Hof Dörpfeld an der Dörpe, die heute in die Wupper-Talsperre bei Hückeswagen mündet. Wilhelm Dörpfeld bringt Namen und Daten mehrerer Vorfahrengenerationen in Erfahrung.[1] Das prägt auch die private Seite von Arbeitsleben und Lebensabend. Ob und wie diese Nachforschungen auf seine wissenschaftliche Arbeit und Forschung eingewirkt haben, ließe sich jeweils näher untersuchen.

Wilhelm Dörpfeld wird am 26. Dezember 1853 in Barmen (heute Wuppertal) geboren. Er ist zweites Kind und erster Sohn des Hauptlehrers und späteren Rektors der evangelisch-lutherischen Volksschule Wupperfeld,

---

[1] W. Dörpfelds eigene Nachforschungen in bergischen Kirchenbüchern und Standesamtsakten sind eingearbeitet in: GOEBEL, *Stammtafel Dörpfeld*.

Friedrich Wilhelm Dörpfelds, und seiner Frau Christine, geb. Keller.[2] Mit vier Geschwistern wächst er im Lehrerhaus heran, das der Schule und der Alten Kirche Wupperfeld benachbart ist. Von den Geschwistern ist Anna (1852–1924) die Älteste; sie ist später mit Johann Sebulon Carnap in Ronsdorf verheiratet. Die übrigen drei Geschwister sind jünger als Wilhelm; Agnes (1858–1907), später mit Gustav von Rohden verehelicht; Christine (1862–1946), die dessen Bruder Wilhelm von Rohden heiratet, und Hans (1865–1923), der unverheiratet bleibt. Die Familie ist in christlichem Glauben und evangelischer Kirche fest verankert.

Noch nicht sechs Jahre alt, wird der Junge 1859 in die Volksschule des Vaters aufgenommen. Dort erhält er bis zum zwölften Lebensjahr eine solide Elementarbildung. Seine lebenslang sorgfältige, ja schöne Handschrift ist davon ein äußerlicher Ausdruck. Die alltägliche Erziehung und Versorgung der Kinder obliegt der Mutter. Der Vater zählt zu den namhaften Pädagogen des 19. Jahrhunderts.[3] Ohne das Lehrerpodium je verlassen zu haben, um eine neue Aufgabe in Lehrerbildung oder Wissenschaft zu übernehmen, hinterlässt er ein pädagogisches Gesamtwerk von zwölf Bänden sowie viele Aufsätze. Er bewährt sich im Lehrervereinswesen und als Schulpraktiker, von dessen Beredsamkeit und Überzeugungskraft Zeitgenossen berichten. Dieses Erbteil geht auf den Sohn über.[4]

Zentrale Bedeutung besitzt für Friedrich Wilhelm Dörpfelds Pädagogik in Theorie und Praxis der evangelische Religionsunterricht. Sein Glaube trägt keine klerikalen Züge, wie seine kritische Haltung gegenüber der geistlichen Schulaufsicht zeigt. Person und Werk Dörpfelds sind dem historisch-pädagogischen Diskurs bis heute noch nicht entschwunden.[5] Die Schulwirklichkeit lässt ein anderes Gesicht als heutzutage erkennen. 1855 unterrichtet der Wupperfelder Hauptlehrer einem Visitationsbericht zufolge in der Oberklasse 120 Mädchen und Jungen des siebten und achten Jahrgangs.[6]

---

2   Alle Familiennamen und -daten: GOEBEL, *Stammtafel Dörpfeld*.
3   Zuletzt GOEBEL, *F. W. Dörpfeld* (2016); GOEBEL, *F. W. Dörpfeld* (2017).
4   GOEBEL, *Archäologe aus Leidenschaft*.
5   So befindet sich eine Dissertation von D. L. LÖFFELMANN an der Friedrich-Schiller-Universität Jena in Vorbereitung, die Aspekte der Pädagogik Dörpfelds unter dem Arbeitstitel *Lehrerbildung, Schulautonomie, Lehrplantheorie. Zur ‚Aktualität' des pädagogischen Denkens Friedrich Wilhelm Dörpfelds* erörtert.
6   GOEBEL, *Schule im Schatten*, 68.

Wilhelm Dörpfeld und das Bergische Land.

Abb. 1: In den Ruinen von Schloss Burg spielte Wilhelm, wenn er die Großeltern Dörpfeld im benachbarten Wermelskirchen-Sellscheid besuchte. Vielleicht hat dieses Erleben ihn mitbestimmt, als Architekt an Ausgrabungen teilzunehmen und damit seinen Lebensberuf zu finden.

Ferienaufenthalte des Schülers bei bergischen Verwandten kommen nicht zu kurz. Bei den väterlichen Großeltern und Verwandten im dörflichen Wermelskirchener Ortsteil Sellscheid hilft er in der Landwirtschaft und in einer Maschinenfabrik. Mit den Kameraden des Dorfes spielt er in der nicht weit entfernten Schlossruine Burg an der Wupper, deren Wiederauf- und Neubau erst Jahrzehnte später einsetzen sollte.

Als sich bei beiden Eltern gesundheitliche Beschwerden einstellen und der Vater eines Asthmaleidens wegen den Schuldienst zeitweilig sogar aussetzen muss, entschließen sie sich, den Sohn der privaten Zahn'schen Erziehungsanstalt in Moers-Fild am Niederrhein anzuvertrauen. Franz Ludwig Zahn, F. W. Dörpfelds pädagogischer Lehrmeister am Lehrerseminar in Moers, hatte sie gegründet und der junge Lehrer Dörpfeld dort seine erste Lehrerstelle innegehabt. Zahn übertrug die Erziehungsanstalt nach der

Pensionierung als Seminardirektor seinem Sohn Franz Zahn. Diesen Schul- und Ortswechsel zwischen 1865 und 1868 kommentiert der Vater Wilhelm Dörpfelds so: „Ich habe meinen Sohn Wilhelm vom zwölften Jahr an seinen Weg gehen lassen, aber doch ihn im Auge behalten. Es ist nicht gut, einem Knaben so nahe auf der Ferse zu sein".[7] Die aus der Internatszeit erhaltenen frühesten Briefe Wilhelms lassen schon den präzisen Berichterstatter späterer Lebensjahre erahnen.[8] Drei väterliche Schreiben aus diesen Jahren stecken voller Ratschläge.[9]

Um sich auf das Barmer altsprachlich-humanistische Gymnasium vorzubereiten, dessen Besuch er nicht weniger als seine Eltern wünscht, nimmt Wilhelm Privatunterricht in Latein und Griechisch. Die Konfirmation in Moers bildet eine Zäsur des Schulbesuchs, denn danach tritt er, zunächst versuchsweise, in die Untersekunda (Klasse 10) des Barmer Gymnasiums ein, erreicht aber dort in kurzer Zeit Anschluss an die neue Klasse. Im Alter äußert er sich emphatisch vor allem über den Griechischunterricht August Dörings[10] und dessen Homerinterpretation.[11] Sie dürfte für Dörpfelds spätere Berufsentscheidung 1877 ebenso eine Rolle gespielt haben wie für seine Suche nach Schauplätzen der Epen Homers. Nicht minder wichtig ist für ihn jedoch der Unterricht in höherer Mathematik, den Gymnasiallehrer Karl Wilhelm Neumann ihm und seinem Freund Friedrich Sluyter privat und unentgeltlich neben dem Unterricht erteilt.

Entscheidung für das Architekturstudium

Diese fachliche Vorbereitung bestimmt auch die beruflichen Interessen der beiden Oberprimaner nach bestandemem Abitur. Beide entscheiden sich für das Baustudium und vermögen, so vorbereitet, auch als Absolventen eines humanistisch-altsprachlichen Gymnasiums den Anforderungen der Berliner Bauakademie zu folgen, als hätten sie ihr Abitur an einem Real-

---

7 DÖRPFELD, *Gesamtausgabe*, 645.
8 Ausschnitte in: GOEBEL, *Der junge W. Dörpfeld*, 4ff. Alle folgenden Zitate sind in den Anmerkungen nicht nachgewiesen und in Privatbesitz befindlichen Briefen von und an Wilhelm Dörpfeld entnommen.
9 DÖRPFELD, *Gesamtausgabe*, 185–187; 203–208.
10 Später Professor der Philosophie an der Friedrich-Wilhelms-Universität Berlin.
11 DÖRPFELD, *Der Glückwunsch eines alten dankbaren Schülers*, 8.

gymnasium abgelegt.[12] Im Abiturzeugnis vom 9. März 1872 übertrifft Mathematik mit „Vorzüglich" sogar die übrigen Fächer. Der Vater hätte sich den sprachgewandten Sohn zwar gern im Hebräischunterricht auf dem Gymnasium und in seinen Spuren als Student der Pädagogik oder Theologie gewünscht,[13] doch stimmt er den Absichten des Sohnes zu. Zu Beginn des letzten Schuljahrs hatte Wilhelm und die Familie ein schwerer Verlust getroffen. Ende Mai 1871 stirbt die Mutter.

Im Oktober 1873 beginnt das Architekturstudium. Zuvor ist Wilhelm Praktikant bei der Bauverwaltung der Stadt Barmen und der Bergisch-Märkischen Industrie-Gesellschaft. Sein zeichnerisches Talent hatte er im Sonntags-Zeichenunterricht der städtischen Fortbildungsschule vier Semester lang ausgebildet. Praktische Erfahrungen verbindet er mit finanziellem Nutzen als Werkstudent im Herbst 1875 bei den bergischen „Ohmen" (Onkeln) Albert Dörpfeld und Gustav Keller in Hammerstein bei Lennep. Dort werden nach seinen Plänen Wollwäscherei, Färberei und Direktorwohnung gebaut.

Im darauffolgenden Herbst stellt der Student statische Berechnungen für die im Bau befindliche Strecke der Rheinischen Eisenbahngesellschaft von Barmen über Mettmann nach Düsseldorf an. Einen Abschnitt bildet heute die Radtrasse der Wuppertal-Bewegung. Den in der Internatszeit begonnenen Briefwechsel mit dem Vater setzt Wilhelm in Berlin fort und sollte ihn mit den Geschwistern und deren Kindern bis zum Lebensende führen. Immer wieder bezieht er Erinnerungen der Jugendjahre ein.

Zu den ersten nachhaltigen Eindrücken des Studenten gehört die gerade fertiggestellte Siegessäule auf dem Königsplatz. Er skizziert sie am Rand eines Briefes vom 13. Oktober 1873. Zum Vergleich dient ein Barmer Beispiel, denn „die ganze Statue ist nur wenig niedriger wie der Wupperfelder Kirchthurm."

Der Studentenalltag gibt Wilhelm Anlass, sich zu beklagen. Die Vermieterin, bei der er mit Sluyter Kost und Logis teilt, knausere mit dem Essen. „Zwei kleine Brödchen" am Morgen machten nicht satt. „So schneide ich mir von unserm Brode noch eine dicke Schnitte dazu ab. Ihr müßt Euch aber unter dem Brode kein Barmer Schwarzbrod vorstellen." Im ersten Brief[14] an den Sohn

---

12 Ebd. 9.
13 DÖRPFELD, *Wie ich Altertumsforscher wurde*, 49.
14 DÖRPFELD, *Gesamtausgabe*, 271–273.

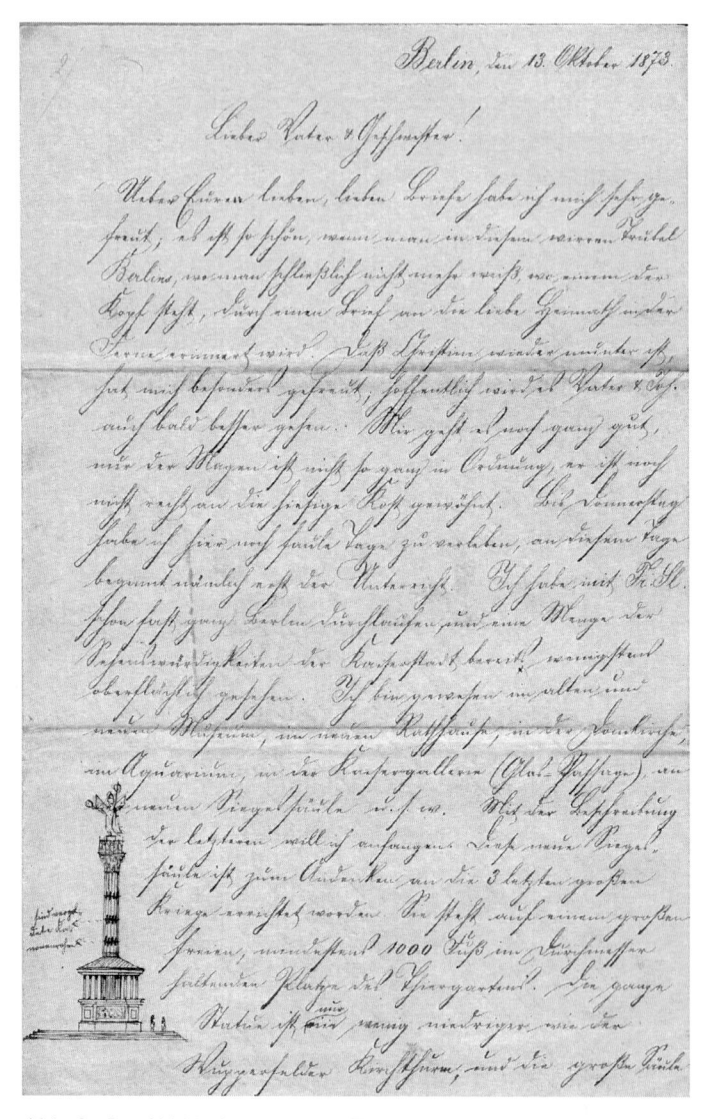

Abb. 2: Brief Wilhelms an seine Eltern am 13. Oktober 1873 über erste Eindrücke des Studenten in Berlin, illustriert mit der Skizze der gerade vollendeten Siegessäule, Nationaldenkmal für die Gefallenen der Kriege 1864, 1866 und 1870/71. Die deutsche Kurrentschrift wechselte Dörpfeld später gegen die lateinische Zweitschrift, die international lesbar war.

nach Berlin rät der Vater, den Kompass nicht zu verlieren, „den Gott der Herr Dir in Seinem Wort in die Hand und durch gute Unterweisung ins Herz gelegt hat." Den Gottesdienst solle er nicht versäumen, der Sabbat sei noch ein Stück aus dem Paradiese. Er empfiehlt Pfarrer Müllensiefen und Hofprediger Frommel, Frommel hatte an der Wupperfelder Kirche gewirkt und wird Wilhelm mit Anne Adler im Berliner Dom 1883 auch trauen.

Die Rolle des Vaters

Der Vater rät nicht ungefragt. Wilhelm hatte ihn um seine Meinung über Theater, Tanzen, Studentenverbindungen und anderes gebeten. Die Briefe vom 5. Dezember 1873[15] und 4. April 1874[16] werden so zu kleinen Kompendien väterlichen Rats und christlicher Lebensführung. Er antwortet auf Wilhelms „peripherische Fragen (Tanzen, Schauspielgehen etc.)" mit dem niederrheinischen Mystiker und Dichter Gerhard Tersteegen. Er habe dem Barmer Arzt und pietistisch-theologischen Schriftsteller Samuel Collenbusch ins Album geschrieben, der Christ sei wie ein Zirkel. „Wenn der eine Zirkelfuß feststeht, so mag der andere so weit ausgreifen, wie er will", er würde immer einen vollkommenen Kreis beschreiben. Es komme auf ein christliches Gewissen an.

In späteren Briefen des Vaters an den Sohn in Griechenland lesen wir von väterlichen Arbeitsvorhaben, Ratschlägen und tröstendem Zuspruch. „Du und die liebe Anna, meine erwachsenen Kinder, Ihr seid meine Freude, meine Krone und mein Trost, nachdem meine Haussonne untergegangen und meine Manneskrone ins Grab gesunken war", schreibt er 1878 nach Olympia.[17]

Dem Eisenacher Seminardirektor Wilhelm Rein schildert er mit einem gewissen Stolz die Karriere des Sohnes in Olympia. Als Volksschullehrer finanziell nicht verwöhnt, hebt er die „1800 Thaler Gehalt, 400 Thaler Reisediäten hin und zurück und mit freier Wohnung und Bedienung (Reitpferd usw.)" schon des Assistenten hervor. Jetzt, 1879, sei er leitender Architekt.

---

15 DÖRPFELD, *Gesamtausgabe*, 273–278.
16 DÖRPFELD, *Gesamtausgabe*, 279–282.
17 DÖRPFELD, *Gesamtausgabe*, 319.

„Doch das Beste und Schönste, was den lieben Jungen ziert," stünde nicht im Zeugnis.[18]

Wie das gemeint sein könnte, ist einer brieflich geführten Diskussion der Geschwister über Internatsgebühren für ihren jüngsten, 16 Jahre alten Bruder Hans zu entnehmen. Wilhelm schreibt seiner Schwester Anna am 16. April 1882 aus Troja, für Hans zahle er das Geld „sehr gerne" und „betrachte es nicht als unangenehme Pflicht, sondern im Gegentheil als einen schönen Vorzug, daß ich für meinen Bruder sorgen darf. Ich verdiene ja jetzt so viel Geld, daß ich es wirklich sehr leicht bezahlen kann." In Troja hatte Wilhelm einen Monat zuvor seine Mitarbeit an Schliemanns Ausgrabungen aufgenommen.

In den nächsten Jahrzehnten lassen sich immer wieder Einflüsse des Vaters aufspüren. So bedankt er sich beim Vorsitzenden der Friedrich-Wilhelm-Dörpfeld-Stiftung in Barmen, Rektor i. R. Wilhelm Vogelsang, am 28. März 1929 für eine neu aufgelegte Schrift von F. W. Dörpfeld. Gegenstand ist der evangelische Märtyrer Adolph Clarenbach aus Remscheid-Lüttringhausen.[19] Der frühe Anhänger Luthers war 1529 in Köln verbrannt worden. Dreihundert Jahre später erstand in der Nähe des Geburtshauses ein Denkmal. Mit innerer Bewegung sei er „oft als Knabe mit meinem Vater und meinem Großvater Pastor Keller an dem Denkmal gewesen, das dieser als Superintendent eingeweiht hatte," schreibt Dörpfeld und fährt ungeschminkt fort: „Die katholische Kirche müßte sich schämen, daß sie solche frommen Leute verbrannt hat, nur weil sie mehr der Bibel glaubten als den Satzungen der katholischen Kirche."

Die Schwester Anna beschreibt eine gemeinsame Wanderung mit dem Vater und dem Bruder Wilhelm nach Schloss Burg. Unterwegs habe der Vater über die Grafen von Berg erzählt. Sie erinnere sich „des tiefen, unauslöschlichen Eindrucks" der Erzählung bei den Geschwistern.[20] Kirche und Schule seiner Jugend stehen ihm vor Augen, wenn er mit der deutschen evangelischen Gemeinde in Athen enge Verbindung hält und 1896 in der griechischen Hauptstadt die Gründung einer deutschen Schule anregt.

---

18 DÖRPFELD, *Gesamtausgabe*, 348.
19 DÖRPFELD, *Adolph Clarenbach*.
20 CARNAP, *Friedrich Wilhelm Dörpfeld*, 23.

Für ein Itinerar der bergischen Reisen Dörpfelds ist hier nicht der Platz. Es ließe sich auch ohne Aufwand den *Daten meines Lebens* entnehmen.[21] Deshalb sollen nur wenige Motive erwähnt sein. Während der Berliner Studienjahre war er immer wieder in der Heimat zu Besuch. Als er den ersten Arbeitsort Berlin noch im selben Jahr 1877 mit Olympia eintauscht, werden solche Fahrten komplizierter und mühsamer. Doch auf den Reisen zwischen Griechenland und Berlin reicht es häufig zu bergischen Abstechern. Ende 1879 war der Vater in den Ruhestand getreten und mit der ältesten Tochter Anna nach Gerresheim bei Düsseldorf umgezogen – ein Grund mehr, mit der Bahn auch dieses Ziel einzubeziehen. Jugenderinnerungen motivieren ihn besonders. Christine schreibt er Anfang 1881, gern besuche er wieder einmal Wermelskirchen, Burg und Sel[l]scheid, wenn er im Sommer dazu Zeit fände. „Mit Sehnsucht denke ich oft an die schönen Tage zurück, die ich als Junge in den Wäldern bei Sel[l]scheid verlebt habe", bei den Großeltern. Sie müssten mal alle zusammen dort hinreisen. Bedauerlich findet er es, seit sieben Jahren keine Schlittschuhe mehr getragen zu haben.

Bisher unbekannte Verwandte treten in sein Blickfeld. „Ist's nun auch wirklich nicht schlimm, daß ich ‚Du' gesagt habe?" schreibt die neuentdeckte Nichte, Maria Dörpfeld aus Sellscheid, 1918. „Eben auf dem Felde kamen mir doch Bedenken, denn Du bist doch ein Herr Professor und ich ein einfaches Bauernmädchen".

Lebensabend

Ich mache einen Zeitsprung. Unmittelbar nach Beendigung der Berliner Olympischen Spiele wird am Geburtshaus in Barmen am 18. August 1936 eine Gedenktafel enthüllt. Die Feier neben der Alten Kirche Wupperfeld findet mit vielen Gästen statt, darunter Olympiateilnehmer und der Oberbürgermeister. Dörpfelds fünfseitiger Bericht an die Familie schließt: „So durfte ich an meinem Lebensabend noch ein erhebendes Fest mitfeiern, das noch einen goldenen Sonnenstrahl auf meinen Lebensweg warf."

Ein Jahr später erklärt Dörpfeld sein Einverständnis und ist sich der Ehre bewusst, dass die Stadt Wuppertal dem altsprachlich-humanistischen Gym-

---

21 Dörpfeld, *Daten*.

nasium am Johannisberg seinen Namen verleiht. Das Barmer Gymnasium, seine ehemalige Schule, ist nach Elberfeld verlegt und mit dem dortigen Gymnasium vereinigt worden, als die bisher selbstständigen Städte in der neuen Stadt Wuppertal aufgingen. Oberstudiendirektor Dr. Paul Sparmberg kommt 1937 offensichtlich einer von den nationalsozialistischen Behörden zu erwartenden politischen Benennung mit dem Vorschlag zuvor, die Schule nach dem ehemaligen Schüler Wilhelm-Dörpfeld-Gymnasium zu nennen.[22] Die Hintergründe können zu diesem Zeitpunkt aber nicht öffentlich thematisiert werden und sie werden Dörpfeld auch nicht bekannt.

Wie hätte Dörpfeld diese Instrumentalisierung seines Namens in seine eigenen Kommentare zur Zeit eingeordnet, hätte er davon erfahren? Er steht seit längerem in Kontakt mit dem schon erwähnten Vorsitzenden der Friedrich-Wilhelm-Dörpfeld-Stiftung, Rektor Vogelsang. Die Stiftung pflegt Werk und Andenken seines Vaters. Dazu gehören Publikationen, Veranstaltungen und Gedenkstätten. Der Sohn unterstützt die Stiftung, die ihrerseits mit der Stadt die Einweihung der für ihn selbst bestimmten Gedenktafel an seinem Geburtshaus 1936 organisiert und in einem geplanten und Ende der Dreißigerjahre dann im Haus Bredt-Rübel gegründeten Wuppertaler Stadtmuseum ein „Dörpfeldzimmer" vorbereitet.

Aus Leukas schreibt Dörpfeld am 16. März 1938, ihn hätten am Radio „die großen Ereignisse der letzten Woche" begeistert, „die zum Anschluss Österreichs an Deutschland führten". Nun sei es „Wirklichkeit geworden: ein Volk, ein Reich, ein Führer!" Diese Worte können bei Vogelsang auf Zustimmung rechnen, der wenige Jahre zuvor den Aufsatz *Hitler und Dörpfeld* verfasst hatte und eine geistige Verwandtschaft „mit unserm Hitler" hatte erkennen wollen, als er Hitlers Buch *Mein Kampf* und dessen Reden „mit Gedanken des großen bergischen Pädagogen F. W. Dörpfeld" verglich.[23] Vogelsang gehört zu Wilhelm Dörpfelds Generation und sieht sich als Schüler seines Vaters. Eines der Hauptwerke F. W. Dörpfelds trägt den Titel *Die freie Schulgemeinde und ihre Anstalten auf dem Boden der freien Kirche im*

---

22 WITTMÜTZ, *Die höheren Schulen in Wuppertal 1933 bis 1945*, 87.
23 Erschienen in *Rhein-Ruhr. Nationalsozialistische Erzieherzeitung*, Nr. 6, März 1934. Uns liegt ein Sonderdruck in Privatbesitz mit Vogelsangs handschriftlicher Widmung an eine Enkelin F. W. Dörpfelds vor: „Frau Agnes Kaufmann erg[ebenst] überreicht v[om] Verf[asser] 26. 3. [19]34."

Wilhelm Dörpfeld und das Bergische Land.

Abb. 3: Wenige Tage nach Beendigung der Olympischen Spiele in Berlin 1936 wurde an Dörpfelds Geburtshaus in der Bredde, Wuppertal-Barmen, mit Olympiateilnehmern eine Gedenktafel enthüllt. In der ersten Reihe der Wuppertaler Oberbürgermeister Julius Friedrich (2. von rechts), daneben Dörpfeld und Rektor Wilhelm Vogelsang, Vorsitzender der Friedrich-Wilhelm-Dörpfeld-Stiftung. Im Hintergrund die Alte Kirche Wupperfeld.

freien Staate.[24] Allein der Titel dieser Programmschrift verbietet jeden Vergleich mit Hitler, erst recht ihr Inhalt. Wilhelm Dörpfeld wiederum gibt seine Zustimmung zu Hitler zwar nicht in Aufsätzen kund, äußert sich jedoch im Verwandten- und Freundeskreis entsprechend.

Ob er Widerspruch erntet? Vogelsang charakterisiert in seinem Hitler-Dörpfeld-Beitrag Dörpfeld und dessen Schwager, Konsistorialrat Dr. Gustav von Rohden, als Freunde der Deutschen im Ausland; letzterer habe „vom Hurrarufen und vom dynastischen Patriotismus [...] freilich nicht viel gehalten".[25] Demgegenüber hält Gustav von Rohdens Schwägerin, Dörpfelds Schwester Christine von Rohden, vom „dynastischen Patriotismus"

24 DÖRPFELD, *Schulverfassung*.
25 Wie Anm. 23.

umso mehr. Einen vierseitigen Text darüber hatte sie nach Dörpfelds Tod 1940 und vor Kriegsende 1945 niedergeschrieben und ihm den Titel *Die Oma erzählt ihren Enkelkindern* gegeben. Er beginnt mit dem Satz: „Die gleiche Begeisterung, die Ihr und Eure Generation unserm Führer Adolf Hitler entgegenbringt, hegten wir Alten früher für unsern verehrten und geliebten Kaiser Wilhelm I. und für alle edlen Hohenzollern".[26]

Der Kriegsausbruch 1939 veranlasst Dörpfeld, einen bereits ausgearbeiteten Reiseplan ins Bergische Land fallen zu lassen. Er war eingeladen, im Hause des Brotfabrikanten Ernst Michel in Wuppertal-Ronsdorf einen Vortrag vor den Mitgliedern der Morgenländischen Gesellschaft zu halten. Michel war ihr Vorsitzender und hatte die Einladung schon drucken lassen. Bevor jedoch jede europäische Reisemöglichkeit kriegsbedingt ihr Ende gefunden haben würde, versucht Dörpfeld, nach Griechenland zu gelangen. Am 27. Oktober erreicht er mit seiner Schwester Christine von Rohden und ihrer Tochter Gertrud „Abends im Mondenschein"[27] sein Besitztum in Leukas/Lefkada. Im Kaiserhaus auf der Halbinsel Nidri schwinden ihm in den nächsten Monaten zunehmend die Lebenskräfte. Schwester und Nichte stehen ihm zur Seite. Am 25. April 1940 stirbt er im Beisein seiner beiden Familienangehörigen und der Gemeindeschwester Elisabeth Dickmann von der deutschen evangelischen Gemeinde Athen. Auf Nidri wird er nahe dem Kaiserhaus beigesetzt. Über letzte Tage, Tod und Beisetzung hat der deutsche evangelische Pfarrer in Athen, Ernst Schäfer, einen Bericht hinterlassen, mit dem Dörpfelds Tagebuch abschließt.[28]

Das Bild der letzten Lebenszeit symbolisiert zum einen, wie die Rolle der Familie in Dörpfelds Leben gesehen werden kann, und zeigt zum andern, dass es trotz einer Reihe wichtiger Lebens- und Arbeitsstationen für Wilhelm Dörpfeld wohl nur zwei Verankerungen gegeben hat, die sich mit Heimat umschreiben lassen: das Bergische Land und die Insel Lefkada.

---

26 Typoskript, Durchschlag (Privatbesitz).
27 DÖRPFELD, *Daten*, 123.
28 DÖRPFELD, *Daten*, 146f.

Literaturverzeichnis

CARNAP, A., *Friedrich Wilhelm Dörpfeld. Aus seinem Leben und Wirken*, Gütersloh ²1903.

DÖRPFELD, F. W., *Dein dankbarer und getreuer F. W. Dörpfeld. Gesamtausgabe der Briefe Friedrich Wilhelm Dörpfelds (1824–1893) mit Erläuterungen und Bilddokumenten*, hg. von K. Goebel, Wuppertal 1976.

DÖRPFELD, F. W., *Schulverfassung. Die freie Schulgemeinde und ihre Anstalten auf dem Boden der freien Kirche im freien Staat: Beiträge zur Theorie des Schulwesen*, in: Gesammelte Schriften, Gütersloh ²1898, Bd. 8.

DÖRPFELD, F. W., *Adolph Clarenbach, der Reformator des Bergischen Landes*, hg. von W. Vogelsang, Berlin ⁴1929.

DÖRPFELD, W., *Der Glückwunsch eines alten dankbaren Schülers*, in: W. Bohle (Hg.), Festschrift zum 350jährigen Jubiläum des Barmer Gymnasiums 1579–1929, Barmen 1929, 8–12.

DÖRPFELD, W., *Wie ich Altertumsforscher wurde*, in: General-Anzeiger der Stadt Wuppertal, Jubiläumsausgabe 50 Jahre, Oktober 1937, 47.

GOEBEL, K., *Stammtafel Dörpfeld*, in: Deutsches Geschlechterbuch, Bd. 168, zugleich Bergisches Geschlechterbuch, Bd. 4, Limburg an der Lahn 1974, 69–176.

GOEBEL, K., *Schule im Schatten. Die Volksschule in den Industriestädten des Wuppertals und seiner niederbergischen Umgebung um 1850*, Wuppertal 1978.

GOEBEL, K., *Archäologe aus Leidenschaft. Aufzeichnung eines Gesprächs zwischen Wilhelm Kunze, ehemaliger Direktor des Deutschen Archäologischen Instituts Athen, und Klaus Goebel*, in: Wuppertal-Magazin, Nr. 3, März 1987.

GOEBEL, K., *Lebensabriss von Wilhelm Dörpfeld*, in: Kulturzentrum der Stadt Leukas/Internationaler Wilhelm-Dörpfeld-Kongress unter der Schirmherrschaft des Kulturministeriums (Hg.), Katalog der Fotoausstellung über W. Dörpfelds Grabungstätigkeit und Reisen, Leukas 2006, 10–14; griechische (ebd. 4–9) und englische (ebd. 15–19) Übersetzung. (erneut abgedruckt in: Kulturzentrum Stadt Leukas (Hg.), Internationale Wilhelm-Dörpfeld-Konferenz 2006, Patras 2008, 15–19.

GOEBEL, K., *Der junge Wilhelm Dörpfeld*, in: Romerike Berge 57 (2007), Heft 3, 2–12 (= Kulturzentrum Stadt Leukas [Hg.], Internationale Wilhelm-Dörpfeld-Konferenz 2006; Patras 2008, 29–41).

GOEBEL, K., *Peter Goessler als Biograph Wilhelm Dörpfelds*, in: Zeitschrift des Bergischen Geschichtsvereins 101 (2008), 203–211.

GOEBEL, K., *Friedrich Wilhelm Dörpfeld (1824–1893)*, in: St. Gorißen/H. Sassin/K. Wesoly (Hg.), Geschichte des Bergischen Landes, Bd. 2, Bielefeld 2016, 529–533.

GOEBEL, K., *Dörpfeld, Friedrich Wilhelm (1824–1893)*, in: Evangelisches Lexikon für Theologie und Gemeinde, Neuausgabe, Holzgerlingen 2017, Bd. 1, Sp. 1521 f.

GOEBEL, K./GIANNOPOULOU, CH. (Hg.), *Wilhelm Dörpfeld: Daten meines Lebens*, Patras 2010 [zitiert als: DÖRPFELD, *Daten*].

WITTMÜTZ, W., *Die höheren Schulen in Wuppertal 1933 bis 1945*, in: K. Goebel (Hg.), Unter Hakenkreuz und Bombenhagel. Die Irreführung einer Generation in Beispielen und Augenzeugenberichten aus Wuppertal, Wuppertal ²1990, 107–116.

Abbildungsnachweis

Abb. 1: Archiv Schlossbauverein Solingen-Burg a.d. Wupper.
Abb. 2: Archiv Klaus Goebel.
Abb. 3: Archiv Klaus Goebel.

Die Dörpfeld-Schliemann-Zusammenarbeit. Der Fall Tiryns[1]

Stefanie A. H. Kennell

Die wissenschaftliche Beziehung zwischen Heinrich Schliemann und Wilhelm Dörpfeld entwickelte sich über mehr als ein Jahrzehnt, von 1879 bis 1891 (Abb. 1). Zwar haben sowohl einige Wissenschaftler als auch die breite Öffentlichkeit ihre wirkliche Bedeutung verkannt; mehrere Forscher haben ihr aber durchaus Beachtung geschenkt. Einige Wissenschaftler wie z. B. Ulf Jantzen und David Traill wollten diese zwei Männer großenteils als intellektuelle Gegensätze betrachten: da wäre einerseits Schliemann, der ungebildete, aber eifrige Amateur, anderseits Dörpfeld, der seriöse Archäologe, von Beruf Bauforscher.[2] Man hat immerhin die Tatsache anerkannt, dass Dörpfeld (genau wie Schliemann) von der Realität des Trojakrieges als eines historischen Ereignisses überzeugt war.

---

1 Besonders bedanken möchte ich mich bei Frau Mira Weidhaas-Berghöfer, die mich zur Dörpfeld-Tagung eingeladen hat und allerlei von mir gestellten Fragen und Bitten gütig entgegengekommen ist, aber auch im höchsten Grad Frau Dr. Natalia Vogeikoff-Brogan, der Archivarin der Amerikanischen Schule in Athen, deren großzügige und langjährige Unterstützung die dieser Studie zugrundeliegende Forschungsarbeit ermöglicht hat, und Herrn Prof. Dr. Thomas Schneider, Ägyptologe an der Universität von Britisch-Kolumbien, für die sorgfältige Korrektur meines noch fehlerhaften Deutschs.
2 MEYER, *Heinrich Schliemann*, 318f., 329–333, 342–349; JANTZEN, *Hundert Jahre*, 24; TRAILL, *Schliemann of Troy*, 104, 218–220.

Abb. 1a–b: Heinrich Schliemann und Wilhelm Dörpfeld.

Ich möchte im Folgenden mein Augenmerk auf das Arbeitsverhältnis der beiden Ausgräber richten, und zwar insbesondere in Zusammenhang mit den Ausgrabungen von Tiryns. An den Anfang möchte ich Bemerkungen Curtis Runnels' über das Buch *Tiryns* stellen, weil der amerikanische Archäologe, ein herausragender Kenner der veröffentlichten Schriften Schliemanns, dieses Buch als seine am vollständigsten realisierte wissenschaftliche Leistung hervorgehoben hat (Abb. 2). Schliemanns Zusammenarbeit mit Dörpfeld und anderen Gelehrten bei den Ausgrabungen des mykenischen Burgpalastes hat sein Werk über Tiryns in den Worten Runnels' zu „einer Meisterleistung des Druck- und Verlagswesens" gemacht.[3] Also verdient die unter Mitarbeit von anderen Gelehrten erfolgte Aufarbeitung der Funde durch Schliemann und Dörpfeld wegen ihrer musterhaften Qualität nähere Betrachtung.

Bevor wir unsere Aufmerksamkeit aber auf die näheren Umstände der Forschungen zu Tiryns richten, möchte ich einen Überblick über die Geschichte der Beziehung zwischen Dörpfeld und Schliemann von ihren An-

---

3 RUNNELS, *The Archaeology*, 53: „a *tour de force* of printing and publishing".

Abb. 2: Titelseite von Tiryns: *Der prähistorische Palast der Könige von Tiryns* (1886).

Abb. 3: Friedrich Adler.

fängen (um 1879) bis zur Beisetzung Schliemanns im Januar 1891 geben.[4] Den frühesten Nachweis für die Bekanntschaft der beiden Männer liefert ein Brief von Dörpfeld an Schliemann vom 10. November 1879. Wie die meisten von mir hier erwähnten Schreiben wird dieser Brief im Archiv der Gennadios-Bibliothek der *American School of Classical Studies in Athens* aufbewahrt, wo ich von 2000 bis 2012 die Gelegenheit hatte zu arbeiten und zu forschen.[5] Der Brief ist knapp: Dörpfeld stellt fest, dass er Schliemann besuchen würde, um eine nicht näher bestimmte Angelegenheit zu diskutieren, dass von Radowitz anscheinend diese Sache unterstützen würde und den beiden vorschlägt, sich zu beeilen. Dörpfeld selbst könne aber gegenwärtig noch nicht abreisen, weil er mit Köhler sprechen müsse. Angesichts des Tenors des Schreibens – höflich, aber nicht übermäßig höflich – müssen sich Dörpfeld und Schliemann einige Zeit vor Abfassung des Briefes kennengelernt haben. Dörpfeld war schon mit Schliemanns Ausgrabungen

---

4 Für weitere Einzelheiten, s. KENNELL, *DASS ES KEINEN*, 261–303.
5 Arch.1; s. auch KENNELL, *Schliemann and his Papers*. Für den am 10.11.1879 geschriebenen Brief s. KENNELL, *DASS ES KEINEN*, 261 u. Taf. 38.3.

in Mykene einigermaßen vertraut, denn er hat Abbildungen einiger Funde aus den Schachtgräbern für seinen zukünftigen Schwiegervater Friedrich Adler gezeichnet (Abb. 3). Weiterhin ist sehr wahrscheinlich, dass er und Schliemann wegen ihrer gemeinsamen Deutschsprachigkeit und auch durch seine (sc. Dörpfelds) eigene archäologische Tätigkeit in Olympia und seiner organisatorischen Begabung miteinander bekannt waren.

Aus den Archiven ergibt sich nichts Weiteres zu dieser Beziehung, bis Schliemann und seine Frau Sophia im März 1882 der Grabung in Olympia einen von Dörpfeld geleiteten Besuch abstatteten. Kurz danach erfahren wir durch ein Telegramm und eine von Dörpfeld an Schliemann geschickte Notiz, dass Dörpfeld im April 1881 für Schliemann Skizzen von der Thalamosdecke des Kuppelgrabs in Orchomenos zwecks späterer Veröffentlichung angefertigt hat.[6] Ob er persönlich nach Orchomenos gereist war (was er zunächst vorhatte), um die Decke mit eigenen Augen zu betrachten, oder die Skizzen nur mit Hilfe eines Abklatsches verfertigte (was wahrscheinlicher ist), lässt sich aber nicht definitiv feststellen. Der erste erhaltene Brief vonseiten Schliemanns datiert auf den 18. Oktober 1881, als er Dörpfeld nach der Möglichkeit einer Mitarbeit in Troja fragt (samt Bemerkungen über Schubkarren und Grüße an seine Schwiegereltern und die Braut). Die Antwort von Dörpfeld, die nur in der Briefausgabe von Meyer erhalten ist, wo der genaue Betrag von Dörpfelds Olympia-Gehalt ausgelassen ist, weist darauf hin, dass er infolge seiner Heirat ein regelmäßiges Einkommen (d. h. eine staatliche Anstellung) benötigte.[7] Während des Spätherbstes und Frühwinters 1881–1882 blieben die beiden Männer schriftlich miteinander in Verbindung. Ihrem Briefwechsel ist zu entnehmen, dass Schliemann zunächst versuchte, eine Stelle für Dörpfeld in Athen zu erhalten, dann aber (wegen eines Regierungswechsels) Dörpfeld dazu gratulierte, dass er gute Aussichten auf eine Arbeitsstelle am DAI habe. Letztlich wurde für Dörpfeld dann doch ein Arbeitsplatz am Athener Institut geschaffen, so dass er auch Zeit für die Mitarbeit an Schliemanns Projekten hatte. Und tatsächlich wurden Dörpfelds erste erhaltenen Briefe an Schliemann im Frühling und Frühsommer 1882 in Troja geschrieben. In dem zweiten Brief (vom 26. Juni) berichtet Dörpfeld über die neuen Funde, bittet um Spaten und etwas Kleingeld und beklagt darüber hinaus die unbehaglichen Umstände in Bu-

---

6 Arch. 2; vgl. SCHLIEMANN, *Exploration*.
7 MEYER, *Briefwechsel II*, 134–136.

narbaschi, wo er trotz der Anwendung „großer Quantitäten Insektenpulver" (wie er schreibt) „so sehr von Flöhen gequält" werde, dass er die folgende Nacht oben auf der Grabungsstätte verbringen wolle. Nach einem Monat (25. Juli) sandte er eine Quittung an Schliemann für das Stipendium in Höhe von 3150 Mark, das er für den Zeitraum von Mitte März bis Ende Juli bekommen hatte. David Traill hat misstrauisch vermutet, dass gerade diese Summe sechs Jahre später Dörpfelds Ansichten hinsichtlich der Datierung der Mauer in Tiryns irgendwie beeinflusst hat. Diese Vermutung ist aber ganz grundlos, denn zu dieser Zeit ging es einfach um Geld, das an Dörpfeld bezahlt wurde, um die Kosten seiner Feldforschung in Troja zu decken.[8]

Im Spätsommer 1882 befand sich Dörpfeld wieder in Griechenland, wo er Schliemann aufforderte, keinen ungenauen und fehlerhaften Plan von Troja zu publizieren; ein exakter Plan würde weitere Messungen und Skizzen benötigen. Er bedauerte auch einen Fieberanfall des älteren Ausgräbers und unterstützte vorsichtig Schliemanns Wunsch, die topografischen Irrtümer in Emil Brentanos Buch *Troja und Neu-Ilion* zu bekämpfen. Im November 1882 reiste er wieder zurück in die Türkei, um Messungen und Zeichnungen von der Akropolis Trojas zu machen. Trotz aller Zusicherungen, dass die Erlaubnis schon vorhanden sei, war Dörpfeld genötigt, einige Zeit bei schlechtem Wetter zu vergeuden und an den Botschafter von Radowitz zu telegrafieren, bis Dörpfeld die relevanten Unterlagen für seine Arbeiten bekam.[9]

Im Dezember reiste er nach Deutschland, um Weihnachten mit seiner Familie in Barmen zu verbringen, Anne Adler und ihre Familie in Berlin zu besuchen und seinen Militärdienst abzuleisten. Die Korrespondenz zwischen ihm und Schliemann (ungefähr ein Dutzend Briefe) beweist zugleich, wie er den letzteren in vielerlei Hinsicht unterstützte. Während seines Wehrdienstes und der Vorbereitung auf den Hochzeitstag wurde Dörpfeld mehrmals von Schliemann dazu aufgefordert, ihm bei der Besorgung von Zeichnungen und Plänen zur Veröffentlichung von dem österreichischen Architekten Höfler behilflich zu sein. Schliemann hatte Höfler für Troja engagiert, als Dörpfeld nicht verfügbar war; angesichts Dörpfelds Wiedereinstellung musste Höfler jede Angst (oder vielleicht Unmut, denn Schliemann schrieb, Höfler müsse ihm böse sein, was ihm sehr weh täte) vor seiner Si-

---

8 Arch. 3; TRAILL, *Schliemann of Troy*, 218–222.
9 Arch. 4; vgl. GOESSLER, *Wilhelm Dörpfeld*, 51; KENNELL, *DASS ES KEINEN*, Taf. 40.

tuation genommen werden. Trotz Ablenkungen hat er diese Aufgabe guten Mutes erfüllt. Am 12. Februar 1883 fand schließlich die Hochzeit von Wilhelm Dörpfeld und Anne Adler statt. Das junge Ehepaar reiste schon kurz darauf nach Griechenland; im Frühjahr 1883 kamen Wilhelm und Anne Dörpfeld in Olympia an und ließen sich danach in Athen nieder.[10]

Leider besitzen die Archive der Gennadios-Bibliothek keine Kopien der von Schliemann zwischen dem 12. April 1883 und dem 23. April 1885 geschriebenen Briefe, und zwar auf Grund der im Zweiten Weltkrieg von Ernst Meyer verschuldeten Verluste.[11] Fünfzehn Originale der von Dörpfeld verfassten Schreiben haben sich immerhin erhalten. Aus diesen Briefen wissen wir, dass mitten in den Bemühungen, sich an die Anforderungen seiner Arbeitsstelle am DAI Athen als auch des neuen Ehestands anzupassen, Dörpfeld alle Fragen Schliemanns zu den Abbildungen für das Buch *Troja* möglichst umfassend zu beantworten versuchte und sich auf Bitten Schliemanns auch an dem Zeitschriften-Streit um Troja beteiligte. Zu dieser Zeit (im Spätsommer 1883) kam es beinahe zu einem Zerwürfnis zwischen beiden: Dörpfeld hatte nämlich in der englischen Übersetzung seines in der *Augsburger Allgemeinen Zeitung* veröffentlichten Artikels über die Stratigrafie der unterschiedlichen Städte von Troja, die in der *Times of London* erschienen war, einige Fehler und Auslassungen festgestellt. Wie sein Schreiben vom 1. September an Schliemann jedoch zeigt, war er bereit, die „mehreren unangenehmen Veränderungen" als unbeabsichtigte (statt arglistig eingefügte) Folgen des Publikationsprozesses zu betrachten, weil er weiter mit Schliemann arbeiten wollte.[12]

Im Herbst 1883 reiste Dörpfeld in die Türkei, kehrte dann aber nach Athen zurück, denn die Geburt seines ersten Kindes wurde Mitte November erwartet. An Schliemann, der den Oktober in England verbrachte, berichtete Dörpfeld über seine Veröffentlichung zur Besichtigungsrunde der archäologischen Stätten der Troas in Begleitung des deutschen Botschafters von Radowitz; letzterer habe zusätzlich um ein Geschenk von einigen Vasen und Spinnwirteln für seine eigene Privatsammlung gebeten. Als der Winckelmann-Tag des Athener Instituts näher rückte, musste Dörpfeld Schliemann beruhigen, indem er ihm zusicherte, dass er in seinem Vortrag die

---

10 Arch. 5.
11 KENNELL, *Schliemann and his Papers*, 793–797.
12 Arch. 6.

neuen Funde in Troja nicht im Einzelnen erwähnen würde, die in dem im Erscheinen begriffenen Troja-Buch publiziert werden sollten.[13]

Für das Jahr 1884 besitzt das Archiv der Gennadios-Bibliothek 15 Briefe von Schliemann an Dörpfeld für den Zeitabschnitt 2. März–8. September, leider aber nichts von Dörpfeld an Schliemann. In diesem Jahr fand die erste Grabungskampagne in Tiryns statt. Ich erwähne zu diesem Zeitraum nur, dass diese Briefe von archäologischen Funden, dem anthropologischen Kongress in Breslau, dem fortwährenden Streit zwischen Schliemann und Bötticher (dem Urheber der Hypothese, wonach Troja eigentlich eine Feuernekropole gewesen sein sollte) und verschiedenen sozialen Angelegenheiten handeln.[14] Im Gegensatz zu der Bestandssituation des Briefwechsels aus dem Vorjahr sind sieben von Dörpfeld im Jahr 1885 geschriebene Briefe vorhanden, die alle während der Grabungsarbeiten in Tiryns verfasst wurden. Darauf komme ich bald zu sprechen.

Nach dem Abschluss der Tiryns-Ausgrabungen und ihrer Veröffentlichung kehrten die beiden Männer wieder zu der Troja-Problematik zurück, besonders wegen der wiederholt von Bötticher erhobenen Einwände gegen Schliemanns Interpretation der Schichten von Troja.[15] Inzwischen wurde Dörpfeld im Sommer 1886 zum zweiten Sekretär des DAI ernannt, eine Stelle, deren Aufgaben er mit seiner Ausgrabungs- und Schreibarbeit koordinieren musste. Dennoch war er an einigen Projekten von Schliemann beteiligt. Dieser wollte den kretischen Olivenhain, in dem die Ruinen von Knossos liegen, erwerben. Wie in seinen Briefen und Postkarten zum Ausdruck kommt, war Dörpfeld darauf versessen, den prähistorischen Palast südlich von Heraklion auszugraben. Nachdem die Verhandlungen mit den türkisch-kretischen Behörden über das Grundstück und die Genehmigung letzten Endes ohne Erfolg blieben, schlug er vor, vielleicht in Ithaka, Pylos, oder Sparta auszugraben.[16]

Seit 1885, als die Miete für das bestehende Institutsgebäude erheblich erhöht wurde, hatte Schliemann das Vorhaben, „ein Haus" für das Athener Institut (bzw. seinen Kollegen Dörpfeld) zu besorgen. Da dieses „Haus" ein

---

13 Arch. 7; s. auch KENNELL, *DASS ES KEINEN*, Taf. 40.
14 Arch. 8.
15 Arch. 9; vgl. ZAVADIL, *Ein trojanischer Federkrieg*, 153–154, Nr. 19.
16 Arch. 10; s. KENNELL, *DASS ES KEINEN*, Taf. 44.1; vgl. GOESSLER, *Wilhelm Dörpfeld*, 57–59, 76–77.

Neubau sein sollte, musste Schliemann eine Menge Vorkehrungen treffen, sowohl in Athen (in Bezug auf das Grundstück, den Architekten usw.) als auch in Berlin (Verhandlungen mit der Direktion des Instituts und den zuständigen Behörden). Obwohl Dörpfeld seit dem Sommer 1886 als zweiter Sekretär amtierte, war er erst seit Mitte 1887 enger an der Planung und Ausführung beteiligt, denn er wurde Ende Mai zum ersten Sekretär ernannt und übernahm die Leitung des DAI am 7. Juli. Seine Beteiligung an der Planung reichte von Fragen der architektonischen Gestaltung (er wollte Balkone an mindestens zwei Seiten) und Konstruktion, über die Mietverhältnisse bis zu von Schliemann aufgeworfenen Fragen zu Details der Bodenbeläge (Beton? Holz?). Nach dem Bau des Hauses und dem Abschluss des Mietvertrags gab es noch einige Komplikationen, weil das Gebäude nicht nur als Amtssitz und Forschungseinrichtung des Instituts, sondern auch als Herberge für einige Institutsmitglieder und als Zuhause der Familie Dörpfeld dienen sollte. Aus der Korrespondenz geht hervor, dass zu den praktischen Problemen, mit denen sich Dörpfeld und Schliemann befassen mussten, fehlerhafte Türgriffe und die unzuverlässige Wasserversorgung hinzukamen, bisweilen erschwert durch Streiche von Kindern, die etwa die Wasserpumpe beschädigten.[17]

Während die Entdeckungen in Troja und Mykene auf Grund der kulturgeschichtlichen Bedeutung der homerischen Epen weltweites Interesse erweckten, hatten Schliemann und Dörpfeld sich mit Einwänden einiger Forscher und Autoren in den Printmedien über die Deutung bzw. Bedeutung der Funde auseinanderzusetzen. In diesem Zusammenhang hat MICHAELA ZAVADIL in ihrem Buch über die Bötticher-Kontroverse Hervorragendes geleistet.[18] Die Zusammenarbeit von Dörpfeld und Schliemann umfasste auch die Troja-Konferenz von 1890 und entsprechende Publikationen. Zwischen 1886 und Ende 1890, während Dörpfeld mit der Institutsverwaltung, mehreren Ausgrabungen und Familienangelegenheiten beschäftigt war, schrieb Schliemann an ihn aus Athen und von unterwegs zwecks verschiedener Angelegenheiten – wissenschaftlicher Interessen, Publikationsvorhaben, Fachkongressen, der Verwaltung seiner Investitionen und in Sa-

---

17 KENNELL, *DASS ES KEINEN*, 281–287 u. Taf. 46–47; Beispiele hierfür: Arch. 11.
18 ZAVADIL, *Ein trojanischer Federkrieg*, bes. 33–106.

chen Gesundheit; die Briefe gingen nach Frankreich, in das österreichische Kaiserreich und nach Deutschland.[19]

Nach der Ausgrabungskampagne in Troja von 1890 verschlimmerten sich Schliemanns Hörprobleme, so dass er im November nach Heidelberg reiste, um sich einer Operation seiner Ohren zu unterziehen. Sogar während seiner Genesung, die einen Krankenhausaufenthalt von einem Monat bedingte, hat Schliemann die Korrespondenz mit Dörpfeld weitergeführt. Die vier Briefe, die uns erhalten sind, konzentrieren sich großenteils auf Publikationsangelegenheiten. Das letzte Schreiben an Dörpfeld (datiert vom 7. Dezember 1890) zeigt aber eine andere Gemütslage. Nach Wochen von Einsamkeit, Stille, und Leiden – sein linkes Ohr bereitete Schliemann mangels Antibiotika weiterhin Schmerzen –, schrieb er: „Ich hoffe, wir arbeiten noch viele Jahre zusammen [...] und hoffe gegen den 23. d. Monats in Athen zu sein". Leider besitzt die Gennadios-Bibliothek aufgrund des Todes

---

19 B Kiste 99, No 363, 9.07.1886; Nr. 373, 13.07.1886; Nr. 414, 30.07.1886; Nr. 459, 23.08.1886; B Kiste 100, Nr. 152, 24.04.1887. S. auch B Kiste 101, Nr. 220, 7.07.1887; Nr. 237, 14.07.1887; Nr. 245, 18.07.1887; Nr. 249, 20.07.1887; Nr. 257, 28.07.1887; Nr. 268, 4.08.1887; Nr. 421, 25.11.1887); 422, 27.11.1887); 426, 3.12.1887); u. 441, 11.12.1887; B Kiste 101, Nr. 428, 4.12.1887 (Winckelmann-Tag Einladung); B Kiste 102, Nr. 220 u. 233, 12 u. 24.05.1887; BBB 41, Blatt 53, 14.07.1888. B Kiste 103, Nr. 356, 19.08.1888; Nr. 387, 6.09.1888; Nr. 388, 7.09.1888 (vgl. BBB 41, Blätter 113–114); Nr. 401 u. 424, 19 u. 26.09.1888; Nr. 515, 13.11.1888. BBB 41, Blatt 117, 19.09.1888; Nr. 442, 10.10.1888 (vgl. Nr. 426, 1.10.1888), Nr. 429, 3.10.1888; Blatt 125, 9.10.1888. B Kiste 103, Nr. 450, 15.10.1888. BBB 41, Blatt 145, 25.10.1888. B Kiste 103, Nr. 551 u. 579, 8 u. 21.12.1888. B Kiste 104, Nr. 8, 3.01.1889; Nr. 9; Nr. 26, 15.01.1889; Nr. 142, 29.03.1889; Nr. 292, 21.07.1889; vgl. Meyer Briefwechsel II, S. 317 Nr. 294. B Kiste 105, Nr. 326, 4.08.1889; Nr. 356, 14.08.1889; Nr. 357, 16.08.1889; Nr. 365, 26.08.1889. BBB 41, Blätter 369–370, Item 585, 30.08.1889; Nr. 374, 1.09.1889; Nr. 378, 3.09.1889; Nr. 396, 14.09.1889; Nr. 415, 26.09.1889; Nr. 433, 3.10.1889; s.auch Zavadil, Ein trojanischer Federkrieg, S. 209–210 Nr. 77 (Dörpfeld an Rudolf Virchow über Bötticher u. die Troja-Konferenz 30.09.1889). Vgl. Dörpfeld an Adler, 9.11.1888 (DAI Berlin); Nr. 433, 3.10.1889; Dörpfeld an Adler 9.10.1889 (DAI Berlin, Archiv). B Kiste 105, Nr. 454, 13.10.1889; Nr. 509, 5.11.1889; Nr. 529, 11.11.1889 (s. Zavadil, Ein trojanischer Federkrieg, S. 231–233, Nr. 102–103, u. 240–243, Nr. 113–114). Eine Beschreibung seiner Reise mit der Kaiserin ist bei Dörpfeld an Adler, 18.11.1889 (DAI Berlin; 12-seitige Kopie, nicht von D. geschrieben). B Kiste 105, Nr. 562, 18.11.1889. BBB 41, Blatt 360, Item 572, 18.08.1889. S. Zavadil, Ein trojanischer Federkrieg, S. 208–209 Nr. 76, u. S. 240—242, 246 Nr. 113 u. 118. Dörpfeld an Adler, 9.10.1889 (DAI Berlin; über Feldarbeit zu Lokri). B Kiste 105, Nr. 418, 28.09.1889; Nr. 550, 14.11.1889, u. Nr. 557, 16.11.1889. Vgl. Zavadil, Ein trojanischer Federkrieg, 252–261, Nr. 127–139. Von Schliemann in Boulogne-sur-Mer: BBB 41, Blatt 336, Item 526, 31.07.1889; Blatt 348, Item 547, 8.08.1889; Blatt 350, Item 553, 9.08.1889; Blätter 369–370, Item 585, 30.08.1889; Blatt 373, Item 588, 1.09.1889.

Schliemanns keine an ihn gesandten Briefe aus dem Jahr 1890. Schliemann selber war schon bald von Heidelberg über Umwege nach Athen gereist und hatte sich, wie immer, unzureichend geschont. Diese Überanstrengung, verstärkt durch Komplikationen beim Heilungsverlauf und ein heftiges Unwetter im Dezember hat seinen Tod am 26. Dezember in Neapel zweifelsohne beschleunigt. Wie Dörpfeld seinem Schwiegervater Friedrich Adler berichtet, musste er auf Bitten der Witwe Sophia und in Begleitung ihres Bruders den Leichnam Schliemanns zurückbringen und eine Woche später die Trauerrede halten.[20]

Kehren wir nach diesem Überblick zu der Ausgrabung von Tiryns zurück, um Näheres über die Arbeitsbeziehung der zwei Archäologen zu erfahren. Während seiner Feldarbeit in Mykene hatte Schliemann ein paar Tage (Anfang August 1876) in Tiryns geforscht (Abb. 4). Aber erst im Jahr 1884 hat eine gemeinsame Grabungskampagne mit Dörpfeld in Tiryns stattgefunden. Die Erforschung von Tiryns dauerte in der Tat nur zwei regelrechte Kampagnen (1884 und 1885). Erst musste die Grabungserlaubnis eingeholt, dann Arbeiter angestellt werden.

Wie schon bemerkt, stammen die aus dem Jahr 1884 erhaltenen Briefe über Tiryns alle aus der Feder Schliemanns. Obwohl wir keine Briefe von Dörpfeld an Schliemann für diesen Zeitabschnitt besitzen, gibt es doch in der Berliner Hauptstelle des DAI einen achtseitigen Brief, den er an seinen Schwiegervater am 9. April 1884 schrieb. Die für Tiryns relevanten Abschnitte lauten wie folgt (Abb. 5):

> Ich sitze auf den alten Mauern Tiryns ... Ich antworte Dir sofort, weil ich Dir viele interessante Sachen mitzutheilen habe, über die Du Dich gewiss freuen wirst.... schnell nach Tiryns, wo ich jetzt eifrig arbeite. Schliemann hatte schon vor meiner Ankunft 20 Tage hier gebuddelt, ohne etwas besonders zu finden. Er hatte einige Mauern ausgegraben, die er für byzantinisch hielt. Diese Mauern sind aber unbedingt der alte Königspallast, der sich fast über die ganze Hochburg ausdehnt. Der entsinnt Dich wohl, dass wir schon früher 3 Säulenfundamente und 1 Pfeiler, sowie in allen Schliemannischen Löchern einen

---

20 Arch. 12. Dass es bessere Beziehungen zwischen Dörpfeld und den Türken gab, darf seiner sorgfältigen Achtung sowohl ihrer Regelungen als auch der Gefühle des Gastlands zugeschrieben werden: Uslu, *Homer, Troy and the Turks*, 179–182.

Die Dörpfeld-Schliemann-Zusammenarbeit.

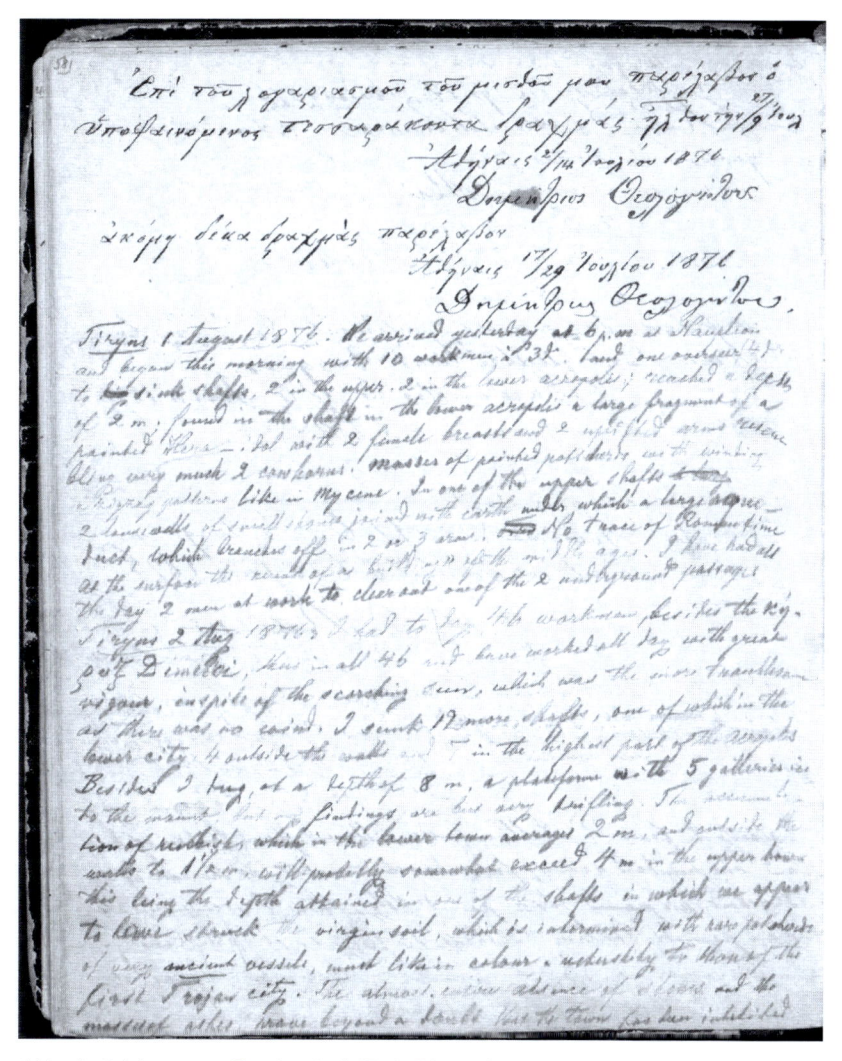

Abb. 4: Schliemanns Tagebuch A15, S. 58 (Anfang August 1876).

Estrich bemerkt hatten. Dieser Estrich (aus Kalk (!) hergestellt,) ist noch überall erhalten und ein ausgezeichneter Wegweiser für die Ausgrabungen. Zahlreiche Mauern, Pfeiler & Säulenbasen sind noch

Abb. 5: Die Burg Tiryns.

Abb. 6: Die Burgmauer Tiryns.

in situ. Den Grundriss habe ich noch nicht ganz aufgenommen, weil er noch nicht klar ist; was man aber erkennt ist höchst interessant. Ich zeichne Dir den Grundriss, soweit er freigelegt ist etwas auf. (Du darfst natürlich keinen Gebrauch davon machen, denn Schliemann hat mich gebeten, Niemandem etwas mitzutheilen). Du wirst über die Regelmässigkeit des Grundrisses erstaunt sein; der ganze Grundplan wird noch herauskommen und dann wird man noch mehr staunen. Die Wände bestehen in ihren Untertheilen aus Bruchsteinen mit Lehm, oben bestanden sie aus Luftziegeln... Kalkputz... mit schöner Malerei in roth, blau, gelb, weiss und schwarz... [sc. Verzierungen, fast eine Kopie der Thalamosdecke in Orchomenos, Tiere]... Alle Fragmente werden natürlich sorgfältig bewahrt, weil dies offenbar die älteste griech. Malerei ist.[21] (Abb. 6)

Das sehr hohe Alter des ‚Pallasts', wie der Bauforscher in altertümlicher Orthografie schreibt, sah Dörpfeld durch die geometrischen und mykenischen Keramikfunde (bei gleichzeitigem Fehlen klassischer Keramik) als nachgewiesen an, während der gute Erhaltungszustand der Blöcke und der Eckpfeiler der Mauer die Anfertigung eines Grundplans ermöglichten.

Wenn je eine Meinungsverschiedenheit über die Datierung der Mauer bestand, wurde sie einen Monat später (24. April) offensichtlich beigelegt, als Schliemann die Hoffnung äußerte, dass die Ausgrabungen Fortschritte machen. Dem war offenbar so, denn am 4. Mai erkundigt er sich bei Dörpfeld über Zeichnungen der Wandmalereien für die Publikation, erteilt Ratschläge für den Umgang mit Philios und gibt der Hoffnung Ausdruck, bald mit ihm zu Abend speisen zu können (Abb. 7). Mitte Juni fragt Schliemann ihn nach seiner Meinung über Tiryns und Troja in Zusammenhang mit Briefen, die er von seinen britischen Befürwortern James Fergusson und William Gladstone bekommen hatte. Auch verlangte er einen Plan von Tiryns und einige Zeichnungen für einen Vortrag auf dem im August 1884 in Breslau stattfindenden anthropologischen Kongress und für den Londoner Verleger John Murray. Nach dem Abschluss des Kongresses berichtete er Dörpfeld, dass der Plan großen Anklang gefunden habe (9. Aug.), und im

21 Arch. 13.

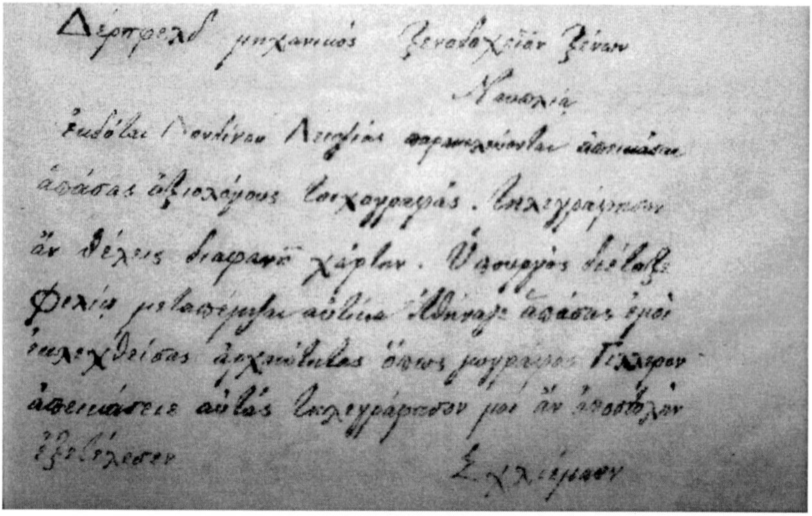

Abb. 7: Schliemann an Dörpfeld 04. Mai 1884.

Spätsommer (19. Aug., 8. Sep.) diskutierte er mit ihm Einzelheiten der Veröffentlichung der Funde von Tiryns.[22]

In dem ersten erhaltenen Brief des Jahres 1885 an Dörpfeld (24. Januar, auf Griechisch) teilt Schliemann seinem Mitarbeiter mit, dass sein Schwiegervater Adler liebenswürdigerweise zugestimmt habe, das Vorwort für die Veröffentlichung der Grabungsfunde von Tiryns zu schreiben (Abb. 8). Das Antwortschreiben vom 28. Januar drückt Dörpfelds Freude darüber aus und betont, dass Adler „jedenfalls sehr geeignet dazu" sei.[23] Ohne sein persönliches Engagement wäre dieses Vorwort in allen vier Ausgaben des Buchs allerdings vielleicht nicht erschienen, denn Dörpfeld selber hatte Friedrich Adler schon am 4. Januar in derselben Sache geschrieben.

Der entsprechende Teil dieses Briefs lautet:

> Was Schliemanns Buch Tiryns anbetrifft, so wird dasselbe vor Februar oder März nicht erscheinen, da die Tafeln noch lange nicht fertig sind. Es erscheint direct in 4 Ausgaben (deutsch, englisch, französisch

---

22 Arch. 14.
23 Arch. 15.

Die Dörpfeld-Schliemann-Zusammenarbeit.

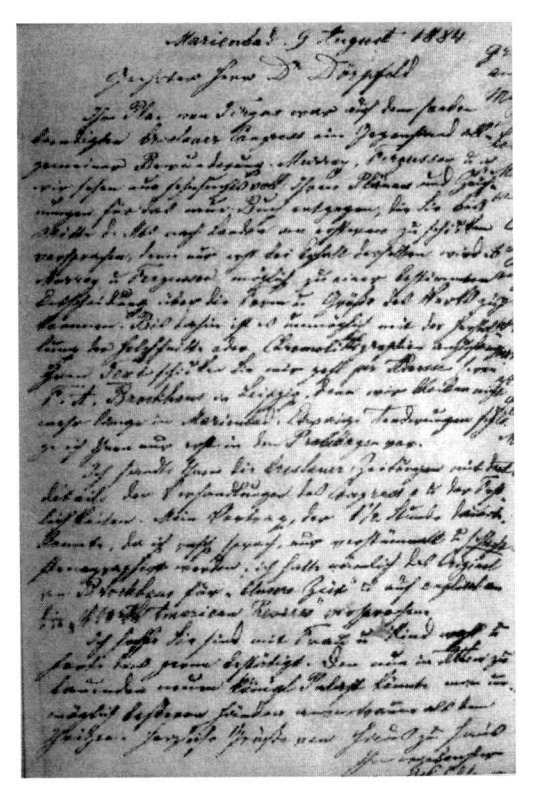

Abb. 8: Schliemann an Dörpfeld 09. August 1884.

und amerikanisch). Die Einleitung wollte Schliemann durch Fergusson schreiben lassen (wie ja auch für die anderen Bücher Gladstone, Virchow und Sayce Einleitungen verfasst haben.) Fergusson hat aber abgelehnt, zu schreiben, weil <er> die gefundenen Bauten zu wenig kenne und über die einschlagende Literatur noch nicht genügend unterrichtet sei. Als mich in Folge dessen Schliemann fragte, wen er um Abfassung der Einleitung bitten solle, habe ich Deinen Namen genannt, weil Du ja durch mich ziemlich orientirt worden bist. Schliemann stimmte sofort zu und bat mich, bei Dir anzufragen. Es handelt sich um eine allgemeine Einleitung, welche namentlich die Bedeutung der Funde hervorhebt. Du brauchtest nur deutsch zu

Abb. 9: Frontispiz von *Tiryns: Der prähistorische Palast der Könige von Tiryns* (1886).

schreiben, die Uebersetzung besorgt Schliemann. Wenn Du geneigt bist, diese Arbeit zu übernehmen, so schreibst Du am besten sofort direct an Schliemann, da ich wahrscheinlich dann schon nach Epidauros gereist sein werde. Eile ist natürlich nothwendig. Ich denke, Du übernimmst die Arbeit, da Du auf diese Weise sehr gut Deine allgemeinen Kenntnisse der ältesten Baukunst verwenden kannst.[24] (Abb. 9)

Der Reiz einer solchen Bitte – es musste schmeichelhaft klingen, im gleichen Atemzug wie Gladstone, Virchow und Sayce erwähnt zu werden – ist leicht einzusehen.

In seinen Briefen an Schliemann muss Dörpfeld im Jahr 1885 sehr vieles mitteilen – eigentlich zu viel, um auf die ganze Fülle hier einzugehen, denn im Gegensatz zu der Bestandssituation des Briefwechsels aus dem Jahr 1884 in der Gennadios-Bibliothek sind sieben von Dörpfeld im Jahr 1885 geschriebene Briefe vorhanden, die alle während der Grabungsarbeiten in Tiryns verfasst wurden.[25] Er berichtet am 9. April, dass die griechische Behörde die Grabungserlaubnis erteilt habe, er gegen das Fieber „eine ganze Menge Chinin verschluckt" habe und er Georg Kawerau, einen jungen,

---

24   Arch. 16. Dieser Brief ist mir im Herbst 2007 von der immer hilfsbereiten Frau Dr. Uta Dirschedl (damalige Archivarin der DAI-Zentralstelle in Berlin) bekannt gemacht worden.
25   Arch. 17.

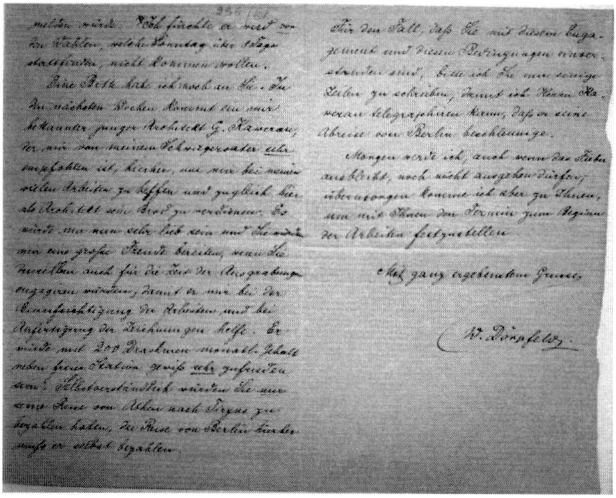

Die Dörpfeld-Schliemann-Zusammenarbeit.

Abb. 10: Dörpfeld an Schliemann 09. April 1885.

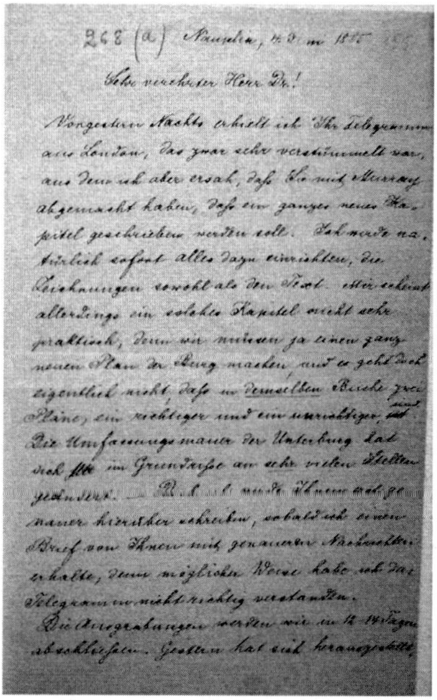

Abb. 11: Dörpfeld an Schliemann 04. Juni 1885.

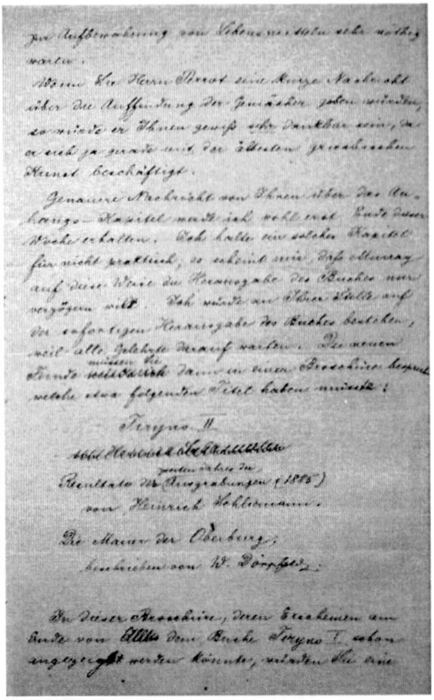

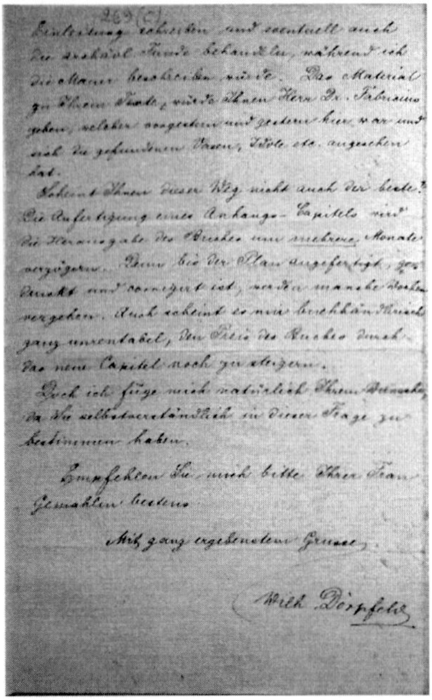

Abb. 12: Dörpfeld an Schliemann 07. Juni 1885.

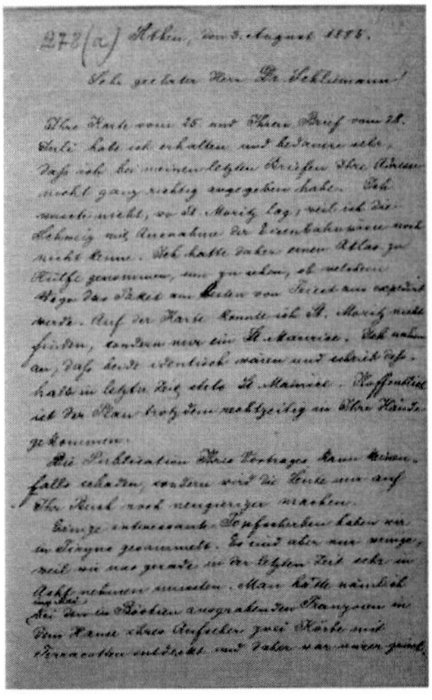

Abb. 13: Dörpfeld an Schliemann 03. August 1885.

eben in Griechenland angekommenen Architekten, als Assistenten für Tiryns anstellen wolle (Abb. 10). Diese Anstellung kam zustande, der erste Schritt in einer Laufbahn, die Kawerau zu einem Pionier der Ausgrabung der Akropolis von Athen als Mitarbeiter des berühmten griechischen Archäologen Panagiotis Kawadias machen sollte. Die griechischen Arbeiter wurden mehrmals von der Malaria geplagt, weil sie der Witterung (dem Regen und der Hitze) ausgesetzt tätig waren und wahrscheinlich in der mückenverseuchten Nähe von Tiryns logierten, während Dörpfeld und Kawerau in einem Hotel in Nafplion übernachteten. Gleichzeitig mit der Aufsicht über die Grabungsarbeiten und der Berichterstattung darüber musste Dörpfeld auch Korrekturfahnen überprüfen und zurückschicken, denn Schliemann hatte das Tiryns-Buch schon einige Monate vorher zu schreiben begonnen. Mit Blick auf die Berichterstattung gab es so viele neue Funde, und zwar sowohl Kleingegenstände als auch architektonisch bedeutsame Bauteile und Strukturen, dass Schliemann am 3. Mai resigniert fragte: „Können Sie aber nicht mit den Arbeiten bis Mitte Mai so weit fortschreiten, daß nachher kein Wort mehr beizufügen ist?"[26]. Einen Monat später (4. Juni) erhielt Dörpfeld ein Telegramm von Schliemann mit der Mitteilung, dass der Verleger Murray ein neues Kapitel einfügen könne. Er antwortete (Abb. 11): „Ich werde natürlich sofort alles dazu einrichten, die Zeichnungen sowohl als den Text. Mir scheint allerdings ein solches Kapitel nicht sehr praktisch, denn wir müssen ja einen ganz neuen Plan der Burg machen, und es geht doch eigentlich nicht, dass in demselben Buche zwei Pläne, ein richtiger und ein unrichtiger, sind." Er erklärte weiterhin, dass viele Änderungen des Grundrisses notwendig würden, weil die Erkenntnisse zu der Umfangsmauer und dem zugehörigen Gebäude sich ständig änderten, und dass die Ausgrabungen innerhalb von vierzehn Tagen abgeschlossen würden.

Am 7. Juni bekräftigte Dörpfeld seine Bedenken hinsichtlich des Hinzufügens eines neuen Kapitels, das er „für nicht praktisch" hielt, denn er vermutete, „daß Murray auf diese Weise die Herausgabe des Buches nur verzögern" wollte (Abb. 12). Stattdessen schlug er vor, das Buch als ersten Band sofort herauszugeben, und eine im ersten Band angekündigte Broschüre mit dem Titel *Tiryns II* über die Resultate der Ausgrabungskampagne von 1885 (von Schliemann), die Mauer der Oberburg (von Dörpfeld) und die Ein-

---

26 Arch. 18. S. auch KENNELL, *DASS ES KEINEN*, Taf. 43.

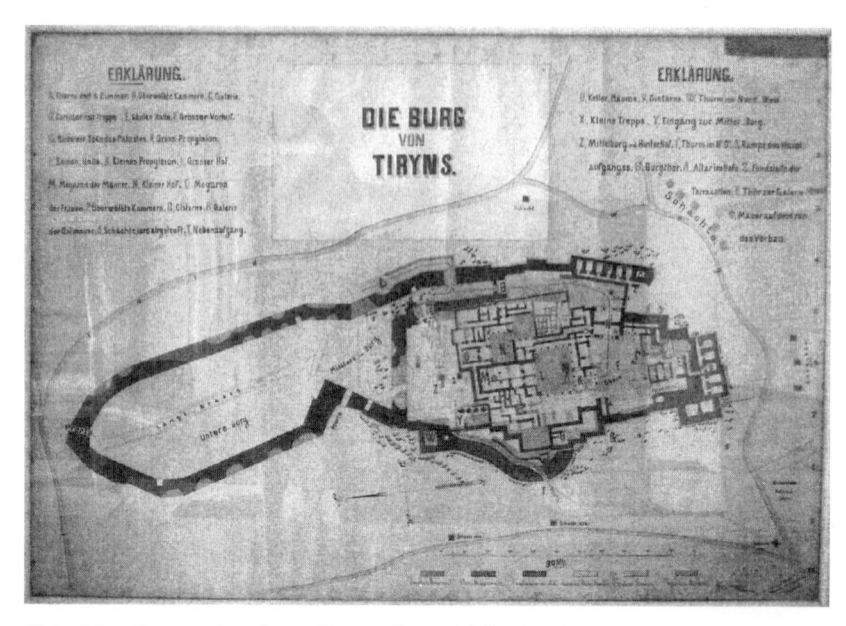

Abb. 14: „Grosser Plan" von Tiryns (Dörpfeld/Rohrer).

zelfunde und Terrakotten (von Ernst Fabricius) im folgenden Jahr zu veröffentlichen. Er fragt Schliemann direkt: „Scheint Ihnen dieser Weg nicht auch der beste? Die Anfertigung eines Anhangs-Capitels wird die Herausgabe des Buches um mehrere Monate verzögern. Denn bis der Plan angefertigt, gedruckt und corrigirt ist, werden manche Wochen vergehen"[27]. Die Art dieser Fragestellung macht deutlich, dass Dörpfeld kein bloßer wissenschaftlicher Mitarbeiter bzw. Angestellter („academic employee", wie David Traill die Lage charakerisiert) war, sondern ein regelrechter Kollege.[28] Trotzdem wusste er wohl, dass Schliemann letztendlich der Auftraggeber war, wenn es darum ging, Grabungsergebnisse (und Streitschriften) zu veröffentlichen. Gegen Ende dieses Briefes hat er deshalb anerkannt: „Doch ich füge mich natürlich Ihrem Wunsche, da Sie selbstverständlich in dieser Frage zu bestimmen haben".

27 Arch. 19.
28 TRAILL, *Schliemann of Troy*, 239–246, 352.

Die Dörpfeld-Schliemann-Zusammenarbeit.

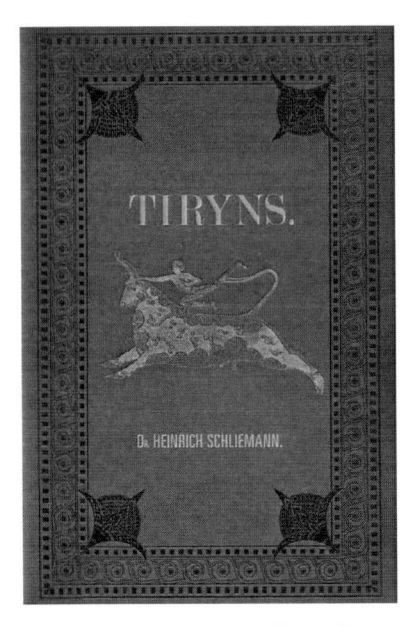

Abb. 15: Umschlag von *Tiryns: Der prähistorische Palast der Könige von Tiryns* (1886).

Vor und nach dem Abschluss der Ausgrabungen kümmerte Dörpfeld sich darum, die Ausarbeitung und Einsendung der Beiträge und Abbildungen (Zeichnungen und Pläne) zu koordinieren und noch weitere Korrekturfahnen (Schliemanns Erinnerungshilfen konnten oft ziemlich ärgerlich klingen) zu überprüfen[29] (Abb. 13). Als Schliemann in St. Moritz (Schweiz) verweilte, wollte Dörpfeld ihm den großen, eben fertiggestellten Plan von Tiryns schicken, sandte ihn aber irrtümlicherweise nach St. Maurice. Er wusste nicht, dass St. Maurice und St. Moritz ganz unterschiedliche Orte sind. Glücklicherweise ist der Plan letztlich nicht verlorengegangen; Dörpfeld erkundigte sich bei Schliemann auch danach, ob er den Plan zurückbekommen könne (Abb. 14). Heute hängt er an der Wand eines Zimmers des DAI Athen. Auch war Dörpfeld rücksichtsvoll mit seinen Mitarbeitern: so schlug er Schliemann etwa am 26. August vor, Fabricius eine angemessene

29 Arch. 20.

Vergütung für seinen Aufwand mit dem „ziemlich langen" Anhang zu bezahlen.

Die deutsche Ausgabe des Buches *Tiryns* erschien 1886. Im Vergleich zu den englischsprachigen, in New York (1885) bzw. London (1886) herausgegebenen Fassungen, die im Wortlaut identisch sind (von Prof. Mahaffy von Dublin und seiner Frau übersetzt: Die entsprechende Korrespondenz ergäbe eine weitere Geschichte), und der französischen Ausgabe von Paris (1885) ist die deutschsprachige Version erheblich länger. Dies erklärt sich großenteils aus der Verwendung der deutschen Originalsprache[30] (Abb. 15)

Zu der Bewertung Runnels von Schliemanns Verwirklichung seines wissenschaftlichen Konzepts für Tiryns, die mit Adlers „umfangreicher Einleitung in die mykenische Architektur" beginnt, möchte ich seine Charakterisierung des Buchs hinzufügen:

> Der Ton durch das gesamte Werk ist nüchtern, zurückhaltend, beschreibend, und wissenschaftlich. Der Text ist fast ganz ohne den gewöhnlichen atemlosen Enthusiasmus, den Schliemann bisher aufgewiesen hat [...]. Für Schliemann ist es eine angemessene Art, seine Laufbahn abzuschließen, mindestens in Bezug auf das Schreiben der Ausgrabungsberichte. Es zeigt sich deutlich, wie gut er die sorgfältige Methodik eines echten Fachmanns bewältigt und die Arbeitsweise des unbekümmerten Liebhabers aufgegeben hatte.[31]

Dies ist das Urteil eines erfahrenen Archäologen zu dem Fortschritt, den Schliemann in seiner Methodik und der Präsentation seiner Ergebnisse gemacht hat. Dass dieses Buch in der Tat kein „Weltbestseller" im Vergleich zu den *Troja*- oder *Mykene*-Büchern geworden ist, zählt nicht so sehr als vielmehr der Umstand, dass die freundschaftliche Zusammenarbeit mit Dörpfeld zu diesem Fortschritt erheblich beigetragen hat. Meine Hoffnung ist, dass diese Ausführungen den Lesern etwas von der wissenschaftlichen und

---

30 SCHLIEMANN, *Tiryns*; RUNNELS, *Archaeology of Heinrich Schliemann*, 54–60. Die von Dörpfeld über die Bauwerke (54 S.) u. die 1885 Ausgrabungskampagne (198 S.) verfassten Kapitel u. die von Fabricius u. Otto Helm verfassten Anhänge (26 S.) umfassen insgesamt 278 Seiten.

31 RUNNELS, *Archaeology of Heinrich Schliemann*, 55–57.

menschlichen Bedeutung der Beziehung zwischen Dörpfeld und Schliemann vermitteln konnten.

Literaturverzeichnis

Dörpfeld, W., *Troja 1893, Bericht über die im Jahre 1893 in Troja veranstalteten Ausgrabungen*, Leipzig 1894.

Goessler, P., *Wilhelm Dörpfeld. Ein Leben im Dienst der Antike*, Stuttgart 1951.

Kennell, S. A. H., »*... DASS ES KEINEN SO GELEHRTEN UND TÜCHTIGEN MANN GIBT ALS SIE*«. *The Heinrich Schliemann – Wilhelm Dörpfeld Correspondence, 1879–1890*, in: Mitteilungen des Deutschen Archäologischen Instituts, Athenische Abteilung 125 (2010) [2013], 257–308.

Kennell, S. A. H., *Schliemann and his Papers. A Tale from the Gennadeion Archives*, in: Hesperia 76 (2007), 785–817.

Jantzen, U., *Hundert Jahre Athener Institut 1874–1974*, Mainz 1986.

Meyer, E. (Hg.), *Heinrich Schliemann Briefwechsel II (1876–1890)*, Berlin 1958.

Meyer, E., *Heinrich Schliemann, Kaufmann und Forscher*, Göttingen 1969.

Runnels, C., *The Archaeology of Heinrich Schliemann. An Annotated Bibliographic Handlist*, Boston 2007.

Schliemann, H., *Exploration of the Boeotian Orchomenus*, in: Journal of Hellenic Studies 2 (1881), 122–163.

Schliemann, H, *Tiryns: Der prähistorische Palast der Könige von Tiryns. Ergebnisse der neuesten Ausgrabungen*, Leipzig 1886.

Traill, D. A., *Schliemann of Troy. Treasure and Deceit*, New York 1995.

Uslu, G., *Homer, Troy and the Turks. Heritage and Identity in the Late Ottoman Empire, 1870–1915*, Amsterdam 2017.

Zavadil, M., *Ein trojanischer Federkrieg: Die Auseinandersetzungen zwischen Ernst Boetticher und Heinrich Schliemann*, Wien 2009.

Archivalia

Zitierschema:
Dörpfeld an Schliemann, B Kiste ---, Nr. --- = Heinrich Schliemann & Family Papers, Series B, Box --, No. -- (Originale eingehender Briefe), Gennadius Library Archives, American School of Classical Studies at Athens.

Schliemann an Dörpfeld, BBB --, Blatt --- = Heinrich Schliemann & Family Papers, Series BBB [Volume No.], leaf --- (Kopierbücher mit ausgehenden Briefen), Gennadius Library Archives, American School of Classical Studies at Athens

Dörpfeld an Adler = Nachlass Friedrich Adler, Archiv, Deutsches Archäologisches Institut Berlin.

Arch. 1: B Kiste 81, Nr. 957, 10.11.1879.
Arch. 2: B Kiste 87, Nr. 795, 11.04.1881; B Kiste 85, Nr. 203, 19.04.1881.
Arch. 3: B Kiste 89, Nr. 402, 26.06.1882; Nr. 465, 25.07.1882.
Arch. 4: B Kiste 89, Nr. 544, 30.08.1882; B Kiste 90, Nr. 562, 7.09.1882; Nr. 579, 13.09.1882; Nr. 711, 22.11.1882.
Arch. 5: BBB 39, Blatt 39, 17.12.1882; Blatt 53, 26.12.1882. B Kiste 90, Nr. 836, 29.12.1882. BBB 39, Blatt 67, 7.01.1883. B Kiste 91, Nr. 27, 9.01.1883. BBB 39, 69, 11.01.1883. B Kiste 91, Nr. 57, 17.01.1883. BBB 39, Blatt 82, 18.01.1883. B Kiste 91, Nr. 82, 24.01.1883; Nr. 103, 31.01.1883; Nr. 147, 15.02.1883. BBB 39, Blatt 184, 12.04.1883.
Arch. 6: B Kiste 92, Nr. 519, 8.07.1883; Nr. 562, 19.07.1883; Nr. 657, 11.08.1883. B Kiste 93, Nr. 735, 1.09.1883. Vgl. die Briefe von Dörpfeld an Friedrich Adler vom 29.04 – 4.05.1882 und 18.06.1882.
Arch. 7: B Kiste 93, Nr. 881, 18.10.1883; Nr. 1021, 8.12.1883; Nr. 1043, 15.12.1883.
Arch. 8: BBB 40, Blatt 92, 2.03.1884; Blatt 115, 21.03.1884; Blatt 125, 27.03.1884; Blatt 148, 24.04.1884; Blätter 148–149, 4.05.1884 (2 Briefe); Blätter 165–166, 16.06.1884; Blatt 168, 17.06.1884; Blatt 171, 22.06.1884; Blatt 175, 26.06.1884; Blatt 188, 26.07.1884; Blatt 199, 9.08.1884; Blatt 217, 19.08.1884; Blätter 236–237, 6.09.1884; Blatt 239, 8.09.1884.

Arch. 9: B Kiste 97, Nr. 921 (ohne Datum) 1885; Nr. 44, 13.07.1885.
Arch. 10: B Kiste 99, No 363, 9.07.1886; Nr. 373, 13.07.1886; Nr. 414, 30.07.1886; Nr. 459, 23.08.1886.
Arch. 11: BBB 41, Blatt 310, Item 477, 21.06.1889 (freche Kinder); B Kiste 105, Nr. 423, 1.10.1889 (Bitte um eine Wasserleitung); B Kiste 105, Nr. 654, 29.12.1889 (fehlerhafte Türgriffe und Türschlösser).
Arch. 12: Dörpfeld an Adler 29.12.1890 u. 6.1.1891.
Arch. 13: Dörpfeld an Adler, 9.04.1884.
Arch. 14: BBB 40, Blatt 115, 21.03.1884 (wo Schliemann sich neben anderen Hindernissen und Schwierigkeiten darüber beschwert, dass Philios, der griechische Verantwortliche vor Ort, ihnen nur erlaube, 40 Männer anzustellen); Blatt 148, 24.04.1884; Blätter 148–149, 4.05.1884 (Telegramm u. Brief); Blätter 165–166, 16.06.1884; Blatt 168, 17.06.1884; Blatt 171, 22.06.1884; Blatt 199, 9.08.1884; Blatt 217, 19.08.1884; Blatt 239, 8.09.1884.
Arch. 15: BBB 40, Blatt 396, 24.01.1885; B Kiste 96, Nr. 71, 28.01.1885.
Arch. 16: Dörpfeld an Adler, 4.01.1885 (aus Athen).
Arch. 17: B Kiste 96, Nr. 221, 9.04.1885; Nr. 274, 30.04.1885; Nr. 281, 4.05.1885. BBB 39, Blatt 324, 5.05.1885; Blatt 328, 6.05.1885 (= MEYER, E., *Briefwechsel II*, S. 212, Nr. 193); Blatt 332, 7.05.1885. B Kiste 96, Nr. 290, 8.05.1885. BBB 39, Blatt 336, 9.05.1885; Blatt 339, 17.05.1885. B Kiste 96, Nr. 323, 19.05.1885; Nr. 355, 4.06.1885; Nr. 370, 7.06.1885 (= MEYER, E., *Briefwechsel II*, S. 213–214, Nr. 195); 11.06.1885 (= MEYER, E., *Briefwechsel II*, S. 214–215, Nr. 196).
Arch. 18: BBB 39, Blatt 321, 3.05.1885.

Abbildungsnachweis

Alle Fotos sind von der Autorin. Die Archivalia sind im Besitz der Gennadios-Bibliothek der ASCSA.

Wilhelm Dörpfeld und die mykenische Kultur

Bernhard F. Steinmann

Als der serbische Diplomat Georgevice 1893 unter Eindruck einer Führung durch Tiryns Wilhelm Dörpfeld als Schliemanns schönsten Fund bezeichnete,[1] tat er dies mit Recht. Denn Dörpfeld war Schliemann bei der Entwicklung moderner Ausgrabungs- und Dokumentationsmethoden unendlich hilfreich. Nicht nur in Troja, dem wohl bekannteren Beispiel, auch in Tiryns, der mykenischen Burg mit Palastanlage des 13. Jahrhunderts v. Chr., kamen Dörpfelds Fähigkeiten zum Einsatz. Die Schliemann'schen Ausgrabungen markieren den eigentlichen Beginn der Karriere Dörpfelds in der Archäologie. Wie war nun Dörpfelds Beitrag in der Entdeckungsgeschichte der gerade erst entdeckten mykenischen Kultur insgesamt? Denn nicht nur Tiryns beflügelte die Fantasie des jungen Architekten, sein Interesse an Homer allgemein ließ in ihm den Ehrgeiz entstehen, diese von ihm geliebte homerische Welt zu ergründen, durch Ausgrabungen greifbar zu machen und letztendlich ihre Historizität zu beweisen. Im Folgenden soll daher Dörpfelds homerische Forschung betrachtet und insgesamt in den Kontext der frühen mykenischen Archäologie eingeordnet werden. Gerade dieses Feld ist beispielhaft für Dörpfelds Vorgehen und belegt den großen Enthusias-

---

1 GOESSLER, *Dörpfeld*, 69.

mus, den er für die Worte der Alten empfand. An dieser Stelle soll nur ein Schlaglicht auf die mykenischen Forschungen geworfen werden, Dörpfelds Erkenntnisse zu Troja können hier nicht mit eingebunden werden, wären aber durchaus eine ergänzende Betrachtung wert.

Dörpfeld und Schliemann in Tiryns

Dörpfeld und Schliemann waren einander spätestens seit 1879 bekannt.[2] Da Schliemann Bedarf an einem fähigen Architekten und Organisator hatte, bekam Dörpfeld alsbald, ab 1882, Aufgaben in Troja und dann ab 1884 in Tiryns zugewiesen.[3] Im Zuge ihrer Arbeit wurden beide Männer enge Freunde, denn beide teilten offenbar ihre Sicht auf die homerische Welt und die Möglichkeit, diese mit dem Spaten zu ergründen.

Die Ausgrabungen in der mykenischen Burg von Tiryns sollen hier unser Ausgangspunkt sein. Schon seit Pausanias als eindrucksvolle Ruinenstätte bekannt und 1831 von Friedrich Thiersch angegraben, weckte der Platz auch Schliemanns Interesse. Denn nach der Aufdeckung königlich ausgestatteter Gräber in Mykene war es ihm nun ein Anliegen, auch einen Königspalast zu erforschen, um der Wohnstatt der homerischen Helden Gestalt zu verleihen.

Bei der Ausgrabung in Tiryns nahm Dörpfeld eine wichtige Rolle ein. Schliemann vertraute seinem „scharfsinnigen Mitarbeiter"[4] in hohem Maße und ließ ihn ab 1885 die Grabung leiten.[5] Dabei wurden nicht nur die baulichen Reste von Dörpfeld sehr genau dokumentiert, auch die erhaltenen Fragmente der Wandmalereien erhielten größte Aufmerksamkeit. Er bestand sogar darauf, dass diese in der Publikation möglichst in den originalen Farben wiedergegeben wurden.[6] Dort verfasste er auch die Kapitel zur

---

2 KENNEL, *Schliemann – Dörpfeld*, 261f.
3 MEYER, *Briefe von Schliemann*, 235 (Brief Schliemann an Virchow, vom 26. Februar 1884); GOESSLER, *Dörpfeld*, 74f.
4 MEYER, *Briefe von Schliemann*, 250 (Brief Schliemann an Brockhaus, vom 1. November 1885).
5 MEYER, *Briefe von Schliemann*, 245 (Brief Schliemann an Virchow, vom 22. Februar 1885); MÜHLENBRUCH, *Dörpfeld und Tiryns*, 451.
6 MEYER, *Briefe von Schliemann*, 237 (Brief Schliemann an Schöne, vom 12. April 1884); 238 (Brief Schliemann an Brockhaus, vom 22. April 1884).

Architektur des Palastes, wohingegen Schliemann die Kapitel über Mythologie und die Funde übernahm. Insgesamt schrieb Dörpfeld mehr als die Hälfte der Textseiten in dem Buch und fertigte die hervorragenden Grundpläne der Anlage an. Bereits hier wurde versucht, die Baureste mit den Beschreibungen bei Homer in Bezug zu setzen, wobei auch die trojanische Architektur Referenz war.

Besonders beeindruckt hat Dörpfeld der Kyanos-Fries, ein steinernes Wandsockelrelief mit Glassteineinlagen, das in der Vorhalle des Megaron eingebaut war.[7] Der Fries wurde von Dörpfeld immer wieder als Beweis dafür angeführt, dass Homer, da er einen solchen Fries im Palast des Alkinoos beschreibt (Od. 7,86–87), tatsächlich einen mykenischen Palast gesehen haben muss.[8] Oder mit Dörpfelds Worten ausgedrückt: „An dem Tage, wo ich den Alabasterfries mit blauem Glas fand, war für mich die homerische Frage gelöst"[9]. Ebenso war es der Baderaum, dessen Boden aus einem großen monolithen Block gefertigt war, der Dörpfeld gleich an das Bad des Menelaos in dessen Palast erinnerte.[10] Homer war überall, und im Megaron sah er gleich „ein getreues Bild eines homerischen Wohnhauses"[11]. Die Gleichsetzung des mykenischen Palastes mit den bei Homer beschriebenen Palästen der Helden wird in seiner Forschung noch länger ein Thema sein, wobei er sich nicht scheute, seine Ansicht gegenüber Angriffen zu verteidigen.[12]

Viel hätte nicht gefehlt und Dörpfeld wäre auch an der Entdeckung des Palastes von Knossos mit beteiligt gewesen. Dessen Ruinenhügel sah er sich zusammen mit Schliemann 1886 an.[13] Schon damals erkannten sie bei der Begehung, dass die dort liegenden Scherben denen aus den Schachtgräbern von Mykene glichen, und hofften mit Recht, hier eine große Entdeckung zu machen. Doch ein zu hoher Kaufpreis für das Gelände und vor allem Schliemanns Tod im Jahr 1890 durchkreuzten diesen ambitionierten Plan,[14]

---

7 SCHLIEMANN, *Tiryns*, 323–333.
8 TSOUNTAS/MANATT, *Mycenaean Age*, XXI; DÖRPFELD, *Kretische, mykenische und homerische Paläste*, 282; DÖRPFELD, *Odyssee*, 273.
9 GOESSLER, *Dörpfeld*, 74.
10 SCHLIEMANN, *Tiryns*, 217f.
11 SCHLIEMANN, *Tiryns*, 218.
12 DÖRPFELD, *Kretische, mykenische und homerische Paläste*; DÖRPFELD, *Kretische Paläste*.
13 MEYER, *Briefe von Schliemann*, 254f. (Brief Schliemann an Brockhaus, vom 13. Juni 1886).
14 DÖRPFELD, *Kretische, mykenische und homerische Paläste*, 259; DÖRPFELD, *Geleitwort*, 13–16; MEYER, *Briefe von Schliemann*, 256 f. (Brief Schliemann an Virchow, vom 31. Okto-

so dass es Arthur Evans überlassen blieb, ein Jahrzehnt später an dieser Stelle mit der Freilegung einer bronzezeitlichen Palastanlage die minoische Kultur zu entdecken.

1897 erschien mit *The Mycenaean Age* die erste zusammenfassende Monografie zur mykenischen Kultur, verfasst von Christos Tsountas in Kooperation mit Irving Manatt.[15] Das auch heute noch lesenswerte Buch fasst zusammen, was von der mykenischen Kultur bis dahin bekannt war, und verarbeitet vor allem Tsountas' neuere Grabungen in Mykene. Es ist bemerkenswert, dass es Wilhelm Dörpfeld war, den man hier um ein Vorwort bat. Aufgrund seiner Erfahrungen als Ausgräber in Troja und Tiryns sah man in ihm offenbar die am besten geeignete Person, um das Buch einzuleiten. In der Tat hat er sich mit Tsountas' Buch auseinandergesetzt und bei ein paar Punkten, besonders im Bereich der Architektur, andere Ansichten gut begründet vertreten. Dörpfeld galt zu dieser Zeit, bald nach dem Tode Schliemanns, als Autorität im Bereich der mykenischen Archäologie. Doch sollte sich dies bald wandeln, als sich ab 1900 mit den Ausgrabungen von Arthur Evans in Knossos die Sichtweise auf das bronzezeitliche Griechenland entscheidend veränderte und sich auch immer mehr Gelehrte für das prähistorische Griechenland zu interessieren begannen.[16] Die im Zuge dieses vermehrten Interesses angestoßenen Projekte werden das Wissen in den folgenden 30 Jahren deutlich vergrößern.

Für Dörpfeld stand bei seinen Ausgrabungen, die nach Tiryns erfolgten, die homerische Frage weiterhin im Vordergrund. Hier ist er ganz gelehriger Schüler Schliemanns und versuchte, anhand von Homers Odyssee sowie von Pausanias' und Strabons Beschreibungen Griechenlands die Plätze ausfindig zu machen, die Homer nennt. Damit will er nicht nur die Wahrheit des Epos belegen, sondern auch zeigen, dass Homer ein viel älterer Dichter ist, also nicht erst dem 8. oder 7. Jahrhundert v. Chr. angehört, sondern einer

---

ber 1886); 263 (Brief Schliemann an Calvert, vom 5. April 1887); 264 (Brief Schliemann an Virchow, vom 1. Mai 1887); 282f. (Brief Schliemann an Virchow, vom 17. März 1889); 287 (Brief Schliemann an Virchow, vom 19. August 1889).

15 Tsountas/Manatt, *Mycenaean Age*.

16 Nach den Ausgrabungen durch Arthur Evans in Knossos sind die Grabungen der British School in Phylakopi, die Forschungen von F. Halbherr in Phaistos, R. Seagers in Mochlos und Pseira, von H. Boyd Hawes in Gournia, und nach dem 1. Weltkrieg von C. Blegen in Prosymna, Zygouries, Korakou, von A. Wace in Mykene und A. W. Perssons Grabungen in Asine (mit Otto Frödin) und Dendra hervorzuheben.

älteren, der „achäischen" Zeit des 12. Jahrhunderts v. Chr.[17] Dörpfeld lehnte den Begriff „mykenische Kultur" rundweg ab, vielmehr folgte er auch hier Homer, der stets von Achäern spricht. Folglich wäre der Begriff „achäische Kultur" der eigentlich richtige.[18]

Alt-Pylos – Nestors Palast in Kakovatos?

Auf seiner Suche nach den homerischen Orten bewegte Dörpfeld auch die Frage nach dem Palast des Nestor und nach dem Pylos, das Homer besingt. Hierfür standen drei Orte zur Verfügung: das auszuschließende elische Pylos, das Pylos an der Bucht von Navarino und ein nicht lokalisiertes Pylos in Triphylien.[19] Nach den Angaben bei Strabon (Strab. VIII 3,7 339C; VIII 3,14f. 344C) befand sich das homerische Pylos eine halbe Tagesreise südlich des Flusses Alpheios. Außerdem war die Schilderung Homers von Nestors Kampf gegen die Epeier ein Hinweisgeber. In der in Frage kommenden Gegend suchte Dörpfeld also, und bei einem seiner Streifzüge im Jahr 1907 sah er dort, wie Bauern drei aus der Erde ragende Steinkreise gerade abbauten, um Baumaterial zu gewinnen.[20] Ihm war gleich klar, dass dies die Ruinen dreier Kuppelgräber waren, und er sah hier eine Grabung als lohnend an. Denn er wollte nicht nur gelehrt Textpassagen kombinieren und lediglich dadurch eine homerische Geografie schaffen. Vielmehr glaubte er, dass „wir [...] durch Ausgrabungen die praktische Probe auf die Richtigkeit unserer Theorien machen müssen."[21]

Bereits 1907–08 konnte er seine Ausgrabungen an der von Strabon angezeigten Stelle durchführen (Abb. 1). Er deckte die drei Kuppelgräber auf, die zwar arg zerstört waren und alle drei nur noch im geplünderten Zustand

---

17 DÖRPFELD, *Alt-Ithaka*, 31; 393.
18 DÖRPFELD, *Kretische, mykenische und homerische Paläste*, 285. Auch den Begriff ‚Minoische Kultur' lehnt er ab, „weil eine mehr als tausendjährige Kultur nicht nach einer einzigen Person bezeichnet werden sollte" (DÖRPFELD, *Kretische, mykenische und homerische Paläste*, 296; DÖRPFELD, *Kretische Paläste*, 602; DÖRPFELD, *Alt-Olympia*, 351). Er bevorzugt schließlich die Begriffe ‚kretisch' für die älteren minoischen Stufen, ‚mykenisch' für die jüngeren.
19 DÖRPFELD, *Alt-Pylos III*, 101–136.
20 DÖRPFELD, *Tiryns, Olympia, Pylos*, VI–IX; DÖRPFELD, *Alt-Pylos III*, 109.
21 DÖRPFELD, *Alt-Pylos III*, 108.

Abb. 1: Die Ausgrabung Dörpfelds in einem der mykenischen Kuppelgräber von Kakovatos.

vorlagen.[22] Dennoch konnten bei der gründlichen Grabung bemerkenswerte Funde gemacht werden. Dörpfeld grub auch auf der nahen Hügelkuppe und fand dort Mauerzüge, Magazinräume und noch Vorratsgefäße gefüllt mit getrockneten Feigen, die bei der Zerstörung des Ortes verkohlt waren. Die Keramik entsprach seiner Ansicht nach dem, was er in Tiryns und Troja gesehen hatte, damit war für ihn die Datierung in die achäische Zeit klar. Für Dörpfeld stand fest: Das war der Palast des Nestor und damit das homerische Pylos, denn nur dieser Ort erfüllte alle Hinweise bei Homer, Pausanias und vor allem Strabon.

Was er tatsächlich fand, war jedoch nicht das mykenische Hauptzentrum des 13. Jahrhunderts v. Chr., das in der Erinnerung noch als Palast Nestors existierte. Dieses entdeckten Carl Blegen und Konstantinos Kourouniotis 1939 auf der Anhöhe von Epano Englianos, viel weiter südlich, nahe der Bucht von Navarino.[23] Dörpfeld hingegen fand eines der bedeutenderen Kleinzentren, die Griechenland in frühmykenischer Zeit prägten. Importfunde aus den Kuppelgräbern zeigen die gute Vernetzung der Fürsten von Kakovatos, und die Reste des Herrenhauses auf der Hügelkuppe belegen den Drang nach Selbstdarstellung und Kontrolle der Umgebung.[24] Wahrscheinlich war es der Expansionswille des eigentlichen Palastes von Pylos im Süden, der der Anlage von Kakovatos schon im 15. Jahrhundert v. Chr. ein Ende bereitete und den Platz in Vergessenheit geraten ließ.

Alt-Ithaka – Wo ist der Palast des Odysseus?

Dörpfelds größtes Anliegen in seinem Bestreben, die homerische Topografie Griechenlands zu entschlüsseln, war gewiss die Suche nach dem Palast des Odysseus. Dieses Ziel haben sich er und Schliemann nach den Ausgrabungen in Troja und Tiryns gesteckt,[25] doch verhinderte Schliemanns Tod die Ausführung eines Gemeinschaftsprojektes. Doch Dörpfeld gab dieses

---

22 DÖRPFELD, *Alt-Pylos I*.
23 BLEGEN/RAWSON, *Palace of Nestor*, 4–7.
24 Zu den neueren Grabungen in Kakovatos s. EDER, *Frühmykenische Elite von Kakovatos*. m. Lit.
25 DÖRPFELD, *Alt-Ithaka*, 144–186.

Abb. 2: Das frühbronzezeitliche Rundgrab R 26 bei Steno, Lefkada, während der Ausgrabung.

Projekt nicht auf. Er widmete sich ihm erneut ab dem Jahr 1901 und schloss seine Arbeiten erst 1913 ab.[26] Der grundlegende Gedanke seiner Fragestellung wirkt etwas naiv, doch durch die Entdeckungen in Troja, Mykene und Tiryns sowie seine Forschungen im Westen Griechenlands bestärkt, sah er die homerischen Plätze als real an, und vermeintlich hatte er ja auch einige der Plätze bereits entdeckt. Wenn es also Nestors Pylos gab, und auch andere bei Homer genannte Orte, dann musste es auch einen Palast des Odysseus auf Ithaka geben.

Und hier begannen schon die Probleme, denn das Ithaka Homers deckte sich nach Meinung Dörpfelds aufgrund von Namensänderungen im Laufe der Jahrhunderte nicht mehr mit dem Ithaka aus Dörpfelds Tagen. Doch mit seiner Methode, gelehrig die Hinweise der antiken Autoren und besonders Homers zu kombinieren, war für ihn klar, dass die Insel Ithaka, die Homer beschrieb, das heutige Lefkada sein musste.[27] Die bis dahin archäologisch weitgehend unbekannte Insel wurde somit Ziel von Dörpfelds wohl intensivster Forschungskampagne, und seine systematische und weiträumige Untersuchung ganz verschiedener Plätze, aber auch von Resten verschiedener Epochen, machten ihn zum Pionier der archäologischen Erforschung dieser Insel.[28] Er wendete bei seinem Projekt für die damalige Zeit sehr moderne Methoden an. Oberflächenbegehungen, ein dichtes Netz von Suchgräbern, gezielte Grabungen an bestimmten Orten und ein Zusammenspiel von Archäologen, Historikern, Architekten, Anthropologen, Vermessern und Geologen versprachen Erkenntnisse auf breiter Basis. Nur so konnte er die teils tief verschütteten Reste in der Schwemmebene von Nidri finden.

Sämtliche Gräber, die er aufdeckte, identifizierte er aufgrund der einfachen Keramik als achäisch. Die eigentlich mittelbronzezeitlichen Grabbezirke F und S waren für Dörpfeld die Bestattungen einfacher Bürger, die wesentlich reicheren, eigentlich frühbronzezeitlichen R-Gräber bei Steno (Abb. 2) dagegen die Gräber der Herrscherfamilie.[29]

26 Dörpfeld, *Alt-Ithaka*, 152–186.
27 Dörpfeld, *Alt-Ithaka*, 1–143.
28 Fiedler, *Nicht nur Homer*.
29 Dörpfeld, *Odyssee*, 302; Dörpfeld, *Alt-Ithaka*, 178f.; Zu den Gräbern s. Kilian-Dirlmeier, *Bronzezeitlichen Gräber bei Nidri*. Es verwundert etwas, dass zwar von P. Goessler richtig auf die Verwandtschaft der Funde aus den R-Gräber zu solchen aus Troia II und dem Frühhelladikum verwiesen wird (Dörpfeld, *Alt-Ithaka*, 294; 304f.; 308), diese Beobachtung jedoch keine Auswirkung auf die Interpretation hatte, man dies vielmehr ethnisch

Mit dem Gebäude P und den umgebenden Häusern meinte er sogar die Stadt des Odysseus und das Königshaus von Ithaka angegraben zu haben.[30] Der hohe Grundwasserspiegel verhinderte aber die komplette Freilegung des Baus. Die Bauweise, nämlich die Schichtung dünner Kalksteinplatten übereinander, fand er auch in den „Königsgräbern", somit waren für ihn beide Strukturen zeitgleich.

Das völlige Fehlen typisch mykenischer Keramik empfand er nicht als verdächtig, so dass er auch keine Veranlassung sah, seine chronologische Einordnung der Funde zu überdenken. Er erklärte dies schlicht mit den Unterschieden achäischen und „phönizischen" Kunstschaffens, worauf im Folgenden noch eingegangen werden wird.

„Olympia ist uralt"[31] – Wo ist das Haus des Oinomaos?

Das bekannte Heiligtum von Olympia war schon seit 1876 Ziel deutsch-griechischer Ausgrabungen und ist auch heute noch das große Renommierprojekt des Deutschen Archäologischen Instituts. Seine Anfänge sah man in geometrischer Zeit, wie dies auch zahlreiche Scherbenfunde, bronzene Dreifußkessel und die charakteristischen bronzenen Tierfigürchen nahelegen. Dörpfeld jedoch nahm an, dass dieser Platz schon wesentlich früher genutzt wurde, was ihn auch die Sagenwelt vermuten ließ. Denn noch Pausanias berichtet von den Resten des Hauses des Oinomaos, die man dort besichtigen konnte, und von Grabhügeln großer mythischer Heroen. Dörpfeld führte also, im Glauben, diese Stätten aufspüren zu können und damit den mykenischen Ursprung des Heiligtums zu beweisen, ab 1906 Grabungen in der Altis durch, um auf die vermuteten Reste eines mykenischen Heiligtums oder Heroengrabes zu stoßen.[32] Hauptziel seiner Grabung war zuerst das Heraion, dessen Ursprung er nach den von ihm gemachten Funden in das 2. Jahrtausend v. Chr. datierte. Sein Versuch, daraufhin die geometri-

---

deutete (DÖRPFELD, *Alt-Ithaka*, 308). Dörpfeld hätte beispielsweise von seinen Grabungen in Troia und Tiryns das durch die Stratigrafie als älter ausgewiesene Material klar erkennen müssen.
30 DÖRPFELD, *Alt-Ithaka*, 198–201.
31 DÖRPFELD, *Olympia in prähistorischer Zeit*, 186.
32 DÖRPFELD, *Alter des Heiligtums*; RAMBACH, *Proistorike Olympia*.

sche Kunst umzudatieren und in das 2. Jahrtausend v. Chr. zu setzen, erfuhr zu Recht heftigsten Widerstand. Um seine Ideen weiter zu belegen, grub er dann im Pelopion und dessen Umgebung. Das Pelopion galt als das Grab des mythischen Heros Pelops und auch als Ausgangspunkt der Kultspiele an diesem Platz.

Bei seinen Grabungen stieß Dörpfeld auf mehrere verstreut in der Altis liegende, in Pithoi erfolgte Kinderbestattungen und auf die Fundamente einiger Apsidenhäuser (Abb. 3) und Rechteckbauten. Die Bauwerke datierte er in die erste Hälfte des 2. Jahrtausends v. Chr., in die mittelhelladische Zeit. Den Grabhügel, den er unterhalb des Pelopion fand, datierte er in mykenische Zeit, ohne jedoch datierende Funde daraus gewinnen zu können. Eine Grabkammer fand er ebenfalls nicht.

Seine Funde wurden von der Forschung nicht ernstgenommen, was zu einem guten Teil an seiner eigenwilligen Chronologie der Bronzezeit, seiner Umdatierung der geometrischen Keramik und seinem starken Bezug auf die mythische Überlieferung lag. In seinem Band *Alt-Olympia* von 1935 wurde dieser Überlieferung sehr viel Raum gelassen, doch vermochte auch die Kennerschaft Dörpfelds nicht die dünnen archäologischen Belege zu kompensieren, aus denen sich de facto kein Beleg für seine chronologischen Vorstellungen von der griechischen Frühzeit gewinnen ließ. Erst viel später, unter Helmut Kyrieleis, nahm man sich Dörpfelds Entdeckung noch einmal ernsthaft vor und konnte durch Nachgrabungen nicht nur die Apsidenhäuser genau datieren, sondern auch generell die Entwicklung dieses prähistorischen Dorfes und des Pelopion erhellen.[33] Der Tumulus wurde offenbar in der Mitte des 3. Jahrtausends v. Chr. errichtet und fügt sich in eine Tradition von Kulttumuli ein, die in Lerna ihren bekanntesten Vertreter hat. Erst nachdem der Platz aufgegeben worden war, entstand am Ende der Frühbronzezeit das erste Apsidenhausdorf. Der Tumulus ragte noch immer aus den Schwemmschichten hervor und war wohl wieder Ort eines Kultes. Nach einer Brandzerstörung entstand ein zweites Dorf, dem auch die Kindergräber zugewiesen werden konnten. Es hatte nur kurzen Bestand und wurde, wohl wegen Hochwassergefahr, bald verlassen.

---

33   Zu den neueren Forschungen s. RAMBACH, *2500 Jahre Vorgeschichte*; RAMBACH, *Zeitstellung der Apsidenhäuser*; RAMBACH, *Dörpfelds Bau VII*; KYRIELEIS, *Anfänge und Frühzeit des Heiligtums*; RAMBACH, *„Rechteckbauten" in der Altis*.

Wilhelm Dörpfeld und die mykenische Kultur

Abb. 3: Das Apsidenhaus 3 der prähistorischen Siedlung von Olympia.

Doch blieb die Altis nicht der einzige Platz, den Dörpfeld auf der Suche nach der Topografie der griechischen Sagen untersuchte. Etwas östlich des Heiligtums, in etwa 1,5 km Entfernung, konnte Dörpfeld eine auf einer Anhöhe gelegene Siedlung ausgraben.[34] Er interpretierte die aufgefundenen Reste als die des antiken, homerischen Pisa, wobei es sich aber in Wahrheit um eine mittelhelladische Siedlung handelte.

Insgesamt waren diese Forschungen Dörpfelds in Olympia – trotz der sehr aufschlussreichen Funde – von nur geringem Erfolg gekrönt und seine Publikation wurde kaum beachtet. Erst spät erkannte man sein Verdienst, doch seine Deutungen bleiben nach wie vor unrichtig und liefern keinen Beitrag für das Verständnis der ägäischen Bronzezeit.

---

34 DÖRPFELD, *Pisa bei Olympia*; DÖRPFELD, *Alt-Olympia*, 273–275.

Agamemnons phönizische Ahnen – Dörpfeld zur Herkunft der mykenischen Kultur

Wilhelm Dörpfeld leitete bei all seinen homerischen Forschungen eine Grundinterpretation, die er schon früh in seiner Laufbahn entwickelt hatte, die aber erst ab 1900 konkret ausformuliert war.[35] Für ihn war die Frage von Interesse, woher diese kulturelle Hochblüte, mit reich geschmückten Palästen und prächtiger Keramik, stammt. Nicht jedenfalls von den einheimischen, vermeintlich bodenständigen Achäern, die nach seiner Sichtweise eher die Einfachheit schätzten. Ebenso wenig sah er das minoische Kreta als Ursprung mykenischer Kunst,[36] ganz entgegen der gängigen Meinung der Mehrheit der Forscher.

Bereits den ersten Gelehrten, die mit der Kunst der Schachtgräber konfrontiert waren, kam diese sehr fremd vor, da sie in keiner Weise ihren von klassischer Kunst geprägten Sehgewohnheiten entsprach.[37] Der Schluss, sie als ungriechisch und ihre Pracht als orientalisch zu sehen, lag daher nahe und wurde bereits von Schliemann vertreten.[38] Dörpfeld griff diese Idee auf und zog weiter Parallelen von der Architektur von Tiryns zu phönizischen Bauten in Karthago.[39] Die mykenische Kultur als Produkt phönizischer Einwanderung wird in Tiryns als Idee für Dörpfeld erstmals manifest,[40] und er ist sich darin mit Schliemann einig. Auch hier half die Überlieferung in den Sagen: Denn der Gründer Mykenes, Perseus, nahm sich die aus dem Orient stammende Andromeda zur Frau.[41] Auf diese Weise gelangte jene, wie beide es sahen, orientalisch anmutende Kunst nach Griechenland. Ursprünglich soll sie – nach Dörpfeld – aus Arabien stammen, und über Vermittlung der ägyptischen Hyksos über die aus dem Orient eingewanderten Minyer von

---

35 KLUWE, *Homerforschung Jenaer Zeit*, 301.
36 DÖRPFELD, *Kunst und Homer*, 109; 310–312; DÖRPFELD, *Alt-Ithaka*, 393f.
37 MILCHHÖFER, *Gräberfunde in Spata*, 4; KOEHLER, *Grabanlagen in Mykene und Spata*, 4; DÜMMLER/STUDNICZKA, *Herkunft der mykenischen Kultur*.
38 MEYER, *Briefe von Schliemann*, 246f. (Brief Schliemann an Virchow, vom 18. Juni 1885). Schliemann vertrat wohl aus opportunistischen Gründen diese Idee, s. RUPPENSTEIN, *Furtwänglers Beitrag*, 31.
39 SCHLIEMANN, *Tiryns*, 373; MÜHLENBRUCH, *Dörpfeld und Tiryns*, 456.
40 GOESSLER, *Dörpfeld*, 75f.
41 DÖRPFELD, *Alt-Ithaka*, 394; DÖRPFELD, *Alt-Olympia*, 304; 363.

Orchomenos den Achäern gebracht worden sein.[42] Die Phönizier-Theorie, die zwar vor 1900 noch auf breite Zustimmung stieß, wurde bereits 1886 und vor allem dann ab 1902 von Adolf Furtwängler und anderen in Frage gestellt.[43] Dennoch hielt Dörpfeld bis zuletzt an ihr fest, als längst klar war, dass dies ein Irrweg war.[44]

Doch nicht nur mit dem dauerhaften Festhalten an dieser Theorie, sondern auch zur Chronologie der ägäischen Bronzezeit hatte er eine von der Mehrheitsauffassung abweichende Meinung. Die chronologische Gliederung der bronzezeitlichen Keramik Griechenlands in eine früh-, mittel- und späthelladische Phase, wie von Alan Wace und Carl Blegen in Anlehnung an Arthur Evans' dreigliedriges minoisches Chronologiesystem erarbeitet,[45] war Dörpfeld bekannt, jedoch vertrat er hier eine andere Sichtweise.[46] Alle Stile seien gleichzeitig, die Unterschiede seien vielmehr kultureller Ausdruck verschiedener Ethnien.[47] Die qualitätvolle, reich verzierte Keramik, die wir heute als typisch mykenisch kennen, sah Dörpfeld von phönizischem Einfluss geprägt, wohingegen die einfache, grobe Keramik, die wir heute der Früh- und Mittelbronzezeit zuordnen, die eigentliche Töpferware der bodenständigen Achäer war. Diese Scheidung traf er auch in der Architektur: Die Paläste von Tiryns, Mykene und Knossos, genau wie die bei Homer beschriebenen des Menelaos und des Alkinoos, waren orientalisch-phönizischer Prägung, der Palast des Odysseus hingegen noch von unverfälschter, einfacher achäischer Weise.

Eine eindrückliche Visualisierung erfuhren Dörpfelds Vorstellungen in den Illustrationen, die dem Buch *Homers Odyssee* beigelegt waren. Die von Fritz Krischen ausgeführten Zeichnungen zeigen nicht nur Landschaften von Leukas/Ithaka, sondern auch Szenen aus der Odyssee. Den Unterschied zwischen dem einfachen Lebensstil der Achäer und der orientalischen Pracht der mykenischen Paläste zeigen Bilder des Palastes des Alkinoos

---

42 DÖRPFELD, *Odyssee*, 220; DÖRPFELD, *Kunst und Homer*, 109; DÖRPFELD, *Alt-Ithaka*, 394; DÖRPFELD, *Alt-Olympia*, 366–376; DÖRPFELD, *Geleitwort*, 11f.
43 FURTWÄNGLER/LOESCHCKE, *Mykenische Vasen*, XIIIf.; FURTWÄNGLER, *Rezension zu Wolfgang Reichel*, 453.
44 DÖRPFELD, *Alt-Olympia*, 354–376.
45 BLEGEN, *Korakou*, 120–123.
46 DÖRPFELD, *Kunst und Homer*, 93f.; 95.
47 DÖRPFELD, *Tiryns*, XVI; DÖRPFELD, *Odyssee*, 319–324; DÖRPFELD, *Kunst und Homer*, 78f.; DÖRPFELD, *Alt-Ithaka*, 393f.; DÖRPFELD, *Alt-Olympia*, 351.

Abb. 4: Der Palast des Alkinoos, nach Dörpfelds Vorstellungen, umgesetzt von Fritz Krischen.

(Abb. 4) und des Männersaals des Königshauses von Ithaka (Abb. 5). Die Dekoration des ersteren folgt eindeutig dem der Paläste von Knossos und Tiryns, inmitten thronend Alkinoos als „Lilienprinz". Das Königshaus des Odysseus mit seinen unverzierten Räumen und rohen Balkendecken betont dagegen die Einfachheit der Achäer im Gegensatz zum Prunk der Phäaken. Selbst bei den verwendeten Gefäßen wurde dieser Gegensatz betont: Die Phäaken schöpfen aus einer Palaststilamphore, die Ithaker dagegen trinken aus den unverzierten Gefäßen aus den frühbronzezeitlichen R-Gräbern.

Abb. 5: Der Männersaal des Königshauses von Ithaka, nach Dörpfelds Vorstellungen, umgesetzt von Fritz Krischen.

Es ist sehr erstaunlich, dass die stratigrafisch nachgewiesene Folge frühhelladisch – mittelhelladisch – späthelladisch von Dörpfeld, der ja im Mai 1921 die für die Aufstellung dieser chronologischen Gliederung entscheidende amerikanische Ausgrabung in Korakou besuchte,[48] kaum anerkannt wurde. Nicht zu Unrecht warf man ihm daher vor, er beachte aktuelle Ergebnisse nicht.[49] Dörpfelds Betrachtung der chronologisch-kulturellen Verhältnisse des bronzezeitlichen Griechenlands sind daher eigenwillig. Das achäische

48 DÖRPFELD, *Ausgrabungen in Griechenland*, 29; GOESSLER, *Dörpfeld*, 180.
49 WATZINGER, *Heroenzeit und Homer*, 11.

Festland war nach seiner Ansicht im 2. Jahrtausend von einfachen Keramiken und Metallarbeiten bestimmt, nur die Paläste von Mykene, Tiryns, Theben, Orchomenos und Sparta erhielten ab der Mitte des 2. Jahrtausends den mykenisch-phönizischen Stil, der aber im Westen, in Nestors Pylos oder Odysseus' Ithaka, weitgehend fehlte. Mit dieser Betrachtungsweise konnte Dörpfeld chronologisch unterschiedliche Funde in eine Zeit stellen und seine Sicht auf die homerische Welt festigen.

Fazit: Die Archäologie der mykenischen Kultur mit und ohne Dörpfeld

Wilhelm Dörpfeld ging während seiner archäologischen Laufbahn einigen großen Fragestellungen nach. Dabei standen besonders Homers Epen im Vordergrund. Dörpfelds Bestreben, sie zu verstehen und die von Homer beschriebenen Plätze zu entdecken, waren ein großer Antrieb für seine Forschungen. Darin glich er Heinrich Schliemann, der sich ja auch mit Homer oder Pausanias in der Hand aufmachte, um den mythischen Helden uralter Sagen nachzuspüren. Doch Schliemann fand Troja, spürte reiche Königsgräber in Mykene auf, grub einen prächtigen Palast in Tiryns aus und schaffte es dabei, international im Licht der Öffentlichkeit zu stehen und seine Entdeckungen geschickt zu vermarkten.[50] Dörpfeld hingegen, der die homerische Welt durch weitere derartige Funde vervollständigen wollte, schaffte es nicht, solch sensationelle Entdeckungen vorzuweisen, und konnte auch nicht völlig einwandfrei seine Theorien untermauern. So erwiesen sich schon zu seinen Lebzeiten viele „Entdeckungen" gar nicht als das, wofür er sie hielt. Das eigentliche mykenische Palastzentrum von Pylos, dessen ferne Erinnerung noch bei Homer nachklingt, wurde 1939 in Epano Englianos, viele Kilometer südlich von Kakovatos und auch ganz ohne Hilfe von Homer gefunden. Der Palast des Odysseus, wenn es ihn je gegeben hat, ist bis heute nicht gefunden, und auch die „Ithaka-Frage" ist unlösbar geblieben. Zwar sind heute die Inseln Ithaka und vor allem Kephallonia als reiche mykenische Zentren bekannt, doch blühten sie in erster Linie in der Nachpalastzeit, als das Palastsystem mit seinem Schriftwesen, seiner Verwaltung

---

50 SAMIDA, *Archäologische Entdeckung als Medienereignis*, 194f.

und seinem Herrschaftssystem schon lange untergegangen war.[51] Lefkada dagegen ist bis heute kaum mit bedeutenden mykenischen Funden gesegnet,[52] doch mag sich dies vielleicht noch ändern.

Ebenso war der Versuch, das wichtigste Heiligtum der Griechen, Olympia, als mykenische Gründung darzustellen, ein Fehlschlag. Für die mittelbronzezeitlichen Perioden und die gesamte spätbronzezeitliche, mykenische Epoche sind aus der Altis von Olympia kaum Funde bekannt, abgesehen von ganz wenigen Scherben, die mit großer Wahrscheinlichkeit Abschwemmmaterial vom Kronoshügel sind, auf dem wohl eine kleine mykenische Siedlung lag. Die frühesten Gefäße und Bronzedreifüße aus dem Bereich des Heiligtums, die als Weihgeschenke und Festgeschirr dorthin kamen, stammen aus submykenischer Zeit, also dem Übergang von der Bronze- zur Eisenzeit.[53] Hier befinden wir uns immerhin in den sogenannten „Dunklen Jahrhunderten", dem Zeitalter der Heroen, gesellschaftlich geprägt von Kriegerfürsten und Clanführern, die gewiss den homerischen Helden näherstehen als die palatialen Würdenträger des 13. Jahrhunderts v. Chr.

Wenn nun Dörpfeld bei allen seinen großen Projekten irrte, welches Verdienst kann man ihm dann in der mykenischen Archäologie zuschreiben? Es sind bei ihm sicher nicht die großen Interpretationen, auch nicht sein Versuch, Homers Dichtung als Schöpfung der mykenischen Palastzeit zu deuten. Vor allem muss man ihm vorwerfen, dass er sich zu wenig mit den Ergebnissen seiner amerikanischen und britischen Kollegen auseinandergesetzt hat, denn spätestens in den 1920er-Jahren war sehr deutlich geworden, dass man mit Homers Epen in der Hand weder zur Chronologie noch zum Verständnis der mykenischen Kultur irgendetwas beitragen konnte. Dörpfeld war hier ganz Mensch des 19. Jahrhunderts und wurde vom rasanten Entwicklungsschub, die die ägäische Archäologie ab 1900 erfuhr, überholt, obgleich er als Pionier daran Anteil hatte. Auch war er kaum in der Lage, seine über 40 Jahre aufgebaute Vorstellung von der mykenischen Kultur den neuen Erkenntnissen anzupassen, denn dies hätte bedeutet, alles neu denken zu müssen und vor allem seinen geliebten Homer außen vor zu lassen. Ein so radikaler Spurwechsel ist für einen renommierten Gelehrten seines

---

51 VIKATOU, *Kefalonia und Ithaka*. m. Lit.
52 VIKATOU, *Lefkas und Meganisi*. m. Lit.
53 EDER, *Anfänge von Elis und Olympia*.

fortgeschrittenen Alters kaum zu erbringen, zumal es zu Dörpfelds Charakter gehörte, an einmal formulierten Ideen konsequent festzuhalten.[54]

Vielmehr sind es Details, die Dörpfelds Forschungen auf dem Gebiet der mykenischen Archäologie auszeichnen. Seine sorgfältige Aufnahme und Beschreibung der Architektur des Palastes von Tiryns ist heute noch lesenswert und weitestgehend korrekt. Mit der Ausgrabung von Kakovatos legte er eines der wichtigsten frühmykenischen Zentren der Westpeloponnes frei und wies auch dort Zeugnisse mykenischer Kultur nach. Dörpfelds Dokumentation der Architektur der Tholosgräber ist heute sehr wertvoll, denn die letzten hundert Jahre ließen von den einst größten Kuppelgräbern dieser Region kaum noch Spuren übrig. Seine Forschungen auf Lefkada waren nicht nur sehr umfassend, sie erbrachten auch wertvolle Erkenntnisse zur bronzezeitlichen Kultur der Insel. Die R-Gräber sind bis heute einer der reichsten Grabkomplexe des Frühhelladikums, und ihre Verbindungen zur Kykladenkultur belegen die weiträumigen Handelsverbindungen im 3. Jahrtausend v. Chr.

In Olympia ging er der Fragestellung nach den ältesten Kulturschichten dieser Stätte nach. Seine Zeitgenossen hätten dies nicht getan, da für diese feststand, dass vor der geometrischen Zeit dort nichts existierte. Er fand zwar nichts Mykenisches, dafür aber Reste einer frühbronzezeitlichen Siedlung und die Keimzelle des Heiligtums, einen frühbronzezeitlichen Kulthügel, der in submykenischer Zeit uminterpretiert und vielleicht schon zu diesem Zeitpunkt für das Heroengrab des Pelops gehalten wurde.

Wie Schliemann ließ er sich nicht beirren und folgte seinen Visionen – trotz vieler Widerstände. So verdanken wir ihm heute Denkanstöße, und vor allem ist sein Grundanliegen, der Frühzeit nachzuspüren und mit den historischen Epochen zu verbinden, von Bedeutung.

54 KLUWE, *Homerforschung Jenaer Zeit*, 301.

Literaturverzeichnis

BLEGEN, C. W., *Korakou. A Prehistoric Settlement near Corinth*, Boston 1921.

BLEGEN, C. W., RAWSON, M., *The Palace of Nestor at Pylos in Western Messenia I. The Buildings and their Contents*, Princeton 1966.

DÖRPFELD, W., *Kretische, mykenische und homerische Paläste*, in: Athenische Mitteilungen 30 (1905), 257–297.

DÖRPFELD, W., *Das Alter des Heiligtums von Olympia*, in: Athenische Mitteilungen 31 (1906), 205–218.

DÖRPFELD, W., *Tiryns, Olympia, Pylos*, in: Athenische Mitteilungen 32 (1907), I–XVI.

DÖRPFELD, W., *Die kretischen Paläste*, in: Athenische Mitteilungen 32 (1907), 576–603.

DÖRPFELD, W., *Olympia in prähistorischer Zeit*, in: Athenische Mitteilungen 33 (1908), 185–192.

DÖRPFELD, W., *Alt-Pylos. I. Die Kuppelgräber von Kakovatos*, in: Athenische Mitteilungen 33 (1908), 295–317.

DÖRPFELD, W., *Pisa bei Olympia*, in: Athenische Mitteilungen 33 (1908), 318–320.

DÖRPFELD, W., *Alt-Pylos. III. Die Lage der homerischen Burg Pylos*, in: Athenische Mitteilungen 38 (1913), 97–139.

DÖRPFELD, W., *Alte und neue Ausgrabungen in Griechenland*, in: Athenische Mitteilungen 47 (1922), 25–47.

DÖRPFELD, W., *Homers Odyssee. Die Wiederherstellung des ursprünglichen Epos von der Heimkehr des Odysseus nach dem Tageplan mit Beigaben über homerische Geographie und Kultur*, München 1925.

DÖRPFELD, W., *Die altgriechische Kunst und Homer*, in: Athenische Mitteilungen 50 (1925), 77–111.

DÖRPFELD, W., *Alt-Ithaka. Ein Beitrag zur Homer-Frage. Studien und Ausgrabungen auf der Insel Leukas-Ithaka*, München 1927.

DÖRPFELD, W., *Alt-Olympia*, Berlin 1935.

DÖRPFELD, W., *Geleitwort*, in: Meyer 1936, 7–16.

DÜMMLER, F., STUDNICZKA, F., *Zur Herkunft der mykenischen Kultur*, in: Athenische Mitteilungen 12 (1887), 1–24.

EDER, B., *Die Anfänge von Elis und Olympia: Zur Siedlungsgeschichte des Landschaft Elis am Übergang von der Spätbronze- zur Früheisenzeit*, in: V. Mitsopoulos-Leon (Hg.), Forschungen in der Peloponnes. Akten des Symposions anlässlich der Feier „100 Jahre Österreichisches Archäologisches Institut Athen", Athen, 5.3.–7.3.1998, Athen 2001, 233–243.

EDER, B., *Hoch hinaus und gut vernetzt. Die frühmykenische Elite von Kakovatos*, in: Badisches Landesmuseum Karlsruhe (Hg.), Mykene. Die sagenhafte Welt des Agamemnon. Ausstellung Karlsruhe, Darmstadt 2018, 90–94.

FIEDLER, M., *Nicht nur Homer: Wilhelm Dörpfelds Forschungen im antiken Leukas*, in: Papadatou-Giannopoulou 2008, 275–298.

FURTWÄNGLER, A., LOESCHCKE, G., *Mykenische Vasen. Vorhellenische Thongefäße aus dem Gebiet des Mittelmeeres*, Athen 1886.

FURTWÄNGLER, A., *Rezension zu Wolfgang Reichel, Homerische Waffen*, in: Berliner Philologische Wochenschrift 22 (1902), 450–455.

GOESSLER, P., *Wilhelm Dörpfeld. Ein Leben im Dienst der Antike*, Stuttgart 1951.

KENNELL, S. A. H., *„...dass es keinen so gelehrten und tüchtigen Mann gibt als Sie": The Heinrich Schliemann – Wilhelm Dörpfeld Correspondence, 1879–1890*, in: Athenische Mitteilungen 125 (2010), 257–308.

KILIAN-DIRLMEIER, I., *Die bronzezeitlichen Gräber bei Nidri auf Leukas. Ausgrabungen von W. Dörpfeld 1903–1913*, RGZM Monographien 62, Mainz 2005.

KLUWE, E., *Wilhelm Dörpfelds Homerforschung während seiner Jenaer Zeit (1919–1927)*, in: Papadatou-Giannopoulou 2008, 299–310.

KOEHLER, U., *Ueber Zeit und den Ursprung der Grabanlagen in Mykene und Spata*, in: Athenische Mitteilungen 3 (1878), 1–13.

KYRIELEIS, H., *Anfänge und Frühzeit des Heiligtums von Olympia. Die Ausgrabungen am Pelopion 1987–1996*, Olympische Forschungen 31, Berlin 2006.

MEYER, E. (Hg.), *Briefe von Heinrich Schliemann. Gesammelt und mit einer Einleitung in Auswahl herausgegeben*, Berlin 1936.

MILCHHÖFER, A., *Die Gräberfunde in Spata*, in: Athenische Mitteilungen 3 (1877), 261–276.

MÜHLENBRUCH, T., *Wilhelm Dörpfeld und Tiryns – sein Anteil an Heinrich Schliemanns Ausgrabungen 1884/1885*, in: H. Witte (Hg.), Mitteilungen aus dem Heinrich-Schliemann Museum Ankershagen 10/11 (2016), 451-459.

PAPADATOU-GIANNOPOULOU, C. (Hg.), Διεθνές Συνέδριο Αφιερωμένο στον *Wilhelm Dörpfeld*, Patras 2008.

RAMBACH, J., *Olympia. 2500 Jahre Vorgeschichte vor der Gründung des eisenzeitlichen griechischen Heiligtums*, in: H. Kyrieleis (Hg.), Olympia 1875-2000. 125 Jahre deutsche Ausgrabungen. Internationales Symposion, Berlin, 9.-11. November 2000, Mainz 2000, 177-212.

RAMBACH, J., *Bemerkungen zur Zeitstellung der Apsidenhäuser in der Altis von Olympia*, in: J. Maran (Hg.), Lux Orientis. Archäologie zwischen Asien und Europa. Festschrift für H. Hauptmann zum 65. Geburtstag, International Archäologie: Studia honoria 12, Rahden 2001, 327-334.

RAMBACH, J., *Dörpfelds Bau VII in der Altis von Olympia. Ein früheisenzeitliches Apsidenhaus und das „Haus des Oinomaos"?*, Archäologischer Anzeiger 2002, 119-134.

RAMBACH, J., *E proistorike Olympia tou Wilhelm Dörpfeld, ypo to phos kainourgion anaskaphon sto Pelopion tes Alteos*, in: Papadatou-Giannopoulou 2008, 79-108.

RAMBACH, J., *Die prähistorischen „Rechteckbauten" in der Altis von Olympia*, in: H. Kyrieleis (Hg.), Bericht über die Ausgrabungen in Olympia 13, Tübingen 2013, 129-181.

RUPPENSTEIN, F., *Furtwänglers Beitrag zur Erforschung der griechischen Bronzezeit*, in: V. M. Strocka (Hg.), Meisterwerke. Internationales Symposium anläßlich des 150. Geburtstages von Adolf Furtwängler, München 2005, 21-37.

SAMIDA, S., *Die archäologische Entdeckung als Medienereignis. Heinrich Schliemann und seine Ausgrabungen im öffentlichen Diskurs, 1870-1890*, Münster 2018.

SCHLIEMANN, H., *Tiryns. Der prähistorische Palast der Könige von Tiryns*, Leipzig 1886.

TSOUNTAS, CHR., MANATT, J. I., *The Mycenaean Age. A Study of the Monuments and Culture of Pre-homeric Greece*, London 1897.

VIKATOU, O., *Kefalonia und Ithaka*, in: Badisches Landesmuseum Karlsruhe (Hg.), Mykene. Die sagenhafte Welt des Agamemnon. Ausstellung Karlsruhe, Darmstadt 2018, 244-246.

VIKATOU, O., *Lefkas und Meganisi*, in: Badisches Landesmuseum Karlsruhe (Hg.), Mykene. Die sagenhafte Welt des Agamemnon. Ausstellung Karlsruhe, Darmstadt 2018, 246–247.

WATZINGER, C., *Die griechische Heroenzeit und Homer*, in: Neue Jahrbücher für Wissenschaft und Jugendbildung 2 (1926), 1–19.

Abbildungsnachweis

Abb. 1: D-DAI-ATH-Triphylien 97.
Abb. 2: D-DAI-ATH-Leukas 822.
Abb. 3: D-DAI-ATH-Olympia 299.
Abb. 4: Nach Dörpfeld 1925a, Abb. 11.
Abb. 5: Nach Dörpfeld 1925a, Abb. 17.

Homers Helden als Weimars Gegner.
Wilhelm Dörpfeld in Jena[1]

Matthias Steinbach

Der Titel des Beitrags ist gewiss etwas plakativ, aber als These durchaus diskutabel für den Jenaer akademischen Mikrokosmos der 1920er-Jahre. Wir haben es hier nämlich mit einem sowohl wissenschaftlich innovativen wie politisch höchst nostalgischem Pflaster zu tun, beschwert oder erleichtert von einem „Gute-alte-Zeit-Komplex". Ich werde im Folgenden darauf eingehen, wie dies mit Wilhelm Dörpfelds Wirken im Einzelnen zusammenging.

Zunächst aber zu den äußeren Fakten seines Jenaer Engagements. Dörpfeld hatte Kontakte nach Jena durch verwandtschaftliche Beziehungen. Zwei Schwestern lebten an der Saale. Näheren Kontakt pflegte er besonders zu Anna Carnap, mit deren später berühmt gewordenem Sohn Rudolf „Onkel Wilhelm" bereits vor 1914 auf Grabungskampagnen in Griechenland unterwegs war.[2] Am Ende des Ersten Weltkrieges, nachdem seine Frau und seine Tochter gestorben waren, entschloss sich Dörpfeld, von Berlin in die

---

[1] Die Redeform wurde im Wesentlichen beibehalten. Zitierte Literatur erscheint in Klammern im Text. Archivalien, zum Beispiel die Tagebucheinträge Cartellieris, die nicht in die Edition (Steinbach/Dathe) aufgenommen sind, werden in den Fußnoten aufgeführt. Die Rechtschreibung der Originale wurde i. d. R. beibehalten.
[2] Rudolf Carnap berichtet darüber in diversen Briefen an die Mutter.

kleine Universitätsstadt zu gehen. Ob er damit auch die Reichshauptstadt und ihren wissenschaftlichen „Großbetrieb" verlassen wollte, wie sein Biograf meint,[3] weiß ich nicht. Dahinter steckt freilich das Ideal der akademischen Provinz als Kleinod und Forscheridylle, mithin das bekannte kultur- und großstadtkritische Motiv. Gut, Jena war damals um einiges billiger als Berlin.

Mit den Jenaer Kollegen war Dörpfeld erstmals im Mai 1904 anlässlich seiner Aufnahme in die Akademie gemeinnütziger Wissenschaft zu Erfurt bekannt geworden, sein erster nachweislicher Thüringenaufenthalt mit einem Vortrag zum *homerischen Weltbild*, versteht sich. Dörpfeld hielt sich danach öfter in Jena, Gotha und Oberhof auf. Wissenschaftlich verbandelt war er seit langem mit dem Gothaer Museumsdirektor Karl Purgold sowie den Jenaer Professoren Botho Graef (Archäologe und Kunsthistoriker) und Walther Judeich (Althistoriker), die Dörpfeld aus seiner Athener DAI-Zeit bzw. von diversen Grabungskampagnen in Griechenland und Kleinasien kannte. Graef, der kunstsinnige Archäologe und Mäzen der modernen Jenaer Szene mit den berühmten deutschen Expressionisten, mit Hodler und Rodin, der auch maßgeblichen Anteil am Jugendstilneubau der Jenaer Universität von 1908 hatte,[4] hätte Dörpfeld vermutlich sofort zum Honorarprofessor gemacht. Nur war er 1917 verstorben und sein Nachfolger Herbert Koch dann etwas vorsichtiger, da er durch Dörpfelds Auftreten die Schwächung seines ohnehin nicht sonderlich üppig ausgestatteten Extraordinariats befürchtete und dessen Thesen auch nicht teilte. So bekam Dörpfeld ab dem Wintersemester 1919/20 zunächst eine bloße *venia*, nicht für das gesamte Gebiet der Archäologie, sondern für Ausgrabungen, griechische Baukunde, Topografie, homerische Geografie.[5] 1923, anlässlich seines 70. Geburtstages, verliehen ihm die Jenaer dann die ordentliche Honorarprofessur.

Dörpfelds Jenaer Themen betrafen mit der antiken Boden- und Bauforschung sein eigentlich ausgewiesenes Arbeitsfeld und blieben hier vornehmlich konzentriert auf Olympia, Athen und das antike Theater. Natürlich war er an der Saale vor allem als Homerforscher und Erbe Schliemanns gefragt und geholt, wobei man wissen muss, dass die Homerforschung und -frage

---

3 GOESSLER, *Ein Leben*, 175.
4 WAHL, *Jena als Kunststadt*. Passim.
5 KLUWE, *Dörpfelds Wirken in Jena*, 97f.

bereits damals schon eher am Rande des klassischen archäologischen Interesses lag. Im Einzelnen las Dörpfeld in Jena einstündig:

Die Ausgrabungen in Olympia (WS 1919/20)

Die Entwicklung des griechischen und römischen Theaters (SS 1920)

Homerische Geografie (WS 1920/21)

Die Anfänge griechischer Kunst (privatissime Jan./Febr. 1922)

Homer im Lichte der Ausgrabungen (WS 1923/24)

Wie man sehen kann, gab es bis auf die Anfangszeit keine kontinuierliche Lehrtätigkeit, aber der weitgereiste Weltmann wirkte mit seinen Vorträgen, da er sie für ein städtisches Publikum hielt und etwa in den „Rosenvorlesungen" oder auch im Rahmen der neuen Volksbildungsbewegung, einer Art *university extension,* als Volkshochschul- oder Ferienkursvortragsreihen anbot, weit über die Akademie hinaus. Das war hier nicht untypisch, denn nach 1918 hatte die Idee einer sozial- wie schichtübergreifenden „Volksuniversität" Konjunktur, und Dörpfeld war eben ein populärer Typ. In einem Brief aus dem März 1920 beschreibt Dörpfeld sein Wirken wie folgt:

> Meine VL beschäftigen mich sehr viel. In der Universität nehmen 80 Studenten und noch mehrere Professoren an dem Colleg über Olympia teil, so dass ich mich ordentlich vorbereiten muss. In der Volkshochschule habe ich in der Vortragsreihe über Ausgrabungen homerischer Orte sogar etwa 250 Zuhörer. Dann treibe ich noch in einem kleinen Kreis Homer und habe vor 8 Tagen auch einen großen allgemeinen Vortrag über das homerische Weltbild gehalten vor etwa 500 Zuhörern.[6]

Die Orte hierfür dürften neben der Universität das Stadttheater sowie das Volkshaus mit seiner modernen Lesehalle gewesen sein; Ernst Abbe, der

---

6 KLUWE, *Dörpfelds Wirken in Jena,* 101.

sozialpolitisch eingreifende Physiker und Unternehmerprofessor, Chef des Zeiss-Werkes, hatte damit zu Beginn des Jahrhunderts bildungsfernen und Arbeiterschichten die Anbindung an die universitäre Wissenschaft ermöglichen wollen.[7] Nebenbei war eine solche Hörerzahl natürlich außergewöhnlich. Zuletzt hatte sich im Mai 1789 Friedrich Schiller gelegentlich seiner Jenaer Antrittsvorlesung *Was heißt und zu welchem Ende studiert man Universalgeschichte* eines solchen Zuspruchs erfreuen können. Schiller, der Exkurs sei erlaubt, unterschied damals zwischen *philosophischem Kopf* und *Brotgelehrtem*. Dörpfeld hatte wohl von beiden etwas und war dabei immer ein engagierter Anwalt seiner eigenen Thesen, der auch in Jena mit Handzetteln und Flugblättern gegen die philologische Kritik anarbeitete. Zur äußeren Geschichte seiner Vernetzung im Jenaer Milieu (kulturprotestantisch, nationalliberal-konservativ, aber auch schon stark durch eine industrielle Arbeiterschaft geprägt) gehörten über Professur und Vortragstätigkeit noch Mitgliedschaften in der Studentenverbindung *Hermunduria* sowie der *Gesellschaft der Freunde der Thüringer Landesuniversität*. Die Vorlesungen trugen Dörpfeld selbstverständlich auch die obligatorischen Kolleggelder ein, die allerdings in der Phase steigender und zum Schluss galoppierender Inflation mit Abschwung zur Rentenmark wenig bis nichts mehr wert waren. Für sein Kolleg *Homer im Lichte der Ausgrabungen* erhielt er bei 56 zahlenden Hörern (viel im chaotischen Wintersemester 1923/24!) dann noch 2 Rentenmark, 35 Pfennige.[8] Dies war dann auch das letzte geschlossene Jenaer Semester Dörpfelds. Der akademische Lehrbetrieb lag ihm letztlich nicht sonderlich, vor allem in seiner Kontinuität über Monate hinweg. Ihn zog es bis ins hohe Alter immer wieder an die Grabungsstätten und er wollte „Herr seiner ganzen Zeit" sein.[9] Nach Jena kam er allerdings noch bis 1938 gelegentlich zu Besuch, hielt dann im kleinen Kreis immer auch einen Vortrag, vital und enthusiastisch und überzeugt von seinen oft steilen Thesen wie eh und je.

Zum informellen und intellektuellen Jenaer Netzwerk Dörpfelds mein zweiter Punkt, der nun auch der Überschrift stärker Rechnung trägt. Einzelheiten lassen sich gut über den Nachlass und die Tagebücher des befreundeten Historikers Alexander Cartellieri sowie dessen Briefwechsel mit Judeich

---

7 STEINBACH, *Professorensozialismus*, Kap. VI u. VII.
8 KLUWE, *Dörpfelds Wirken in Jena*, 107.
9 KLUWE, *Dörpfelds Wirken in Jena*, 99.

rekonstruieren und diskutieren. Was bedeutete Dörpfeld den Kollegen, und zwar über das reine Gelehrtentum, über den Fachmann hinaus? Der engere Kreis der Anhänger kam zu privaten Vorträgen sowie mehrmals wöchentlich zum Forstspaziergang. Man pflegte so weiterhin eine altliberale Gelehrtenkultur, der allerdings ihr Kaiserreich abhandengekommen war. Nicht dass man von einem kaisertreuen Milieu reden könnte, wie man es etwa von den wilhelminischen Beamten im Bergischen Land sagen könnte, die sich den Hohenzollern eng verbunden fühlten. In Jena überwog eher Bismarckbegeisterung. Aber man lebte doch auch hier in einem Gefühl des Verlusts. Das galt auch für Dörpfeld, der dem geschassten Monarchen mit seinen Thesen inzwischen gegen die Zeitumstände auch weiterhin beistand. Der exilierte Kaiser bedurfte dieser zur Bestätigung einer fixen Idee, nämlich der orientalischen Herkunft seiner verlorenen Kaiserwürde. Man beschwor die guten alten archäologischen Reise- und Grabungszeiten, die jetzt zu einer Identitätsfrage ersten Ranges wurden.

Die wichtigsten universitären Bezugspersonen waren neben und nach Graef die Historiker Alexander Cartellieri (1867–1955) und Walther Judeich (1859–1942), der Germanist Albert Leitzmann (1867–1950), der Medizinhistoriker Theodor Meyer-Steineg (1873–1936) und der Jurist Eduard Rosenthal (1853–1926), allesamt um die Jahrhundertwende nach Jena gekommen, kunst- und freisinnig, dabei international tätig, mit politisch unterschiedlichen Auffassungen von konservativ bis linksliberal. Rosenthal gehörte zu den Universitätsdemokraten und Verfassungspatrioten,[10] Meyer-Steineg, Jude wie Rosenthal und Extraordinarius für Medizingeschichte, leitete eine Augenklinik und war nebenbei Komponist und Dramatiker. Dörpfeld ließ sich von Meyer-Steineg behandeln, der einmal meinte, dessen Augen seien, da nie von einer Sonnenbrille geschützt, durch die Sonne des Orients verdorben worden.[11]

Wir denken uns zum Kreis noch die Frauen hinzu, klug und emanzipiert, zum Teil literarisch und künstlerisch tätig. Else Leitzmann, die Frau des Germanisten, auch ein wenig spöttisch ‚Goldelse' genannt, dichtete den Forstspaziergängern 1922 die folgenden Verse:[12]

---

10 Ebert, *Rosenthal*.
11 Arch. 1.
12 Auszug aus dem Gedicht, das sie den Forstgängern am 23. Dezember 1922 aushändigte. Arch. 2. Neben ihr gehörten Klara Rosenthal sowie die Frauen Meier-Steinegs und Hermann

> Pünktlich markttags wohl um drei/ Sammelt sich die Kumpanei/ Der Professoren klein und lang/ An dem einen Bahndurchgang./ Mag es regnen, mag es schnein,/ Mögens viel, ob wenig sein,/ Ob es eist, ob Sonne brennt,/ Eifrig man zum Forste rennt,/ Auf dem Schweizerhöhenweg,/ Oder in der Hohle Steg/ Stapft man sinnig durch den Dreck,/ Schwatzt sich von der Leber weg,/ Alles, was sonst eklig drückt,/ Doch beim Schildern fast beglückt.[13]

Alexander Cartellieri, Mittelpunktsfigur, in dessen Haus am Forstweg Dörpfeld öfter im Kollegen- und Freundeskreis vortrug (gelegentlich auch bei Judeich oder Rosenthal), war seit 1902 Lehrstuhlinhaber für allgemeine Geschichte, galt in der Zunft als ein nicht mehr ganz zeitgemäßer Allrounder, der sich mit französischer Geschichte des Mittelalters und den neueren Revolutionen ebenso befasste wie mit Zeit- und Weltgeschichte. Cartellieri liefert uns die Stichworte für die innere, also weltanschaulich-politische Wahrnehmung dessen, was Dörpfeld den Jenaern in den Weimarer Jahren gewesen sein könnte. Als eine, wenn man so will, Antike in problematischer Moderne verkörperte er eine ideale wie wissenschaftliche Gegenwelt in dreierlei Hinsicht:

Erstens thematisch mit seiner idealistisch-heroischen Botschaft. Das alte Griechenland wird Sehnsuchtsort eines durch Kriegsniederlage und erzwungene nationale Enge bedeckten bildungsbürgerlichen Wertehimmels. Dörpfeld steht dabei noch für eine international vernetzte, gleichberechtigte Gelehrtenkultur, die für die Jenaer 1914 erstarb. Wenn er jetzt, wie im November 1922, im Liebhaberkreis bei Cartellieri von seinen Reisen berichtete, waren das für alle Beteiligten seltene Höhepunkte:

> Dörpfeld hielt am Nachmittag bei uns einen Vortrag über seine letzte griechische Reise, Olympia, Korinth, Athen und zeigte wunderschöne Bilder. Sein eigener Apparat ist sehr gut, die Leinwand war in meinem großen Arbeitszimmer gespannt. Wir waren 41 dankbare Hörer. Mehrere meinten, es sei herrlich, wenigstens auf kurze Zeit dem Alltag zu entfliehen.[14]

Nohls, allesamt Jüdinnen, zum Kreis.
13 STEINBACH/DATHE, *Alexander Cartellieri, Tagebücher*, 472.
14 STEINBACH/DATHE, *Alexander Cartellieri, Tagebücher*, 467f.

Alltag hieß hier politische wie wirtschaftliche Krise, materialistische Erdenschwere, war das Gefühl, einer durchgreifenden Proletarisierung der gesamten Kultur unterworfen zu sein. Man hörte den enthusiastisch vortragenden Archäologen, las Jakob Burckhardts *Weltgeschichtliche Betrachtungen* oder die *Märchen aus Tausend und einer Nacht*, vertiefte sich in Stundenbücher uralter französischer Könige. Das alles war Psychohygiene und hatte gleichermaßen etwas politisch Eskapistisches.

Eine zweite Gegenwelt öffnete sich in politischer Hinsicht. Der Kaiser, inzwischen in Doorn im Exil und Dörpfelds archäologisch dilettierender Freund und Kollege seit Vorkriegszeiten, war in den Augen der Jenaer zu Unrecht der Kriegsschuld bezichtigt, Deutschland zu Unrecht der Versailler Vertrag aufgezwungen, wodurch sich auch dessen Gelehrte aus der internationalen Wissenschaftsgemeinschaft ausgeschlossen sahen. Ein freies Griechentum, hier nun nicht mehr nur antik, verkörperte alle guten monarchischen wie antiparlamentarischen Traditionen; Parteien, Parlamentarier, vermittelte Demokratie: das alles mochte man nicht. Homers Helden standen gegen all dies. Und selbst wenn man sich der Weimarer Verfassung unterwarf, erwartete man für die künftige deutsche Politik zwar keinen Achilles, aber doch wechselweise einen nationalen Arbeiter oder eine Jeanne d'Arc und irgendwann natürlich die Restitution der Monarchie.

Schließlich schien der berühmte Ausgräber drittens die Inkarnation einer kultur- und wissenschaftskritischen Gegenwelt zu sein – ganzheitlich, fachübergreifend, gerichtet gegen eine immer stärkere Ausdifferenzierung parzellierter Disziplinen. Bezeichnender Tagebucheintrag Cartellieris dazu vom 4. April 1920 (vollständig im Nachlass):

> Am Karfreitag trafen wir bei Meyer-St. unseren Archäologen Koch, der seine von Dörpfeld abweichende Meinung betonte. Dörpfeld hält zur Zeit einige Vorträge über seine Homerauffassung vor einem Dutzend Kollegen, etwas weitschweifig, aber ich höre ihn gern, er ist, wie jemand meinte, der Apostel seines Glaubens. In mir hat er die Liebe zum klassischen Altertum stark erweckt und ich freue mich immer wieder darüber, wie er darin lebt und aufgeht.[15]

---

15 STEINBACH/DATHE, *Alexander Cartellieri, Tagebücher*, 408.

Selbst wenn die Ilias, Odysseus oder die schöne Helena für Cartellieri keine tatsächliche Geschichte waren, so wie von Dörpfeld gebetsmühlenartig behauptet, schrieb er doch an den befreundeten Philosophen Hermann Nohl: „Dörpfeld ist einseitig, das mag sein, aber für solche Leute habe ich sehr viel übrig; er bohrt an einer Stelle, aber tief."[16] Eine Tiefenbohrung mit Breitenwirkung. In einem Brief an Dörpfeld vom 29. Dezember 1924, in dem Cartellieri für die Zusendung des Odysseus-Buches dankt, findet sich eine gewisse Gesamtwürdigung der Methode des Archäologen aus Sicht des Mediävisten. Cartellieri schreibt:

> Sehr lehrreich finde ich in dieser Hinsicht Ihre Bemerkungen I, 100 über die Ähnlichkeit zwischen dem Tempel und dem Epos. Könnte man nicht sagen, dass damals, als die Künste sich noch nicht so scharf sonderten, der Dichter dem Baumeister viel näherstand als heute? Der Dichter sah sein Werk als Ganzes vor sich. Der Deutsche hat allerdings wenig Verständnis für eine straffe Linienführung, wie mir scheint, und neigt zu verschwimmenden Schattierungen, wie es unserem Klima entspricht. In romanischen oder antik beeinflussten Ländern müsste Ihre Ansicht auf einen besser vorbereiteten Boden fallen. Auch Sie sehen die Odyssee und lesen sie nicht bloß.
>
> Ihre Bemerkungen über die Schilderung gleichzeitiger Handlungen gewinnt für mich erhöhte Bedeutung wegen meiner weltgeschichtlichen Versuche[17], bei denen sich dieselbe Aufgabe fortwährend aufdrängt. Da ist es mir wertvoll festzustellen, wie Sie es mit der Übersetzung, die ich für sehr flüssig und anziehend halte, praktisch anfangen, um den Leser die Gleichzeitigkeit ohne viel Worte einfach empfinden zu lassen. [...]
>
> Bei den Freiern kam mir der Gedanke, ob nicht die Orte, aus denen sie stammen sollen, ganz zu streichen seien als spätere Zutaten: viele wollten auch dabei gewesen sein, das kommt doch häufig vor.

---

16 Arch. 3.
17 CARTELLIERI, *Weltgeschichte als Machtgeschichte*.

> Wenn ich mir erlauben darf, für Ihre Methode eine Formel zu suchen, so würde ich sagen: Sachkritik anstelle von Wortkritik, mit Betonung der zur naturwissenschaftlichen Sicherheit überleitenden Spatenforschung und zweitens Gesamtkritik statt Einzelkritik. Bei Ihrer Beweisführung hat man den Eindruck, dass die sich zuerst stoßenden Einzelergebnisse (wie unbehauene Steine) immer neu aufgeschichtet wurden, bis sie endlich zusammenpassten und tragfähig wurden.[18]

An anderer Stelle kommt Cartellieri im Tagebuch nach Clemens von Delbrücks Tod, unter dem Kaiser 1918 noch letzter Chef des Geheimen Zivilkabinetts, mit Blick auf Dörpfeld zu einer scharfen Kollegen- und Zunftkritik. Am 29. Dezember 1922 vermerkte er dazu:

> Jetzt habe ich hier eigentlich nur noch Dörpfeld, der sich über den durchschnittlichen Gelehrtentypus erhebt, der noch etwas bleibt, wenn man den Professor abzieht. [...] Wie klein würde mancher Kollege dastehen, wenn ihn die Examenskandidaten nicht fürchten müssten. [...] Den Fachgenossen fühle ich mich fremder als je. Nur ungern gehe ich an die neuesten Zeitschriftenhefte mit ihrem kleinlichen Gezänk und ihren geschmacklosen, überlangen Anmerkungen. Dass es die Leute nicht lernen, sich darin zu beschränken![19]

Die hier zugleich latent kritisierten Ordinarienoligarchien hatten Cartellieri schon vor 1914 gestunken. Und Dörpfeld war jetzt, wie eigensinnige Privatdozenten, die damals nicht hochkamen und noch immer nicht hochkommen, die Antithese dazu! In Dörpfelds Nähe spürte und schätze der Historiker, und nicht nur er, die Berührung mit der antiken Welt und ihrer schönen, zur Nachahmung anregenden Idealität. Seit ihrer Schülerzeit hatten die meisten der im Kreis Versammelten nie wieder jemanden so vom klassischen Altertum reden hören. Dörpfeld versprühte Entdeckerlust, zerbrach die Bretterwände starrer Schuleinteilungen und gefestigter Lehrmeinungen, schlug die Geschichtswissenschaft gleich einer Truppe vor den Kopf, so wiederum Cartellieri, „die zur Abwehr des Feindes immer neue

---

18 Arch. 1.
19 STEINBACH/DATHE, *Alexander Cartellieri, Tagebücher*, 472.

Bollwerke [...] errichtet" hatte und jetzt, darin eingeschlossen, in Sicherheit zu ersticken drohte.[20] Bei späteren Besuchen erkannte er die Vortragsgäste zwar kaum noch, redete aber umso lebendiger von seinen Grabungen und Theorien.

Schließlich und nebenbei blieben die Jenaer immer an Dörpfelds Berichten aus Doorn interessiert, die auf der Durchreise nach München quasi mit abfielen. Monarchisches Nostalgiekino vor Korfu-Hintergrund am unsicheren Saalestrand.

20 Arch. 4; STEINBACH, *Des Königs Biograph*, 215f.

Literaturverzeichnis

CARTELLIERI, A., *Weltgeschichte als Machtgeschichte*, 5 Bde., München/Berlin 1927–1972.
EBERT, D., *Eduard Rosenthal. Ein Charakterporträt*, Dresden 2018.
GOESSLER, P., *Wilhelm Doerpfeld. Ein Leben im Dienst der Antike*, Stuttgart 1951.
KLUWE, E., *Wilhelm Dörpfeld. Die Zeit seines Wirkens in Jena (1919–1927)*, in: Geschichte in Wuppertal 13 (2004), 96–110.
STEINBACH, M., *Des Königs Biograph. Alexander Cartellieri (1867–1955). Historiker zwischen Frankreich und Deutschland*, Frankfurt/M. 2001.
STEINBACH, M., *Ökonomisten, Philanthropen, Humanitäre: Professorensozialismus in der akademischen Provinz*, Berlin 2008.
STEINBACH, M., DATHE, U. (Hg.), *Alexander Cartellieri, Tagebücher eines deutschen Historikers. Vom Kaiserreich bis in die Zweistaatlichkeit (1899–1953)*. Hg., eingel. und bearb. von Matthias Steinbach und Uwe Dathe, München 2014.
WAHL, V., *Jena als Kunststadt 1900–1933*, Leipzig 1988.

Archivalia

Arch. 1: ThULB, Nachlass Cartellieri, Personenkartei: Wilhelm Dörpfeld.
Arch. 2: ThULB, Nachlass Cartellieri Nr. 1/Kasten 5.
Arch. 3: ThULB, Nachlass Cartellieri Nr. 15/1, Brief vom 23. Februar 1920.
Arch. 4: ThULB, Nachlass Cartellieris, Tagebücher, Eintrag vom 25. April 1928.
Nachlass Rudolf Carnap in der University of Pittsburgh, Archives of Scientific Philosophy, RC 025–94.

Wilhelm Dörpfeld.
Die Odyssee eines Bauforschers

Mira Weidhaas-Berghöfer

Vom empirischen Suchen zum intuitiven Finden

> „Die Philologie ließ den Dichter Homer erblinden, aber ihre Hilfswissenschaften haben die Kraft, diese Augen wieder sehend zu machen."[1]

Mit diesem Zitat des Klassischen Archäologen und Philologen Alfred Brückner überschrieb Wilhelm Dörpfeld wohl um 1920 ein Notizbuch zu seinen Homerstudien. Ein Zitat, mit dem sich auch die Passion seiner späten Schaffenszeit betiteln ließe, die ihm allerdings zuletzt weniger Ruhm als zunehmend Kritik einbrachte und seine Reputation teilweise bis heute nachhaltig prägt. Das genannte Notizbuch[2] mit dem Titel *Homer II* ist Teil eines weitestgehend unerschlossenen Nachlasses, der sich auf das Stadtarchiv Wuppertal sowie die Archive des Deutschen Archäologischen Instituts in Berlin und Athen verteilt. Das nicht edierte Dokument ermöglicht einen Einblick in die wissenschaftliche Arbeitsweise und Theoriebildung des Bau-

---
1 BRÜCKNER, *Schlachtfeld*, 161.
2 Arch. 1.

forschers. Versammelt finden sich hier Notate zu unterschiedlichen Themen der Homerforschungen, wie unter anderem *Zeit der Homerischen Epen, Homerische Kunst* oder *Das Homerische Wohnhaus*. Die Notate setzen sich aus Exzerpten, Literaturhinweisen und argumentativen Überlegungen zusammen, die sich explizit auf öffentlich geäußerte Kritik an seinen Forschungen zu Homer beziehen. So setzt er sich mit der Denunzierung durch den Klassischen Philologen Ulrich von Wilamowitz-Moellendorff auseinander. Dieser rechnete ihn im Rahmen seines Werks *Die Ilias und Homer* unter die „Verächter der Wissenschaft"[3], die das Kunstwerk der Homerischen Epen herabwürdigten.

Es steht außer Frage, dass Wilhelm Dörpfeld „[...] als Meister der Bauforschung und ausgedehnter Gebiete der Altertumskunde anerkannt werden [...]"[4] muss. Schon zu Beginn seiner Karriere definierte er die Aufgaben des archäologischen Bauforschers neu. So kann er als einer der Pioniere der genetischen Bauforschung betrachtet werden, d.h. sein Augenmerk richtete sich darauf, nicht mehr lediglich den Idealzustand eines Gebäudes zu erfassen, sondern dessen individuelle Entwicklung hinsichtlich der Planung, Ausführung, Veränderung und eventueller Zerstörungen zu ergründen.[5] Während seiner Arbeit als technischer Bauleiter in Olympia (1877–1881) sorgte Dörpfeld anhand sorgfältig verzeichneter Baubefunde mit neu gewonnenen Erkenntnissen zur Chronologie für Aufregung in der Fachwelt: Er zweifelte die bis dato gültige chronologische Einordnung Olympias an und vermutete, dass an der Stelle des Hera-Heiligtums ein bereits aus dem 11. Jahrhundert v. Chr. stammender hölzerner Vorgängerbau gestanden habe.[6] Diese zunächst auf Ablehnung stoßende Theorie ist später auch zustimmend diskutiert worden und generierte eine Modifikation der chronologischen Einordnung.[7] Auch auf dem Gebiet der in der archäologischen Feldarbeit bald zum Standard gehörigen (ursprünglich in der Geologie[8] entwickelten) Schichtgrabung gelten seine Arbeiten als richtungsweisend. Er etablierte zunächst in Olympia und später bei zahlreichen Kampagnen mit

---

3 WILAMOWITZ-MÖLLENDORFF, *Ilias*, 20.
4 GERKAN, *Dörpfeld*, 429.
5 HERRMANN, *Wilhelm Dörpfeld*, 125.
6 Vgl. jetzt SAPIRSTEIN, *Columns of the Heraion*, bes. 566.
7 ECKARDT, *Wilhelm Dörpfeld*, 292.
8 Als Pionier der praktisch angewandten Stratigrafie gilt heute meist der englische Geologe William Smith. Vgl. HERRIES DAVIES, *Whatever is under the Earth*, 80.

Heinrich Schliemann auf dem Siedlungshügel Hisarlık eine Ausgrabungstechnik, die „[...] die Beurteilung des Baubestandes aus den Einzelheiten heraus [...]"[9] erlaubte.

Ebenso gelang es ihm, durch gezielte Untersuchungen bis dato als grundlegend geltende Überlegungen zur antiken Metrologie in Frage zu stellen und mit der Berechnung des olympischen Fußes von rund 320 Millimetern neue Richtlinien zu definieren.[10]

Der unverfrorene Wagemut eines jungen im Felde arbeitenden Forschers, auf die Arbeit universitärer Wissenschaften Einfluss zu nehmen, stieß erwartungsgemäß auf fachwissenschaftlichen Widerspruch von jeder Seite. So kritisierten beispielsweise sowohl Theodor Mommsen als auch Friedrich Hultsch die Praktikabilität des olympischen Fußes und begründeten so den ersten Disput zwischen Dörpfeld und der Klassischen Altertumswissenschaft und insbesondere der Philologie seiner Zeit.[11] Diese schon in frühster Zeit seines Schaffens etablierten Konflikte mit den Fachwissenschaften sollten sich in der Folgezeit noch verschärfen.

Den Anfeindungen zum Trotz schlugen sich seine vielbeachteten Arbeiten in einer zwar außeruniversitären, aber (im Vergleich etwa zu Heinrich Schliemann) durchaus wissenschaftsüblichen Etablierung nieder. So konnte er die erste Festanstellung als Architekt im Deutschen Archäologischen Institut Athen, auf einem eigens für ihn eingerichteten Posten, für sich beanspruchen.[12] Wenige Jahre später übertrug die Direktion ihm darüber hinaus die Leitung des Instituts, die er über 25 Jahre hinweg inne haben sollte. In dieser Zeit, die als die der größten deutschen Ausgrabungen im griechischen Kulturraum gilt, war er an nahezu jeder wichtigen Grabungskampagne beteiligt. Zu nennen sind hier unter vielen anderen: Die Grabungen auf der Athenischen Agora, in Eleusis, Epidauros, Oropos, Piräus und Mykene.[13] In Zusammenarbeit mit Alexander Conze führte er darüber hinaus zwischen 1900 und 1911 mehrere Herbstkampagnen in Pergamon durch, welche bis heute als eine zentrale Epoche für die Ausgrabungsgeschichte der eumeni-

---

9 GERKAN, *Dörpfeld*.
10 ECKARDT, *Dörpfeld*, 292.
11 ECKARDT, *Dörpfeld*, 294.
12 JANTZEN, *Einhundert Jahre*, 19.
13 Eine vollständige Liste der Ausgrabungen findet sich bei GOEBEL/GIANNOPOULOU, *Daten*, 124.

schen Stadt gelten.[14] Es gelang ihm, neben der Einführung technischer Neuerungen im Institut[15] auch das Dokumentationswesen der Feldarchäologie zu revolutionieren. Das Anlegen fundierter Grabungstagebücher sowie die systematische Beschreibung von Baubefunden zeugen noch heute von den bedeutenden Kampagnen seiner Zeit. Zudem institutionalisierte er das erste Fotoarchiv des DAI Athen. Schließlich ist die Genese eines wissenschaftlichen Netzwerkes deutscher Gelehrter seiner Zeit zu nennen, die er jährlich zu seinen berühmten Inselreisen einlud.[16]

Bei all seinen wissenschaftlichen Erfolgen standen für den gelernten Bauforscher stets eine exakte Beobachtung und messbare Fakten im Mittelpunkt der Forschungsarbeiten. Dadurch musste er „zwangsläufig in einen Gegensatz zu den geisteswissenschaftlich ausgerichteten modernen Altertumswissenschaften geraten."[17] So blieben seine Erkenntnisse zwar nie unstritig, doch die Arbeitsweise und Präzision Dörpfelds beeindruckte auch die vehementesten Gegner in der wissenschaftlichen Fachwelt.[18] Die oben skizzierte Grundlage seiner Arbeit in Form exakter Wissenschaft schien Dörpfeld allerdings bei der Betrachtung der griechischen Frühgeschichte zu verlieren. Dieses Phänomen stellt einen schwer verständlichen Wendepunkt in seiner wissenschaftlichen Karriere dar, den Klaus Herrmann in den *Archäologenbildnissen*[19] sehr treffend beschreibt. Er erkennt, dass sich bei Dörpfelds Grabungen auf Leukas sowie bei der Kampagne auf Korfu „[...] ein grundlegender Wandel vom empirischen Suchen hin zum intuitiven Finden, von der unvoreingenommenen Interpretation hin zur alles beherrschenden Theorie [...]"[20] ereignete. Er vertrat fortan nicht länger allein durch archäologische oder architektonische Fakten gestützte Thesen, sondern bediente sich philologischer, topografischer und auch historischer Überlegungen, um seine Ideen hinsichtlich der Homer-Forschung und der

---

14　Für einen kurzen Abriss der Grabungsgeschichte vgl. etwa Petersen, *Geschichte und Archäologie Pergamons.*
15　Unter anderem setzte er die Nutzung der Schreibmaschine durch.
16　Vgl. dazu Panteleon, ‚*Ciceronianisch Lateinisch.*' Teilnehmerlisten und Programme der von Dörpfeld zwischen 1895 bis 1905 geführten Inselreisen sind in seinem Nachlass bewahrt (Arch. 2).
17　Herrmann, *Dörpfeld*, 137.
18　Kluwe, *Dörpfeld*, 112.
19　Herrmann, *Wilhelm Dörpfeld 1853–1940.*
20　Herrmann, *Wilhelm Dörpfeld 1853–1940*, 113.

Entwicklung der griechischen Kunst zu stützen. Dies machte ihn schnell zur Zielscheibe von nicht immer sachlichen Kritiken, die er bis zuletzt zu widerlegen suchte.[21]

Homerforschung

Versucht man, sich den heute kaum rezipierten Forschungen Wilhelm Dörpfelds zu Homer und der griechischen Frühgeschichte zu nähern, beeinträchtigten Äußerungen wie die des Klassischen Philologen Ulrich von Wilamowitz-Moellendorff deren Reputation deutlich. So schrieb jener in der Berliner Philologischen Wochenschrift bereits 1903: „Dörpfeld ignoriert eben alle Grammatik, alle Kritik, alle Geschichte, es sei denn es passte ihm einmal etwas in den Kram."[22]

Auf der anderen Seite blieben die archäologischen Arbeiten Dörpfelds, die im Zusammenarbeit mit oder im Windschatten Heinrich Schliemanns publiziert worden waren, und dies, obwohl Schliemanns Thesen ja von anderer Seite ebenfalls unter Beschuss geraten waren, von den ansonsten häufig überpolemischen und sehr persönlichen Angriffen weitgehend verschont. In diesem Zusammenhang ist zu erwähnen, dass die lauter werdende Kritik an den Arbeitsmethoden und Thesen Schliemanns, wobei unter anderem die Inszenierung von archäologischen Funden im Fokus stand, nicht auf die Reputation der wissenschaftlichen Arbeit des mit Schliemann zusammenarbeitenden Dörpfeld abfärbte.[23]

Neben Troja führte er gemeinsam mit Schliemann eine weitere Grabungskampagne in Tiryns durch. Dort legten sie 1884/1885 die bei Pausanias erwähnte Kyklopenburg frei.[24] Im Zuge dieser Grabung erwachte Dörpfelds Begeisterung für die Homer-Forschung. Er begann an den historischen Wahrheitsgehalt und die topografische Präzision der homerischen Epen zu glauben und sie zum Mittelpunkt seiner Forschungsinteressen zu

---

21 ECKARDT, *Wilhelm Dörpfeld*, 299.
22 WILAMOWITZ-MOELLENDORFF, in: Berliner Philologische Wochenschrift 12 (1903), 382.
23 ECKARDT, *Wilhelm Dörpfeld*, 294.
24 PAUSANIAS, Beschreibung Griechenlands 2,25,8.

machen.[25] Aus der Gestalt der 1885 freigelegten Ringmauer der Burg las Dörpfeld einen phönizischen Einfluss auf die mykenische Kultur heraus[26] und geriet durch diese These in einen Konflikt mit der damals vorherrschenden Meinung der Fachwelt.[27] Doch Dörpfeld sah sich durch seine Interpretation der Funde und Befunde, die er während seiner 1901 begonnen Grabungen auf Leukas (heute Lefkada) machte, in seiner Auffassung bestätigt.[28]

Seit 1900 nahm die durch den Fund und die Lokalisierung des homerischen Troja sowie die Freilegung der Palastmauern in Tiryns motivierte Suche nach dem sagenhaften Herrschaftssitz des Odysseus einen immer größeren Stellenwert in den wissenschaftlichen Interessen Dörpfelds ein. Dabei ersann er eine eigene Homertheorie, die sich, folgt man einer in seiner einzigen Biografie zitierten Notiz, wie folgt darstellt:

> Homer stellt eine archäologische Urkunde dar. Die historische Wahrscheinlichkeit der homerischen Odyssee wird noch dadurch erhöht, dass sie keine gleichförmige sei. Es ist eine Eigentümlichkeit des griechischen Volkes, Poesie und Geschichte zu verschmelzen. Je älter ich werde, desto lächerlicher kommt es mir vor, von „Kindheit" bei Homer zu sprechen. Die ganze homerische Kulturwelt ist eine in sich fertige, satte und reife, so dass man gerade nichts so sehr vermisse als das Ursprüngliche, Einfache in den menschlichen Verhältnissen sowohl den Göttern gegenüber als auch dem geselligen Leben.[29]

Auf Grundlage der Ansicht, dass die Epen eben nicht allein Kunst seien, sondern darüber hinaus auch historische Wirklichkeit darstellen, begab er sich auf die Suche nach den Schauplätzen der Odyssee; laut seinem Biografen und Schüler Peter Goessler soll er einmal im hohen Alter rückbli-

---

25 HERRMANN, *Wilhelm Dörpfeld*, 133.
26 Vgl. die von H. Schliemann im selben Jahr auf der *Sitzung der Berliner Gesellschaft für Anthropologie, Ethnologie und Urgeschichte: Sitzung vom 20. Juni 1885*, in: Zeitschrift für Ethnologie 17 (1885), 215–262, 217–219, zustimmend zitierten Briefe Dörpfelds.
27 ECKARDT, *Wilhelm Dörpfeld*, 297.
28 In den *Daten meines Lebens* vermerkt Dörpfeld Ausgrabungen auf Leukas von 1901 bis 1914 sowie 1934 bis 1935 (vgl. GOEBEL/GIANNOPOULOU, *Daten*, 124. Seine Hypothese vertrat Dörpfeld zunächst in einigen Vorträgen. Zuerst publiziert: WILHELM DÖRPFELD, *Das homerische Ithaka* (1903) und DÖRPFELD, *Leukas-Ithaka* (1904). Später dann zusammenfassend in DÖRPFELD, *Alt-Ithaka*.
29 GOESSLER, *Wilhelm Dörpfeld*, 192.

ckend gesagt haben: „An dem Tage, wo ich den Alabasterfries mit blauen Glas fand, war für mich die homerische Frage gelößt."[30] In der Folge reichte er, nachdem er aufgrund seiner kritisch aufgenommenen Thesen auf immer mehr Gegenwehr aus den Reihen der Altertumswissenschaftler stieß, aus der Motivation heraus, seine Theorie zu beweisen, 1912 einen Antrag auf vorzeitige Pensionierung bei der DAI-Zentrale ein, die seine persönlichen Kampagnen nicht länger bereit war zu unterstützen. Offiziell begründete er sein Gesuch allerdings mit gesundheitlichen Beschwerden sowie familiären Verpflichtungen, denen er nachzukommen habe.[31]

Zu diesen Kampagnen zählten die Grabungen auf der ionischen Insel Lefkada, denn bereits seit 1900 war er der festen Überzeugung, hier die Heimat des Odysseus lokalisiert zu haben. Zudem forschte er nach Scheria, suchte nach der Burg Nestors und nahm dazu nicht selten idiosynkratrische Deutungen seiner archäologischen Entdeckungen vor. Damit seine Funde mit seinen Theorien in Einklang gebracht werden konnten, musste beispielsweise die Entstehungszeit der Epen auf das 12. Jahrhundert vor Christus korrigiert werden. Mit diesen Forschungen machte er sich immer mehr zum Außenseiter der Fachwelt.[32] Zwar war er bis zuletzt für seine anschauliche und mitreißende Vortragstätigkeit anerkannt und erfreute sich in vielen Kreisen Bewunderer und Gönner. Als er aber 1940 auf Leukas starb, war ihm jedoch die für ihn so wichtige Anerkennung der Gelehrtenwelt für seine Thesen versagt geblieben. Die Dichotomie in der Wahrnehmung der Person Dörpfeld umschreibt Ludwig Curtius in seinen Lebenserinnerungen eindrücklich:

> Er [sc. Dörpfeld] war, wenn er die Baudenkmäler der Akropolis vor einem großen internationalen, aus Gelehrten, Diplomaten und Vergnügungsreisenden bestehenden Publikum erklärte, eine hinreißende Persönlichkeit. [...] Niemand konnte komplizierte Zusammenhänge schlichter, anschaulicher erklären als er. Er ging von den unscheinbarsten Einzelheiten eines Marmorquaders oder eines Mauerrests, auf

---

30 GÖSSLER, *Wilhelm Dörpfeld*, 74. Dörpfeld bezieht sich hier auf einen Fund während der Ausgrabungen von 1884 und 1885 mit Heinrich Schliemann in Tiryns.
31 JANTZEN, *Einhundert Jahre Athener Institut*, 23.
32 Einen guten Eindruck zur Kritik der Dörpfeldschen Theorie gibt HUGO, *Die Heimat des Odysseus*.

die er mit seinem Spazierstock deutete, aus und entwickelte daraus seine Folgerungen so logisch und zwingend, daß er jeden überzeugte; denn jeder konnte ihn verstehen. [...] Dörpfeld stand damals auf der Höhe seines Ruhms. Er hatte etwas Strahlendes an sich. Aber damals schon interessierte ihn die Geschichte der Architektur nur mehr, um frühere Behauptungen zu verteidigen oder weiter auszubauen. Seine neue Leidenschaft[33] galt seinen homerischen Untersuchungen, die er uns in stundenlangen Vorträgen unterbreitete, wobei wir widerwillig zuhörten. Denn seiner rein verstandesmäßigen Natur, die nur auf die zähl- und meßbaren Inhalte der Welt gerichtet war, blieb jede Art von Poesie und Kunst fremd, und auch die tiefgründigen Geheimnisse der Geschichte waren ihm unzugänglich. Ich liebte ihn, wenn er oben auf der Burg die Propyläen erklärte, wie einen Vater und floh, wenn er am Abend des gleichen Tages über seine neusten homerischen Entdeckungen sprach, erschreckt vor der Nüchternheit seines Geistes.[34]

Problematisch waren hier nicht zwingend seine neuen Thesen, die ab einem gewissen Zeitpunkt auch die Homerforschungen betrafen und sich als äußert unbequem für die Klassischen Altertumswissenschaften der damaligen Zeit erwiesen.

Die tragische Seite in Dörpfelds Schaffen lag nicht in ausbleibender Anerkennung, die ihm niemand versagen wollte, sondern in einer Starrheit seiner Anschauungen, die jede Entwicklung sowohl im Gegenstand der Forschung wie auch in der Forschung selbst perhorreszierte.[35]

---

33 Curtius schildert seine Eindrücke während eines Aufenthalts am Athener Institut im Jahre 1904.
34 CURTIUS, *Deutsche und Antike Welt*, 265f.
35 GERKAN, *Rezension: Gössler, Wilhelm Dörpfeld*.

Die Urodyssee

Wie geschildert, überlagerte die Suche nach einem Beweis für seine Homertheorie durch die archäologischen Grabungen nach den Schauplätzen der Epen Dörpfelds späte Schaffenszeit. Dabei überschritt er deutlich die von Facharchäologie gezogenen Grenzen und bediente sich auch historischer, geografischer und philologischer Methoden, um seine Theorien zu stützen. Dörpfeld glaubte nämlich, in dem kanonisch gewordenen Text der Odyssee einen 500 Jahre älteren Urtext freilegen zu können, den er als präzise historische Quelle für die Irrfahrten des Odysseus zu deuten vermöge. Diesen Urtext publizierte er im Jahr 1925 in einer zweibändigen Textausgabe mit dem Titel *Die Heimkehr des Odysseus. Homers Odyssee in ihrer ursprünglichen Gestalt wiederhergestellt von Wilhelm Dörpfeld*. Er war der festen Überzeugung, aus parallelen Handlungsverläufen des kanonischen Textes nachweisen zu können, dass der Dichter Homer sein Epos um einen zuvor genau festgelegten symmetrischen Tageplan der Protagonisten konstruiert hatte. Der Tageplan führt auf einen erheblich kürzeren Text als die kanonische Odyssee. Sämtliche von ihm als spätere Zusätze identifizierten Passagen tilgte er, wobei einschränkend eingangs erläutert wird:

> Wenn wir[36] bei unserer Arbeit die Dichtung in ihrer heutigen Form zerreißen, und wohl auch zerreißen müssen, wenn wir weiter den Nachweis führen werden, daß Homer in jener Zeit gelebt hat, die er besingt, dann wollen wir hiermit weder den Dichter zu einem Historiker herabwürdigen, noch wollen wir durch diese Untersuchungen das Kunstwerk zerstören.

Die Frage nach der Überlieferungsgeschichte der Odyssee gilt bis heute als nicht geklärt[37] und war auch zum Zeitpunkt der Publikation 1925 ein viel diskutiertes Thema.[38] Die Konzeption der Urodyssee fiel mit anderen Wor-

---

36 Unterstützung fand Dörpfeld durch den Philologen und Gymnasiallehrer Heinrich Rüter, der die Übersetzung aus dem Altgriechischen vornahm.
37 Für einen Überblick vgl. WEST, *The Homeric Question Today*.
38 Wie sehr der Gedanke damals gleichsam in der Luft lag, zeigt bspw. die ebenfalls 1925 erschienene Studie EMIL WENDLINGS, *Iliasschichten*, die philologische Basis für die zwei Jahre später erschienene Urilias Wendlings mit dem Titel *Achilleus*. Ironischerweise hatte sich Wilamowitz bereits mit seinem vielgerühmten Buch über die *Ilias* 1916 an dem Spiel

ten nicht in einen luftleeren Raum und wäre als Alternativvorschlag zur kanonischen Textfassung zu werten. Allerdings gehen mit der Publikation dieser Fassung weitere Annahmen Dörpfelds zur griechischen Frühgeschichte einher, die eingangs bereits angesprochen wurden. In seinem Vorwort grenzt er sich erwartungsgemäß deutlich von den bekannten Strömungen der Homerforschung ab: Er nimmt eine Einheitlichkeit des Urepos an, das durch spätere Zusätze erweitert und verändert wurde, und schließt somit die Kompilationstheorie vieler kleiner Einzelgedichte sowie der Annahme einer Einheitlichkeit des uns heute bekannten Epos aus. Bei der Frage nach dem Dichter glaubt er, dass *Ilias* und *Odyssee* beide von ein und demselben Dichter verfasst wurden, der in der Zeit lebte, die er besingt. Die Entstehungszeit selbst setzt er um 1200 v. Chr. an und weicht damit um 500 Jahre von der damals und heute noch konventionellen Datierung ab.[39] Der Nachweis dafür, dass die Epen zur Heroenzeit selbst entstanden seien und an Höfen historischer, realer trojanischer Helden gesungen wurden, würde bedeuten, dass die Geschichte, Geografie und Kultur der mykenischen Griechen des 2. Jahrtausends v. Chr. korrekt wiedergegeben worden ist, und die späteren Zusätze erst jüngere Zustände beschrieben – ein Aspekt, mit dem zu Beginn des 20. Jahrhunderts die Datierung ins 8. Jahrhundert begründet wurde.[40]

Die Urodyssee ist in zwei Bände unterteilt. In dem von Dörpfeld verfassten ersten Band wird anhand gewisser Symmetrien der Handlung ein Tageplan der *Odyssee* rekonstruiert, der als Richtschnur für die ursprüngliche Fassung des Epos diente. Dieser Teil ist im Grunde als Kommentierung der Textrekonstruktion zu sehen, in dem Dörpfeld jeden Schritt seines Vorgehens anhand problematisch erscheinender Textstellen erläutert. Des Weiteren befinden sich in diesem Teil fünf Beigaben zu weiteren Aspekten der Homerforschung, zu denen Dörpfeld seiner Homertheorie folgend Stellung bezieht. Behandelt werden: *Die gleichzeitigen Ereignisse im Epos, Die Zahl der Freier, Homerische Geographie, Das Homerische Wohnhaus* und *Die Kunst der homerischen Zeit*.[41] In diesen Beigaben setzt er sich neben einer

---

beteiligt (er präparierte gleich vier ältere Iliaden aus dem erhaltenen Epos heraus). Natürlich waren seine methodischen Herangehensweisen ganz andere als die Dörpfelds, doch haben sie gemeinsam, dass sie alle miteinander von der späteren Forschung verworfen wurden.
39   Für einen Überblick für die chronologische Ansetzung der heute häufig angenommen Textschichten ‚Homers' vgl. etwa Nagy, *Homeric Questions*, chapter 3.
40   Vgl. den Forschungsüberblick von Heubeck, *Die homerische Frage*, bes. 213–228.
41   Dörpfeld, *Homers Odyssee*, München 1925, XIII–XV.

inhaltlichen Aufarbeitung der Themen dezidiert mit seinen Kritikern der Klassischen Altertumswissenschaften auseinander.

Auf Grundlage des in Band 1 rekonstruierten Tageplans wird dann in einem zweiten Band eine ins Deutsche übersetzte Textfassung von Heinrich Rüter gegeben. Die Übersetzung erfolgte in deutscher Prosa, was damit begründet wurde, dass das Ziel nicht darin bestünde, das unnachahmliche Original zu imitieren. Es solle vielmehr der Inhalt möglichst wortgetreu und sinngemäß wiedergegeben werden und durch die Vermeidung der Hexameter ein natürlicher Fluss der Sprache auf Kosten der poetischen und rhythmischen Schönheit des altgriechischen Originals erreicht werden.[42] Dabei berufen sich die Verfasser auf die Ansichten Goethes und Jakob Grimms, die selbst eine Prosaübersetzung der Epen forderten.[43] Die Textgrundlage der Übersetzung bildet die Teubner Schulbuchausgabe von Oscar Henke aus dem Jahr 1894.[44] Dem Lesetext wird ein Inhaltsverzeichnis vorangestellt, das die einzelnen Tage der respektiven Reisen des Odysseus und des Telemach (Dörpfeld geht von zehn aus) kurz inhaltlich zusammenfasst und auf die jeweiligen Textstellen, nummeriert nach Gesängen, verweist. So hat der Leser die Möglichkeit, die Entstehung der Textzusammensetzung nachzuvollziehen, und kann, so fordern es auch die Herausgeber, bei Interesse am griechischen Original in der von ihnen postulierten Reihenfolge nachlesen.[45] Sämtliche getilgte Textstellen sind in den Anhang an den rekonstruierten Text der Urodyssee ausgelagert. Die Editoren sahen sie durchweg als spätere Zusätze an.[46] Änderungen an der Übersetzungsvorlage der Teubner-Ausgabe sind abschließend in einem Apparat vermerkt.[47]

Heute liegt uns die Odyssee wie auch damals Dörpfeld und Rüter in 12.200 Hexameterversen, unterteilt in 24 Gesänge, vor. Diese Einteilung ist nicht ursprünglich; zuvor wurde die Odyssee nach Episoden zitiert, die sich an den jeweiligen Handlungsabläufen orientierten. Inhaltlich folgt das Epos keinem einheitlichen Handlungsstrang, sondern setzt sich vielmehr durch die Schilderung einer Vielzahl von parallelen Handlungen unterschiedli-

---

42 DÖRPFELD, *Odyssee*, XI.
43 Weiterführend nachzulesen in: MARTIN, *Das Deutsche Versepos*, 249–257.
44 DÖRPFELD, *Odyssee*, Bd. 2, 341.
45 DÖRPFELD, *Odyssee*, Bd. 1, 341–345.
46 DÖRPFELD, *Odyssee*, Bd. 1 VI.
47 DÖRPFELD, *Odyssee*, Bd. 2, 341–345.

cher Personen sowie Rückblenden zusammen. Diese Tatsache führte schon seit der Antike zu Spekulationen über die Entstehungs- und Überlieferungsgeschichte.[48]

Inhaltlich besingen die uns heute vorliegenden Bücher die Irrfahrten und die Heimkehr des Königs Odysseus von dem Krieg um Troja sowie letztlich die Wiedervereinigung mit seiner Gemahlin Penelope. Parallel dazu werden die Suche des Sohnes Telemachos nach dem verschollenen Vater Odysseus sowie unter anderem das Schicksal der auf Ithaka wartenden Penelope und ihre Bedrängung durch die Freier thematisiert. Die eigentlich erzählte Handlung umfasst nach heute gängigen Überlegungen 40 Tage,[49] deren Zählung kurz vor der Heimkehr des Odysseus nach Ithaka beginnt.

Dörpfeld legt in Band 1 seiner Ausgabe eine Vielzahl von Gründen dar, warum die Annahme berechtigt sei, dass die ursprünglich auf je 40 Tage angelegten Parallelhandlungen der Telemachie bzw. des eigentlichen Nostos durch spätere Zusätze erheblich gestört worden seien. Hier sei ein Beispiel genannt.

Allgemein wird angenommen, dass die Vorbereitungen Telemachs auf Ithaka, seine Reise nach Pylos, Pherai und Sparta sowie sein Gespräch mit Menelaos vor Ort die ersten sechs Tage des Plans einnimmt. Im Anschluss soll er, laut des 40-Tage-Plans, 31 Tage in Sparta verweilt haben, bis er über Pherai und Pylos zurück nach Ithaka fährt, um dort in Gesang XVI Odysseus zu treffen. Dörpfeld stellt folgende Zweifel an dieser Zeiteinteilung auf: (a) Es gäbe keinen Bericht über den Aufenthalt des Telemach auf Sparta.[50] (b) Telemach schlägt die Einladung von Menelaos, auf Sparta zu bleiben, aus.[51] (c) Die Wartezeit der Gefährten des Telemach am Strand würde zu lang berechnet werden. (d) In Od. XVII 120–148 gibt Telemach im Gespräch mit seiner Mutter an, dass er nach der Auskunft des Menelaos direkt in die Heimat zurückgekehrt sei.[52]

Diese inhaltlichen Unstimmigkeiten liegen laut Dörpfeld in der Unachtsamkeit von Rhapsoden und späteren Überarbeitern des Epos begrün-

---

48 Vgl. bspw. GRAZIOSI, *Inventing Homer*.
49 SCHMID/STÄHLIN, *Geschichte der griechischen Literatur*, 122.
50 DÖRPFELD, *Odyssee*, Bd. 1, 33.
51 Od. IV 306–619.
52 Die ausführliche Argumentation zur Rekonstruktion: DÖRPFELD, *Odyssee*, Bd. 1, 32–36.

det. Offensichtlich gab es eine ältere Schicht des Narrativs, die noch keinen längeren Aufenthalt Telemachs bei Menelaos kannte. Lässt man diese 31 Tage fort und folgt der Dörpfeld'schen Argumentation, ergeben sich zuletzt zehn Tage.[53]

In einem nächsten Schritt postuliert Dörpfeld eine Synchronizität der parallelen Handlungsstränge der Odyssee, die er als ein wichtiges Element großer Dichtung ansah.[54] So erstellt er mit Blick auf den rekonstruierten 10-Tage-Plan der Telemachie als Vorlage einen entsprechenden 10-Tage-Plan der eigentlich Odyssee. Die herausgearbeiteten Pläne werden in einem abschließenden Schritt mit Tagesplänen anderer Personen des Epos abgeglichen. In dem von ihm entworfenen Schaubild synchronisiert Dörpfeld die Auftritte Athenas in der Odyssee (im engeren Sinn verstanden als *die* Versgruppen, die konkret der Irrfahrt des Protagonisten gewidmet sind) mit denjenigen der Telemachie. Die Schauplatzwechsel stellen nach Dörpfeld Brücken zwischen den Handlungssträngen dar, die die beiden räumlich getrennten erzählerischen Sequenzen miteinander verknüpften. Athena wechselt innerhalb der Handlung, so meint Dörpfeld nachweisen zu können, passend die Schauplätze, um sowohl Odysseus als auch Telemach zur Hilfe zu kommen.

Durch diese Symmetrie,[55] die er im inhaltlichen Verlauf mit einem klassizistischen Tempelgiebel vergleicht, sieht Dörpfeld seinen Tageplan als erwiesen an. Die Konstitution der Urodyssee gleicht er entsprechend an und sortiert die kanonische Fassung und Reihenfolge der Gesänge und Einzelverse vollständig um. Letztlich erhält er so eine neue Fassung, in der er die vom Dichter intendierte Urodyssee erkennt.

---

53 DÖRPFELD, *Odyssee*, Bd. 1, 36.
54 DÖRPFELD, *Odyssee*, Bd. 2, bspw. 15.
55 Erwähnt sei, dass eine dominante Strömung in der Forschung das ‚archaische Denken' für nicht befähigt hält, solche abstrakten Symmetrien herzustellen, und dies speziell nicht im Hinblick auf die Zeit, die als solche eine Abstraktion jenseits des homerischen Fassungsvermögens gewesen sei. Vgl. etwa DUX, *Die Zeit in der Geschichte*, 261–269 und bereits FRAENKEL, *Der Zeitbegriff*. Träfe dieses Dogma zu, wäre Dörpfelds These erledigt. Bevor es so weit ist, müsste jedoch gezeigt werden, dass der Dörpfeld'sche Plan nicht tragfähig ist.

Die Korrespondenzmappe

Die fachwissenschaftliche Resonanz auf die Dörpfeld'sche Urodyssee ist in wenigen Worten zusammengefasst: Sie blieb fast vollständig aus. Die Nicht-Würdigung beziehungsweise die Nicht-Kritik ist allerdings Aussage genug und prinzipiell als wissenschaftliche Exekution zu werten. Denkt man an die intensive Besprechung und Kritik der bis dato veröffentlichen Theorien Dörpfelds zu Homer, so beispielsweise seine Leukas-Ithaka Hypothese[56] durch namhafte Fachvertreter wie den Philologen Ulrich von Wilamowitz-Moellendorff steht die ausbleibende Resonanz am Ende einer intensiv geführten öffentlichen und teils polemisch geführten Kontroverse.

Es könnte der Eindruck entstehen, dass Dörpfeld auf seine Publikation zur Urodyssee nur noch Schweigen erntete und in der Fachwelt als quantité négligeable gewissermaßen abgehakt worden sei. Dass sich dies nicht ganz so verhielt, zeigen einige noch unerschlossene Korrespondenzstücke, die Dörpfeld selbst zusammengestellt hat und so einmal mehr sein Interesse an einer Dokumentation seiner wissenschaftlichen (wie in anderer Hinsicht: politischen) Kämpfe für die Nachwelt unter Beweis stellt. Der Respekt, mit dem ihm seine Korrespondenzpartner beggenen, scheint einerseits aufrichtig zu sein wie andererseits von der Sorge inspiriert, den streitbaren Alten nicht zu reizen. Dörpfeld selbst zeigt mit seinen Reaktionen, dass seine Charakterstruktur in dieser Zeit vollständig ausgereift war: Das heißt in diesem Fall, dass er den argumentativen Austausch zur Selbstbestätigung, nicht zur eventuellen Korrektur oder Anpassung suchte. Doch sollen an dieser Stelle die Archivalia anhand einiger ausgewählter Beispiele das Wort haben.

Der in seinem Nachlass im Archiv der Zentrale des Deutschen Archäologischen Instituts bewahrte Ordner mit dem Titel HOMERIKA bewahrt diesbezüglich einige wichtige Dokumente. Die Mappe beinhaltet gesammelte Briefwechsel aus den Jahren 1911 bis 1929. Inhaltlich betreffen sie ausschließlich Reaktionen auf Publikationen und Vorträge Dörpfelds oder seiner Gegner zu den homerischen Studien. Teilweise sind die Korrespondenzstücke durch Dörpfelds Hand annotiert, was sie wiederum editorisch betrachtet zu einer Herausforderung und wissenschaftshistorisch besonders wertvoll macht. Die Einzelstücke stehen mit großer Wahrscheinlichkeit in

---

56 Zu dieser Kontroverse STEINHART/WIRBELAUER, *Aus der Heimat des Odysseus*.

einem größeren Kontext von Korrespondenzen mit den betreffenden Einzelpersonen. Dörpfeld scheint sie diesem entrissen und seinen Akten zur Forschung und Rezension der jeweils betroffenen Publikation zugeordnet zu haben. Die nun folgenden ausgewählten Briefe enthalten Teiltranskriptionen. Auslassungen in den transkribierten Teilen sind durch „[...]" gekennzeichnet, Orthografie und Interpunktion wurden beibehalten.

(1) Brief von Erich Bethe, Leipzig, vom 02. Januar 1925.[57]
Erich Bethe (1859–1940) war ein deutscher Klassischer Philologe. Im Jahr 1925 lehrte er als Professor für Klassische Philologie an der Universität Leipzig. Während seiner ausgedehnten Mittelmeerreisen lernte er Dörpfeld kennen und stand mit ihm in postalischem Kontakt. Als studierten Archäologen und Historiker zog Dörpfeld ihn immer wieder in Fachfragen zurate.[58] Promoviert wurde Bethe durch Ulrich von Wilamowitz-Moellendorff, was dem nachfolgenden Brief und seiner Einschätzung bezüglich des Disputs zwischen Wilamowitz und Dörpfeld eine besondere Relevanz verleiht. Auch im Bereich der Homerforschung publizierte Bethe zahlreiche Aufsätze und Monografien.[59]

In seinem Brief bedankt sich Bethe für die Übersendung des Odyssee-Buches durch Dorpfeld zu Weihnachten. Nachfolgend hebt er zunächst positive Aspekte des Werks hervor:

> Das Buch präsentiert sich in der feinen Ausstattung und den schönen Karten und zierlichen Zeichnungen so, dass Jeder seine Freude daran haben wird. Sie haben es so geschrieben, daß auch das breite Publikum, Ihre vielen Verehrer ausser der Collegen der zünftigen Altertumsforscher es lesen können. Und sie werden es gewiss auch lesen und von der Kraft Ihrer Ueberzeugung und der Klarheit Ihrer Ueberzeugungen überwältigt Ihnen zustimmen.

Kritisch bemerkt er dann, dass Dörpfeld sich der vielen Kritik in einem solchen Felde der Wissenschaft bewusst sein müsse.

---

57 Arch. 3.
58 GOESSLER, *Dörpfeld,* 101.
59 KERN, *Erich Bethe.*

> Die Archäologie spielt bei der Datierung der Homerischen Epen eine grosse Rolle. Darin bin ich mit Ihnen ganz einverstanden. Deshalb hätte ich gewünscht, dass Sie Ihr Buch über die Chronologie der geometrischen Kunst zuerst veröffentlicht und darin Beweise vorgelegt hätten. Die im Odyssee Buch angedeuteten werden nicht durchschlagen. [...] Doch zweifle ich stark, dass aus ältesten Dichtungen, die auch im II Jahrtausend datierten, noch grosse Partien, ueberhaupt etwas außer Formeln erhalten ist. Dunkel bleibt mir noch, wie Sie das durch Ihre Chronologie sich hinab verschieben [sic] der Jahre 1200–700 ausfüllen wollen.

Zuletzt geht er noch auf die Kritik durch Ulrich von Wilamowitz-Moellendorff ein, von dessen Polemik er sich stark distanziert.

> Wilamowitzens Polemik gegen Sie bedaure und missbillige ich auf's Lebhafteste. Ich meine auch bei starker Meinungsdifferenz soll die Hochachtung der Person stets gewahrt bleiben. Und Sie wissen, dass ich für Sie, trotz solcher, herzlichste Verehrung habe und stets haben werde.

(2) Brief von Alfred Brueckner, Berlin-Friedenau, vom 27. Dezember 1924.[60]

Alfred Brueckner (1961–1936) war ein deutscher Klassischer Archäologe. 1893 nahm er gemeinsam mit Wilhelm Dörpfeld an einer Grabungskampagne in Troja teil. Zwischen 1913 und 1930 führte er Grabungen am Kerameikos in Athen durch. Dörpfeld war mit Brueckner seit der gemeinsamen Arbeit freundschaftlich verbunden.[61]

Nach einem Dankesgruß für den erhaltenen Brief bittet Brueckner Dörpfeld, ihn von der Anfrage des Verlages, eine Anzeige zur Publikationsankündigung der Odyssee zu schreiben, zu entbinden. Er sei nicht gewillt, sein „Vertrauen mit öffentlichem Widerspruch zu entgegnen", da er eine andere Auffassung der Odyssee vertrete. Im Weiteren legt er dar, warum ihm Dörpfelds Thesen missfallen. Er stimmt mit ihm überein, dass der Ursprung der Epen im Mutterland zu suchen sei, kann allerdings ein „Sträuben" über den 10-Tage-Plan und die darauf fußenden Überlegungen Dörpfelds nicht

---

60 Arch. 3.
61 GOESSLER, *Dörpfeld*, 186. RUDOLF/STICHEL, *Alfred Brueckner*.

verleugnen. Er glaube auch nicht daran, dass der Dichter in der Zeit lebte, in der auch der Trojanische Krieg stattgefunden hat. Er vertritt vielmehr die Ansicht, dass sich die Epen ähnlich wie das Niebelungenlied über Jahrhunderte weiterentwickelten und uns aktuell seine jüngste Fassung vorliegt. Absurd findet er den Versuch, anhand der Abmessung eines Megarons die Zahl der um Penelope buhlenden Freier zu bestimmen. Auf der zweiten Seite seines Briefes nimmt Dörpfeld vermutlich selbst Unterstreichungen mit Bleistift vor. Der Markierung würdig erscheint ihm das Argument Brueckners, dass dar Wettkampf der Freier mit dem Bogen ins Freie gehöre. Mit Bleistift fügt Dörpfeld beispielsweise bei einem von Brueckners Argumenten eine Textstelle der Odyssee an (Od. XII 70), vermutlich um eine Gegenargumentation zu entwickeln. Zuletzt wagt Brueckner eine Einschätzung der Homer-Problematik, indem er sagt:

> Das hohe Ziel der Ergründung der geschichtlichen Entwicklung das nun alle von Ihnen bis zu Wilamowitz vereinigt, wird bei der Natur des Materials nicht durch die Betrachtung eines Einzelnen gelöst werden. Der Architekt und Bodenkundige, der Archäologe, der Sprachen- und Litteratur- und Sagenkundige, sie alle mühen sich seit Jahrzehnten um Bercicherung des Materials und tiefere Erkenntnis, und jeder ist jedem für ein Korn entdeckter Wahrheit dankbar.

(3) Auszug aus der Korrespondenz zwischen Paul Cauer und Wilhelm Dörpfeld.[62]

Paul Cauer (1854–1921) war deutscher Klassischer Philologe und Pädagoge. Er studierte bei namhaften Althistorikern wie Theodor Mommsen und Ernst Curtius, beendete seine universitäre Karriere allerdings nach einer schwerwiegenden negativen Rezension durch Ulrich von Wilamowitz-Moellendorff. Zwar unterrichtete er fortan hauptberuflich an Gymnasien und Oberschulen, konnte sich aber dennoch habilitieren und weiterhin wissenschaftliche Arbeiten überwiegend zu Homerfragen publizieren.[63] Dörpfeld stand mit ihm über Jahre in postalischem Kontakt.

---

62 Nachlass Wilhelm Dörpfeld, Deutsches Archäologisches Institut, Archiv der Zentrale, Kasten 11.
63 OPAHLE, *Cauer, Paul*.

Seine Briefe stammen aus den Jahren vor der Publikation der Dörpfeld'schen Odyssee. Zur Zeit der Publikation war er bereits verstorben. Allerdings teilte Dörpfeld auch schon in den Jahren zuvor seine Thesen und auch wissenschaftliche Aufsätze mit den Vertretern der Fächer und holte sich, wie bei Cauer, Rückmeldungen und Kritik ein. Nicht aber, um seine Thesen zu verbessern, sondern vermutlich eher auf der Suche nach weiteren Unterstützern. Mit Paul Cauer hingegen tritt er in die Diskussion.

(a) Brief von Paul Cauer, Münster, 18. August 1912.[64]
Paul Cauer reagiert auf einen nicht näher benannten Aufsatz Dörpfelds zu den Homerischen Epen, der bis dato unveröffentlicht war. Wahrscheinlich hatte Dörpfeld Cauer darum gebeten, ihm eine Einschätzung zum Publikationspotential seiner Thesen zu geben. Cauer führt seine Einwände und Randbemerkungen auf ein unterschiedliches Grundverständnis der beiden Forscher über Alter und Abhängigkeit von Ilias und Odyssee zurück, meint aber dennoch, dass Dörpfeld seine Studien publik machen sollte. Im weiteren Verlauf des Briefes nimmt Cauer Stellung zu einzelnen Passagen der Untersuchung. Unter anderem bespricht Cauer Dörpfelds Annahme, dass die Epen im 12. Jahrhundert entstanden seien. Er selbst glaube auch, dass Gedichte, die bereits den Inhalt der ihm derzeit bekannten Epen erhielten, in dieser Zeit kursierten. Die Frage ist für ihn, wieweit die über die Jahrhunderte hinweg vorgenommenen Veränderungen ins Innere der Gedichte vorgedrungen seien. Zur Beantwortung der Frage fordert er eine umfassende Analyse der Epen.

Zuletzt summiert Cauer seine Ansichten zu Dörpfelds Hypothese. Er sieht den Hauptverdienst darin, dass neue Probleme aufgeworfen werden, die es zu lösen gilt, und bedauert: „Könnte ich Ihnen doch ein wenig von dieser Grundanschauung mitteilen! Sie würden Ihre Gegner besser verstehen, würden von jenen besser verstanden werden, und mancher schmerzliche Eindruck wäre Ihnen erspart."

64 Arch. 3.

(b) Brief von Paul Cauer, Münster, 22. Januar 1921.[65]
Inhaltlich reagiert Cauer in diesem Brief auf eine Kritik Dörpfelds und auf Änderungsvorschläge, die er Cauer für seine „neue Publikation"[66] unterbreitete. Cauer schlägt diese und das Angebot Dörpfelds, sich persönlich zu treffen, um über die Problematik zu debattieren, freundlichst aus. Er sieht seine Grundanschauung als druckreif und will es der nachfolgenden Generation überlassen, diese nochmals zu ändern. Er nimmt dezidiert zu einigen der Kritikpunkte Dörpfelds Stellung, obwohl deutlich wird, dass er dessen Anschauungen nicht teilt und seine unbeirrbare Verfechtung der eignen Theorie kritisch sieht.

(c) Brief von Paul Cauer, Münster, 06. Februar 1921.[67]
In diesem Brief nimmt Cauer Stellung zur Kritik Dörpfelds an seiner Argos-These, die vornehmlich sprachlicher Natur war. Er sieht Dörpfelds Kritik wie folgt begründet:

> Wer aber die Grundanschauung nicht teilt, den Gedanken der allmählichen, schichtweise eindringenden und abtragenden Analyse, der kann auch diesem Ergebnis nicht zustimmen. Eigentlich müssten doch gerade Sie hier beistimmen; denn solche Analyse ist doch im Grunde eine Ausgrabung, ins Geistige übertragen.

Weiter geht es mit der Besprechung unterschiedlicher Ansichten zu einer Publikation von Petersen. Cauer hält diese für verfehlt und ist froh, sie nicht rezensieren zu müssen, da er Petersen nicht öffentlich kritisieren möchte. Er bezieht sich auf S. 13 und den Satz: „Ob die Zusätze neu hinzugedichtet...", worin ihm die Hauptsache liegt. Er stellt die Überlegung auf, dass ältere (dieses Wort unterstreicht D. und versieht es mit einem „?") Gedichte existiert haben, so dass überlegt werden müsste, inwieweit diese verändert wurden, woraus sich weitere Fragen ergeben: „Ganz frei und selbstständig erfunden? Schwerlich. Und ganz selbstständig in der Form? Sicher nicht."

---

65 Arch. 3.
66 Im Jahr 1921 gab Paul Cauer zuletzt Homers *Epen Ilias – Odyssee* als griechische Ausgabe heraus.
67 Nachlass Wilhelm Dörpfeld, Deutsches Archäologisches Institut, Archiv der Zentrale, Kasten 11.

Die Form sei im Epos nicht vom Inhalt zu trennen. Er sieht in der Zerlegung Dörpfelds (wenn sie denn stimme) erst den Beginn des Problems. Zuletzt geht er auf Dörpfelds Forderung ein, das Homerische Problem könne nur durch die Verbindung verschiedener Forschungsmethoden gelöst werden, ein und spiegelt es zurück. Denn weder bei Petersen noch bei Dörpfeld („seien Sie mir nicht böse") fände er diese Kombination verschiedener Methoden. „Denn in Ihrer Zerlegung und Ansetzung des Tageplans sprechen doch archäologische, kulturgeschichtliche, kunstgeschichtliche, sprachgeschichtliche, stilgeschichtliche Erwägungen gar nicht mit."

Die hier zusammengetragenen Briefe machen deutlich, dass Dörpfeld durchaus in Kontakt mit den Vertretern seines Faches stand. Zwar sind viele seiner Antwortschreiben nicht erhalten, doch die Fülle der erhaltenen Schreiben seiner Briefpartner lassen auf eine rege Korrespondenz schließen. Er kam demnach nicht umhin, sich dezidiert mit der Kritik an seinen Thesen auseinanderzusetzten, zumal sie in diesem Rahmen nicht durch die Polemik seiner wissenschaftlichen Kontrahenten geprägt war. Vielmehr waren es fachlich ernstgemeinte und auch freundschaftliche Ratschläge, durch die er seine Thesen zwar nicht verwarf, sie aber dennoch auf den Prüfstand stellen musste. Er für sich glaubte allerdings, die Lösung der Überlieferungsgeschichte erkannt zu haben. Dörpfelds persönliche Reaktion auf die ausbleibende öffentliche Resonanz war daher gezeichnet von dem Unverständnis für die Engstirnigkeit seiner Kollegen. Insbesondere traf ihn wohl das Schweigen seiner Athener Kollegen (wie er 1928 in einem Brief an Peter Goessler hervorhob). Doch selbst Goessler verlor im Bezug zur Urodyssee einige kritische Worte in seiner sonst so wenig kritischen Biografie Dörpfelds, wenn er schreibt: „[...] daß Dörpfeld sich nicht selten zersplittert habe und unnütz Zeit und Kraft aufgewandt habe zur Erwiderung auf literarische Angriffe, die er besser ignoriert hätte."[68]

---

68 GOESSLER, *Dörpfeld*, 182.

Literaturverzeichnis

BRÜCKNER, A., Das *Schlachtfeld von Troia*, in: Archäologischer Anzeiger 1912, 616–633.

CURTIUS, L., *Deutsche und Antike Welt. Lebenserinnerungen*, Stuttgart 1950.

DÖRPFELD, W., *Das homerische Ithaka*, in: Mélanges Perrot. Recueil de Mémoires concernant l'archéologie classique, la littérature et l'histoire anciennes, dedié à Georges Perrot, Paris 1903, 79–93.

DÖRPFELD, W., *Leukas-Ithaka*, in: Archäologischer Anzeiger 1904, 65–74.

DÖRPFELD, W., *Alt-Ithaka. Ein Beitrag zur Homer-Frage. Studien und Ausgrabungen auf der Insel Leukas*, Bd.1 und 2, Berlin 1927.

DUX, G., *Die Zeit in der Geschichte. Ihre Entwicklungslogik vom Mythos zur Weltzeit*, Frankfurt/M. ⁴1998.

ECKARDT, U., *Wilhelm Dörpfeld (1853–1940)*, in: Gesellschaft für Rheinische Geschichtskunde (Hg.): Rheinische Lebensbilder, Bd. 11, Köln 1988, 285–315.

FRAENKEL, H., *Der Zeitbegriff in der frühen griechischen Literatur*, in: Wege und Formen frühgriechischen Denkens, München 1960, 1–22 (zuerst 1931).

GERKAN, A. v., *Wilhelm Dörpfeld*, in: Gnomon 16 (1940), 429.

GERKAN, A. VON, *Rezension: Gössler, Wilhelm Dörpfeld. Ein Leben im Dienste der Antike*, Stuttgart 1951, in Gnomon 24 (1952), 95.

GOEBEL, K./GIANNOPOULOU, CH. (Hg.), *Wilhelm Dörpfeld: Daten meines Lebens*, Patras 2010 [zitiert als: DÖRPFELD, *Daten*].

GÖSSLER, P., *Wilhelm Dörpfeld. Ein Leben im Dienste der Antike*, Stuttgart 1951.

GRAZIOSI, B., *Inventing Homer. The Early Reception of Epic*, Cambridge 2002.

HERRIES DAVIES, G. L., *Whatever is under the Earth: The Geological Society of London 1807 to 2007*, London 2007.

HERRMANN, K., *Wilhelm Dörpfeld*, Ankershagen 1999.

HERRMANN, K., *Wilhelm Dörpfeld 1853–1940*, in: R. Lullies und W. Schiering (Hg.), Archäologenbildnisse, Mainz 1988, 112–113.

HEUBECK, A., *Die homerische Frage*, Darmstadt 1974.

HUGO, M., *Die Heimat des Odysseus: Ein Beitrag zur Kritik der Dörpfeldschen Leukas-Ithaka-Hypothese*, Jauer 1905.
KERN, OTTO, *Erich Bethe*, in: Gnomon 17 (1941), 142–144.
KLUWE, E., *Wilhelm Dörpfeld*, Mainz 1988.
JANTZEN, U., *Einhundert Jahre Athener Institut 1874–1974. Das Deutsche Archäologische Institut. Geschichte und Dokumente*, Mainz 1986.
MARTIN, D., *Das Deutsche Versepos im 18. Jahrhundert. Studien und kommentierte Gattungsbibliographie*, Berlin 1993.
NAGY, G., *Homeric Questions*, Austin 1997.
OPAHLE, O., *Cauer, Paul*, Neue Deutsche Biographie, Band 3, Berlin 1957, 178–179.
PANTELEON, I. A., ‚*Ciceronianisches Lateinisch.*' *Gedichte von den Institutsreisen des Kaiserlich Deutschen Archäologischen Institutes in Griechenland und von der deutschen Olympiagrabung*, Bochum 2012, 3–7.
PETERSEN, L., *Geschichte und Archäologie Pergamons: Eine Einleitung*, in: L. Petersen und R. von den Hoff (Hg.), Skulpturen in Pergamon. Gymnasion, Heiligtum, Palast, Freiburg 2011, 13–20.
RUDOLF H./STICHEL, W., *Alfred Brueckner*, in: R. Lullies/W. Schiering (Hg.), Archäologenbildnisse. Porträts und Kurzbiographien von Klassischen Archäologen deutscher Sprache, Mainz 1988, 144–145.
SAPIRSTEIN, PH., *The Columns of the Heraion at Olympia: Dörpfeld and Early Doric Architecture*, in: American Journal of Archaeology 120,2 (2016), 565–601.
SCHMID W./STÄHLIN O., *Geschichte der griechischen Literatur. Erster Teil. Die klassische Periode der griechischen Literatur*, München 1974.
STEINHART, M./WIRBELAUER, E., *Aus der Heimat des Odysseus. Reisende, Grabungen und Funde auf Ithaka und Kephallenia bis zum ausgehenden 19. Jahrhundert*, Mainz 2002.
WENDLINGS, E., *Das Gesetz der Einschaltungen und die Iliasschichten*, Tübingen 1925.
WEST, M., *The Homeric Question Today*, in: Proceedings of the American Philosophical Society 155 (2011), 383–393.
WILAMOWITZ-MOELLENDORFF, U. v., *Die Ilias und Homer*, Berlin 1920.

Archivalia

Arch. 1: Stadtarchiv Wuppertal, NDS 23, Kasten 17.
Arch. 2: Stadtarchiv Wuppertal, NDS 23, Kasten 24.
Arch. 3: Nachlass Wilhelm Dörpfeld, Deutsches Archäologisches Institut, Archiv der Zentrale, Kasten 11.

„Denn die Gelehrten sind dazu berufen, den wahren Frieden in Europa wiederherzustellen."

Dörpfelds Revisionsversuche zur Kriegsschuldfrage

Gianna Hedderich

Durch den Ersten Weltkrieg zeigt sich ein deutlicher Einschnitt in der Publikations- und Vortragstätigkeit des Bauforschers Wilhelm Dörpfeld. Neben seinen Homerstudien nahm nun auch die Frage nach der Schuld am Ersten Weltkrieg und dessen Folgen Raum innerhalb seiner wissenschaftlichen und privaten Korrespondenzen ein. Er verfügte im ausgehenden 19. und beginnenden 20. Jahrhundert über zahlreiche Verbindungen zu internationalen Altertumswissenschaftlern und bedeutenden Persönlichkeiten wie Kaiser Wilhelm II. und anderen einflussreichen Politikern. Dies hatte seine Ursache in seiner Tätigkeit als Direktor des Deutschen Archäologischen Instituts (DAI) in Athen und in seiner regen, publikumswirksamen Vortrags- und Reisekultur. Anschauliche Beispiele sind die berühmten Inselreisen, bei denen er internationale Wissenschaftler sowie Interessierte durch die verschiedenen Ausgrabungen in Griechenland führte und für ein Rahmenprogramm mit Schiffsreise und Abendvorträgen sorgte – ebenso die zahlreichen (Dia-)Vorträge, die er beispielsweise auf seiner Amerikareise oder in Jena hielt und in denen er die Zuhörer mit Anekdoten und ausführlichen Beschreibungen in die homerische und griechische Welt führte. Auch genoss er materielle und ideelle Förderungen durch Kaiser Wilhelm II. und grub unter den Augen der internationalen Presse gemeinsam mit ihm auf der Insel Korfu, der Sommerresidenz des Kaisers. Dörpfeld besaß zahlreiche (Ehren-)Mitgliedschaften in ausländischen Akademien und Gesellschaften sowie Ehrendoktorwürden an den Universitäten Yale (1895), Princeton (1896), Oxford (1900), Löwen (1909) und Athen (1912). In seinem Tagebuch[1] sowie in weiteren, von ihm sorgfältig dokumentierten Sammlungen, die sich im Archiv des DAI in Athen, im Wuppertaler Stadtarchiv sowie im Archiv der DAI-Zentrale in Berlin befinden, hielt Dörpfeld seine Vortragstätigkeit, seine Reisen, seine Publikationen, die ihm gewidmeten Bücher und seine Briefwechsel fest. Auch hier zeigt sich die internationale Ausrichtung des Wissenschaftlers Dörpfeld. Der Beginn des Ersten Weltkrieges markiert in diesen Aufzeichnungen einen deutlichen Einschnitt und hatte für Dörpfeld nicht nur Auswirkungen auf sein wissenschaftliches Leben und Netzwerk, sondern betraf ihn auch durch den Verlust seiner Wahlheimat Griechenland. Obwohl er nicht mehr ständig in seiner Wohnung im DAI Athen lebte, verbrachte Dörpfeld dennoch die Sommermonate in seinem von Kaiser Wilhelm II. geschenkten Haus auf Leukas, der Insel, die Dörpfeld glaubte als das homerische Ithaka identifiziert zu haben. Seine Auffassung, seine Gedanken und Korrespondenzen zum Krieg sowie zur Schuldfrage finden sich, sorgsam von Dörpfeld abgeheftet, in einem Schnellhefter mit dem Titel „Zur Kriegsschuldlüge"[2] im Wuppertaler Stadtarchiv. In diesem Ordner sammelte Dörpfeld neben verschiedenen Zeitungsausschnitten sowie einem Umschlag mit Flugblättern des Fichte-Bunds e. V. – die Dörpfeld vermutlich seinen Korrespondenzen beilegte –, auch seine Korrespondenzen mit anderen Wissenschaftlern sowie wissenschaftlichen Institutionen, in denen er die Frage nach der Schuld am Ersten Weltkrieg behandelte. Im Fokus standen die Möglichkeiten der Wiederaufnahme des wissenschaftlichen Austausches nach dem Krieg. Die Dokumente decken den Zeitraum zwischen 1914 und 1932 ab. Ein Großteil der Zeitungsartikel behandelt die Lage in Griechenland, andere befassen sich mit Aussagen verschiedener

---

1 DÖRPFELD, *Daten*.
2 Arch. 1. Der Nachlass ist leider bislang weder verzeichnet noch geordnet, sodass hier und im Folgenden ausschließlich auf die Box verwiesen werden kann.

Wissenschaftler zur Situation der deutschen Forscher während und nach dem Ersten Weltkrieg. Im Archiv des DAI in Athen finden sich im Kasten 16 zwei weitere Mappen mit dem Titel „Zur Kriegsschuld", die zumeist Pamphlete, Flugblätter und Zeitungsartikel enthalten. Die Zeugnisse offenbaren, wie sehr der Krieg die wissenschaftliche internationale Gemeinschaft langfristig gespalten hatte. Das Kriegsgeschehen und die Diskussion um die Schuldfrage fanden sich in der Publikationstätigkeit vieler Wissenschaftler beider Seiten wieder, im Zentrum stand die Rechtfertigung der Kriegsbeteiligung der eigenen Nation. Auch Dörpfeld positionierte sich 1914 deutlich zum Kriegsausbruch. Er sah nicht im Kaiserreich den Kriegsschuldigen und wich Zeit seines Lebens nicht mehr von dieser Position ab. Er gehörte neben anderen Altertumswissenschaftlern wie unter anderen Ulrich von Wilamowitz-Moellendorff, Friedrich von Duhn, Eduard Meyer oder dem Archäologen Theodor Wiegand, der 1894 als Angestellter unter Dörpfeld auf der Akropolis gegraben hatte, zu den Unterzeichnern des *Aufrufes an die Kulturwelt*.[3] Im Gegensatz zu vielen seiner unterzeichnenden Kollegen distanzierte sich Dörpfeld jedoch bei Kriegsende nicht von dem Aufruf, sondern bediente sich weiterhin der dort aufgeführten Thesen. Auch zählte er zu den 16 Unterzeichnern, die bei einer Umfrage des Völkerrechtlers Hans Wehberg angaben, dass sie weiterhin auf dem im Aufruf unterzeichneten Standpunkt beharren würden.[4] Von Wilamowitz-Moellendorff und der Althistoriker Eduard Meyer, mit dem Dörpfeld in den Kriegsjahren in (wissenschaftlichem) Austausch stand, sowie Wiegand und von Duhn vertraten 1920 auch weiterhin die Thesen des Aufrufes.[5] Diese Gruppe gehörte zu den vehementesten Leugnern der alleinigen Kriegsschuld Deutschlands und Befürwortern des Kaisertums.[6] Eigene Pamphlete oder Aufsätze zur Kriegsschuldthematik verfasste Dörpfeld nicht. Wissenschaftliche Konsequenzen zeigten sich für ihn und für andere deutsche Wissenschaftler umgehend.[7] Nach der Unterzeichnung des *Aufrufs an die Kulturwelt* im September 1914 wurde Dörpfeld, gemeinsam mit anderen deutschen Wis-

---

3 Vgl. UNGERN-STERNBERG/UNGERN-STERNBERG, *Aufruf an die Kulturwelt*, 21.
4 Vgl. WEHBERG, *Wider den Aufruf der 93!*, 11.
5 Vgl. GOESSLER, *Dörpfeld*, 173f.
6 S. dazu UNGERN-STERNBERG, *Deutsche Altertumswissenschaft*, 245f.
7 Zur Reaktion des Auslandes auf den Aufruf s. a. UNGERN-STERNBERG/UNGERN-STERNBERG, *Aufruf an die Kulturwelt*, Kap. 5.

senschaftlern – als bekannte Beispiele sind der Theologe Adolf von Harnack sowie der Altphilologe Ulrich von Wilamowitz-Moellendorff zu nennen –, von der Mitgliederliste der *Société centrale des architectes Français* in Paris gestrichen. Im Juli 1905 war er dort korrespondierendes Mitglied geworden. Andere französische Akademien verfuhren ähnlich, die Ausschlüsse deutscher Wissenschaftler erfolgten bis 1915. 1919 folgte die *Geisteswissenschaftliche Klasse der Belgischen Akademie*, die alle deutschen Mitglieder ausschloss. Auch seine Ehrenmitgliedschaft in der *Society of Antiquaries of London* verlor Dörpfeld während des Krieges, ein Umstand, der ihn jedoch erst 15 Jahre später durch ein Schreiben der Gesellschaft, in dem sie Dörpfeld über seine Wiederaufnahme in Kenntnis setzte, bekannt wurde. Der Brief selbst ist nicht überliefert, Dörpfelds Antwort fiel wie folgt aus:

> Aus ihrem gütigen Briefe vom 24. November, den ich gestern auf der Insel des Odysseus erhalten habe, erfahre ich erst jetzt, dass Ihre Gesellschaft mich während des Krieges aus ihrer Liste der Ehrenmitglieder gestrichen hat, auf der mein Name seit 1888 stand. Ich habe es immer als große Ehre betrachtet, Ehrenmitglied in Ihrer Gesellschaft zu sein, und begrüße es daher mit aufrichtigem Danke, wenn Ihre Gesellschaft diese Streichung jetzt aufheben und das alte Verhältnis wiederherstellen will. Ich freue mich sehr, wenn ich mich wieder als Ehrenmitglied Ihrer Gesellschaft bezeichnen darf.[8]

Für Dörpfeld handelte es sich hierbei jedoch nicht ausschließlich um die Wiederherstellung der alten vorkriegszeitlichen Verhältnisse, sondern er sah in seiner Wiederaufnahme den Versuch seitens der *Society of Antiquaries of London*, das durch den Ausschluss an den deutschen Wissenschaftlern begangene Unrecht wiedergutzumachen. So forderte er:

> Wenn dies wirklich der Fall ist, so sollte meines Erachtens die Gesellschaft, oder wenigstens Ihre einzelnen Mitglieder als Gentlemen die Pflicht anerkennen, dafür zu wirken, dass die englische Regierung die falsche Beschuldigung der schweren Schuld an dem furchtbaren Kriege offen zurücknimmt. England und seine verbündeten Länder

---

8 Arch. 2.

haben diese ungerechte Beschuldigung nicht nur an § 231 des Friedens-Diktates ausgesprochen, sondern Deutschland sogar mit Kanonen und mit der Hungerblockade gezwungen, diese entehrende Schuld selbst feierlich anzuerkennen.[9]

Im Fokus seines Interesses stand also nicht der wissenschaftliche Austausch, der ihm mit der Wiederaufnahme ermöglicht wurde, sondern ein deutlicher Appell an die Mitglieder der *Society of Antiquaries of London*. Dass sich die *Society* als Gesellschaft in Dörpfelds Sinne bei der Regierung zur Kriegsschuldfrage positionierte, war vermutlich auch für Dörpfeld nicht wahrscheinlich. Gerade deshalb wandte er sich an die einzelnen Mitglieder, die er als Gentlemen anspricht. Die Anspielung auf die britische Selbstdarstellung mit dem Idealtyp des Gentleman im Gegensatz zu dem barbarischen Deutschen – ein Bild, was in der Propaganda des Ersten Weltkrieges häufig genutzt worden war – ist offensichtlich. Die vermutlich als Geste der Höflichkeit gesehene Wiederaufnahme nutzte Dörpfeld, um die Kriegsschuldfrage zu thematisieren und seine erneute Aufnahme als Eingeständnis seitens der *Society* zu werten, dass es sich bei dem vorigen Boykott um ein den deutschen und österreichischen Wissenschaftlern zugefügtes Unrecht handele.

Die Blockade durch die französischen und britischen Institutionen und Wissenschaftler sollte bis 1928 andauern, die Wiederaufnahme Dörpfelds in die *Society of Antiquaries of London* erfolgte sogar erst 1932. Ab Oktober 1920 lassen sich verschiedene Korrespondenzen mit internationalen Wissenschaftlern in dem Ordner „Zur Kriegsschuldlüge" finden. Unter diesen Briefmanuskripten[10] ist unter anderem ein Schreiben an David Georges Hogarth, Professor für Archäologie in Oxford, vorhanden. Hogarth war Kapitänleutnant bei der Royal Navy im Ersten Weltkrieg und nahm aktiv an den Kämpfen teil. Das erste persönliche Treffen der beiden hatte wohl bereits 1890 auf Zypern stattgefunden.[11] Weiterhin war Hogarth Dörpfeld wohl vor allem als Leiter der *British School at Athens* bekannt. Die britischen Universitäten selbst und zugleich der wissenschaftliche Alltag insgesamt wur-

---

9 Arch. 2.
10 Der Brief liegt in zwei Versionen vor. Die erste Version zeichnet sich durch einen maschinell geschriebenen Text mit handschriftlichen Änderungen aus, die zum größten Teil mit weiteren Änderungen in die zweite, abgeschickte Version übernommen worden sind.
11 Vgl. GOESSLER, *Dörpfeld*, 91.

den durch den Krieg maßgeblich beeinflusst. Der Betrieb wurde durch den Umstand, dass sich zahlreiche Studenten und Dozenten bereits Ende 1914 als Kriegsfreiwillige gemeldet hatten und weitere den Rekrutierungskampagnen folgten, beherrscht.[12] Hogarth verfasste im Oktober 1920 mit anderen Professoren der Colleges von Oxford einen offenen Brief, in dem sie sich für eine Wiederaufnahme der wissenschaftlichen Beziehungen mit deutschen Wissenschaftlern ausgesprochen hatten.[13] Der offene Brief der Professoren wurde in Auszügen in der *Times* abgedruckt und dort von Dörpfeld gelesen. So antwortete er schließlich am 3. November 1920 nach mehrfacher Überarbeitung seines Briefes Hogarth persönlich:

> Obwohl ich mir den genauen Wortlaut noch nicht habe verschaffen können, vermag ich doch den Sinn Ihrer Erklärung als ersten Schritt zur Versöhnung der feindlichen Gelehrten wohl zu erkennen und zögere nicht, Ihnen als Ihr früherer Kollege in Athen und auch als Ehrendoktor von Oxford meinen herzlichen aufrichtigen Dank dafür auszusprechen. Ich fühle die Pflicht, Ihre Hand zu ergreifen, die Sie und die anderen Unterzeichner der Erklärung uns deutschen Gelehrten, Ihren ehemaligen Freunden und späteren nationalen Feinden, wieder wie einst zu reichen wünschen, und zweifele auch nicht, dass viele andere deutsche Gelehrte Ihnen mit mir dankbar sind für diesen ersten Schritt zur Versöhnung auf dem Boden der Wissenschaft.[14]

Während Dörpfeld sich im ersten Teil des Briefes noch für diesen ersten Schritt seiner britischen Kollegen bedankt, knüpft er nun an die gewünschte Versöhnung und somit an die Wiederaufnahme des wissenschaftlichen Austausches Bedingungen:

> Ich muss aber eine Bedingung stellen, die Sie, wie ich hoffe, verstehen und billigen werden. Es ist grossmütig und sehr anerkennenswert,

---

12 S. hierzu: WEBER, *British Universities*, 75–90.
13 Die Liste der Unterzeichner findet sich bei WALLACE, *War and Image of Germany*, 241–243. Unter den Unterzeichnern finden sich auch weitere Altertumswissenschaftler wie Arthur Evans, Percy Gardner, Thomas Edward Lawrence und Gilbert Murray, mit denen Dörpfeld ebenfalls bekannt war.
14 Arch. 3, S. 1.

wenn der Sieger dem überwundenen Gegner, der wehrlos und blutend vor ihm auf dem Boden liegt, zuerst die Hand zur Versöhnung reicht und zu neuer gemeinsamer Friedensarbeit auffordert. Aber der Besiegte [...] kann die dargebotene Hand nur dann mit vollem Vertrauen ergreifen, und an die Wiederaufnahme der früheren gemeinsamen Arbeit denken, wenn er überzeugt ist, dass der Sieger den ehrlichen Willen hat, Recht und Gerechtigkeit walten zu lassen und auch bereit ist, die Schuld an dem entstandenen Streite und seinen traurigen Folgen von einem unparteiischen Richter feststellen zu lassen. Er muss und darf diese Bedingungen stellen.[15]

In diesem Brief zeigt Wilhelm Dörpfeld deutlich seine Stellung zum Ausbruch des Ersten Weltkriegs, zu dessen Ablauf und auch dessen Beendigung auf. Er vertritt die Meinung, dass der Krieg dadurch entstanden sei,

dass Russland während der Verhandlungen über den österreichisch-serbischen Konflikt seine ganze Armee mobilisiert habe, obwohl von der deutschen Regierung offiziell erklärt worden war, dass ein solcher Schritt notwendiger Weise nicht nur unsere Mobilmachung, sondern auch unseren sofortigen Angriff zur Folge haben würde. Wir konnten die volle russische Mobilmachung nicht zulassen, wenn wir nicht von der russisch-französischen Uebermacht (der Dampfwalze) vernichtet werden wollten. Unsere eigene Mobilmachung war als Abwehr nicht genügend. Diejenigen haben den Krieg unabwendbar gemacht und tragen daher die Schuld an ihm, die die russische Mobilmachung veranlassten oder auch nur dazu ermutigt haben.[16]

Die Schuld schreibt er folglich der russischen Regierung und ihren Verbündeten zu und weist damit dem deutschen Kaiserreich, das sich in Gefahr einer Vernichtung gesehen habe und daher nicht anders habe reagieren können, eine Opferrolle zu. Die Schuld am Krieg sehe er keinesfalls bei Deutschland, denn „Deutschland wollte keinen europäischen Krieg, weder der Kaiser, noch die Regierung, noch das Volk. Es suchte ihn vielmehr auf

---

15 Arch. 3, S. 1.
16 Arch. 3, S. 2.

jede ehrenhafte Weise zu vermeiden."[17] In Kontrast dazu setzt er Frankreich, das den Krieg mit Deutschland gewollt habe. Dörpfeld verband folglich seine Bereitschaft der Wiederaufnahme wissenschaftlicher Beziehungen und gemeinsamer Arbeiten mit der Wiederbehandlung der Kriegsschuldfrage. Seine zuvor skizzierte Auffassung zur Kriegsschuld behandelte er auf den nächsten drei Seiten des Briefes, um gegen Ende erneut auf den wissenschaftlichen Austausch zu sprechen zu kommen:

> In früheren Jahren, als wir gemeinsam und in friedlichem Wettstreit unsere Wissenschaft zu fördern suchten, haben wir oft diese erfolgreiche und neidlose Zusammenarbeit der verschiedenen Nationen gepriesen. Es wäre sehr schön, wenn dieser friedliche Wettkampf wieder aufgenommen werden könnte. Sie haben jetzt den ersten Schritt dazu getan.[18]

Allein die gemeinsame wissenschaftliche Arbeit schien Dörpfeld jedoch nicht auszureichen, er fordert, dass Hogarth, der selbst im Ersten Weltkrieg als Offizier kämpfte, ihn bei seinen Bemühungen unterstützt, den

> ungerechten Gewaltfrieden in einen dauernden Frieden des Rechts und der Gerechtigkeit umzuwandeln. Nur durch einen Frieden dieser Art, wie ihn Wilson der Welt versprochen hatte, aber leider nicht gebracht hat, können künftige Kriege verhindert, kann ein neues friedliches Zeitalter für die Menschheit herbeigeführt werden. Lassen Sie uns gemeinsam dies hohe Ziel erreichen suchen.[19]

Mit dieser Forderung war Dörpfeld unter seinen Zeitgenossen nicht allein und traf mit ihr den allgemeinen Tenor seiner Kollegen. Deutlich wird dies auch an dem ausgeschnittenen Zeitungsartikel aus der *Deutschen Warte* vom 25.12.1920[20], in dem sich der Leipziger Anglist Max Förster ebenfalls

---

17 Arch. 3, S. 2.
18 Arch. 3, S. 5.
19 Arch. 3.
20 Arch. 1.

auf das Angebot der Wiederaufnahme wissenschaftlicher Beziehungen bezieht und dieses, ebenso wie Dörpfeld, an Bedingungen knüpft.

Die Antwort von Hogarth kam prompt und liegt in zweifacher Ausführung vor. Im Folgenden wird aus der dem Antwortschreiben beiliegenden deutschen Übersetzung des Briefes vom 16.11.1920 zitiert, die vermutlich auch von Dörpfeld gelesen wurde. Zu beachten ist, dass die deutsche Fassung jedoch nicht von Hogarth selbst unterschrieben worden war. Einzig das Format des Briefes ist identisch, auch wenn der Briefkopf auf der Übersetzung nicht vorhanden ist. Die Übersetzung wurde daher vermutlich nicht von Hogarth mitversandt, sondern erst später im Auftrag Dörpfelds angefertigt. Hogarth schreibt: „Wir hatten nicht erwartet, dass unserem Brief eine Versöhnung unmittelbar folgen würde. Wir taten indessen den Schritt in der Hoffnung, dass er in [nicht vor allzu langer] Zeit dazu führen würde." Zu Dörpfelds Forderung nach einem unparteiischen Gerichtshof nimmt er ebenfalls Stellung: „Woher würden Sie die Mitglieder eines solchen Gerichtshofes bekommen? Die ganze Welt war am Krieg beteiligt. Wahrhaft Neutrale gab es nicht. Ich fürchte, Sie müssen noch eine Generation auf den Urteilsspruch warten." Hoffnung auf einen dauerhaften Frieden hat Hogarth jedoch trotzdem, denn die Milderung des Hasses auf beiden Seiten sei es, die zu einer Garantie für die Zukunft werde. Auch wenn Hogarth und seine Kollegen auf Grund ihres Briefes Anfeindungen ausgesetzt gewesen seien, so habe der Brief dennoch eine unerwartete Strömung zur Versöhnung und Wiederaufnahme des wissenschaftlichen Austausches ausgelöst, und zwar „besonders unter den jungen Männern (z. B. Studenten von hier und Cambridge) und solchen, die noch vor kurzem Ihren Soldaten Auge in Auge im Kriege gegenübergestanden haben. Eine solche Meinung beruhigt zu den besten Hoffnungen für die kommende Zeit."[21]

Der Brief Dörpfelds an Hogarth erlebte eine weite Verbreitung. Dörpfeld schickte ihn auch an Direktor Trüper[22] in Jena, einen Sohn eines Pädagogen aus dem Kreise des Vaters von Dörpfeld. Dieser wollte die Ausführung Dörpfelds zur Kriegsschuld noch weiter verdeutlichen und verfasste

---

21 Arch. 4, 4.
22 Es handelt sich um Hellmut oder Friedmar Trüper, die Söhne von Johannes Trüper. GOESSLER, *Dörpfeld*, 218 nennt in seiner Biografie leider keinen Vornamen und berichtet nur von einem jungen Freund, Dr. Trüper aus Jena, der an Dörpfelds 80. Geburtstag anwesend gewesen sei.

Anmerkungen, die Dörpfeld Hogarth in einem weiteren Brief vorlegen sollte. Trüper wiederum legte Dörpfeld einen Brief von Andrea Ellendt bei, die 1920 zu den prominentesten Vertretern der völkischen Bewegung gehörte. Die Änderungen und Anmerkungen berücksichtigte Dörpfeld jedoch nicht – zum einen, weil die antisemitischen Äußerungen Trüpers nicht Dörpfelds Gesinnung entsprachen, zum anderen hätte die Auflistung der angeblichen britischen Verbrechen wohl kaum Gehör bei seinen britischen Korrespondenzpartnern gefunden. Weder seine Vorgehensweise noch seine Argumentation wollte sich Dörpfeld vorgeben lassen. Vielmehr, so scheint es, war für ihn die Würdigung seines Einsatzes für die internationale Behandlung der Kriegsschuldfrage von Bedeutung, die auch innerhalb Deutschlands wahrgenommen werden sollte.

Daher schickte Dörpfeld seinen Brief an Hogarth ebenfalls an Benjamin Ide Wheeler. Dieser war während der Amerikareise Dörpfelds 1896 als Professor für griechische Philologie an der Cornell University in Ithaca tätig, an der Dörpfeld im September 1896 einen Vortrag hielt.[23] Bekanntschaft hatten die beiden jedoch bereits 1895 in Athen gemacht, wo Wheeler an der *American School of Classical Studies* tätig war. Des Weiteren war er Mitglied des Deutschen Archäologischen Instituts (Kaiserlichen Archäologischen Instituts) und schlug Kaiser Wilhelm II. 1911 für den Friedensnobelpreis vor. Während des Krieges erfuhr Wheeler auf Grund seiner kaiserfreundlichen Gesinnung starke Anfeindungen, weshalb er 1919 in den Ruhestand verabschiedet wurde. Am 10.02.1921 antwortete Wheeler auf den oben erwähnten Brief Dörpfelds, der leider nicht überliefert ist, und bezieht sich direkt auf den Brief an Hogarth sowie auf Dörpfelds Ausführungen zur Kriegsschuldfrage. Er nehme nicht an, dass die Zeit für die von Dörpfeld geforderten Maßnahmen günstig sei. Die meisten Menschen gäben Deutschland allein die Schuld am Krieg, auch wenn Dörpfeld das vielleicht nicht bewusst sei. Nach dieser Aussage wechselt Wheeler das Thema und berichtet über das Wetter sowie seine Forschungstätigkeiten. Der Versuch, wieder zur Routine gelehrter Korrespondenz zurückzukehren, ist offensichtlich. Schließlich lädt er Dörpfeld zu sich nach Berkeley ein. Etwaige Zweifel an der Gastfreundschaft der Amerikaner versucht er zu zer-

---

23 Vgl. GOESSLER, *Dörpfeld*, 109. Goessler bezeichnet Wheeler als besonderen Verehrer der deutschen Wissenschaft, was sich in seiner Haltung während des Krieges auch widerspiegele.

streuen: „Pray come and see if our latch-string will not be out for you. I can guarantee you a most cordial reception"[24]. Die Beziehung der beiden lässt sich als durchaus freundschaftlich bezeichnen, im Gegensatz zu der zuvor geschilderten Korrespondenz mit Hogarth, die keine privaten Passagen enthielt. Die Antwort Dörpfelds an Wheeler vom 8. März ist als Manuskript überliefert. Erschwerend kommt hinzu, dass der Brief unvermittelt auf der fünften Seite abbricht. Nach einer freundlichen Begrüßung und Grüßen an die Familie widmet sich Dörpfeld wieder der Kriegsschuldfrage und nimmt Bezug auf die von Wheeler geäußerten Bedenken zu Dörpfelds Brief an Hogarth, nämlich, dass die Nachwirkungen des Krieges noch zu deutlich zu spüren seien und die Schuldfrage für die meisten Menschen geklärt sei:

> Ihre Bedenken gegen meinen Vorschlag an Dr. Hogarth verstehe ich wohl, weil mir durchaus bekannt ist, daß fast ganz England und Amerika ebenso wie die ganze Welt Deutschland die Schuld am Kriege zuschreiben. Aber ist diese öffentliche Meinung etwa die Folge einer gründlichen Untersuchung? Sie selbst werden nicht leugnen, daß sie künstlich dadurch hervorgerufen ist, durch die bewußte und einseitige Kriegspropaganda, die namentlich von England seit 1914 betrieben worden ist.[25]

Dörpfeld fasst diese Bedenken als motivierendes Element auf, um die seiner Meinung nach zwingende Notwendigkeit einer Analyse der Schuldfrage zu rechtfertigen. Die damalige Haltung im Ausland zur Schuldfrage begründet Dörpfeld mit einem Propagandakrieg seitens der Briten. Genau wie im Kaiserreich wurde auch in Großbritannien mit Hilfe von Büchern und Pamphleten massiv Werbung für den Krieg betrieben, im ersten Kriegsjahr erfolgte die Verbreitung zumeist durch private Kontakte der Beteiligten, erfuhr dann jedoch eine starke Institutionalisierung.[26] Auch verhinderte die britische Marine durch Kappung der Übersee-Telegrafenkabel eine Stimmungsmache in den USA zu Gunsten des Kaiserreichs.

---

24 Arch. 5.
25 Arch. 6, S. 1.
26 S. hierzu den zwar älteren, aber noch immer aktuellen Aufsatz von SANDERS, *British Propaganda*, 119–146.

Das Resultat seiner geforderten Untersuchung war für Dörpfeld absehbar und wurde von ihm durch eine abgeänderte Form der Fabel vom Wolf und Lamm verdeutlicht, in der das Lamm durch einen jungen Wolf ersetzt ist, der langsam größer und mächtiger wird:

> Die bekannte Geschichte vom Wolf und Lamm hat sich einmal wieder ereignet, mit dem Unterschiede, daß es eine Geschichte zwischen großen und kleinen Wölfen war. Der kleinere Wolf wurde zu mächtig und daher mußte er von dem großen vernichtet werden. So wird das Urteil der Geschichte lauten, dieses gerechte Urteil kann nur von einem internationalen Gerichtshof gefällt werden; er braucht nicht aus Neutralen zu bestehen, wie ich in meinem Briefe an Dr. Hogarth verlangte. Seine Mitglieder müßen aber wirkliche Richter sein, denen alle Archive geöffnet werden.[27]

Die Klärung der Schuldfrage solle folglich nicht in den Händen einer beeinflussten Mehrheit liegen, sondern durch Experten, und zwar unter Berücksichtigung aller Quellen und unter Einordnung in deren jeweiligen Kontext erfolgen. Seine Forderung nach einem neutralen Gerichtshof, der in dem Brief an Hogarth noch im Fokus steht, schwächt er jedoch ab – vermutlich inspiriert durch Hogarths Antwortbrief, in dem er Dörpfeld darauf hinwies, dass er erst in einer Generation einen Urteilsspruch eines am Krieg unbeteiligten Gerichtshofs erwarten könne – eine Zeitspanne, die für Dörpfelds Bestrebungen deutlich zu lang war. Die Forderung nach Rechtsexperten, die Zugang zu allen Dokumenten, auch jenen in den verschiedenen Geheimarchiven, haben sollten, bleibt indes bestehen. Die Klärung der Schuldfrage solle dabei jedoch den Richtern dieses internationalen Gerichtshofs überlassen werden, nicht dem Gefühl der öffentlichen Meinung, die beeinflusst von der britischen Propaganda entschieden habe. Ob Dörpfeld auf den Ständigen Schiedshof in Den Haag anspielt, lässt sich nicht abschließend klären. Wörtliche Erwähnung findet er in den Briefen jedenfalls nicht, auch wenn die von Dörpfeld geforderten Strukturen doch sehr an ihn erinnern. Die Schuldigen, die zu ermitteln wären, benennt Dörpfeld ebenfalls:

---

27 Arch. 6, S. 1f.

> Wer hat nun den Krieg herbei geführt? Etwa wir, die wir 50 Jahre Frieden gehalten und durch das friedliche Kaiserreich groß und mächtig geworden waren? Oder jene, die das deutsche Elsaß wiedererobern und Konstantinopel nehmen wollten, die Marokko und Tunis und Aegypten und Südafrika annektiert hatten und Mesopotamien als Verbindung nach Indien beherrschen wollten? Sehen Sie doch die jetzt gemachten Eroberungen von Frankreich, England und Italien an und sagen Sie mir ehrlich, ob diese Ziele den drei Nationen nicht schon seit Langem vorgeschwebt haben.[28]

Auch wenn Russland in dieser Aufzählung nicht namentlich genannt wird, so ist dem Leser durchaus bewusst, dass Dörpfeld es als vierte, am Krieg schuldige Nation durch die Erwähnung der gewünschten Einnahme Konstantinopels bezeichnet. Diese Schilderung entspricht dem Motiv der Kolonisationswünsche der Alliierten, das er auch bereits in dem Brief an Hogarth benutzt hat und nun weiter ausschmückt. Zu der Schuldfrage des Kaisers und des deutschen Volkes bezieht er klar Stellung:

> Es ist eine gemeine und bewußte Lüge, daß unser Kaiser, unsere Regierung und das deutsche Volk den Krieg allein herbeigeführt haben sollen. Wir haben den Krieg sogar auf jede ehrenhafte Weise zu vermeiden gesucht, sind aber durch den Feuerfunken der russischen Mobilmachung daran gehindert worden. [...] Deutschland hat, das kann man nicht leugnen, den Weltkrieg zu verhindern gesucht durch ernste Worte an Oesterreich und Rußland. Frankreich wollte den Krieg als es sich überzeugt hatte, daß England auf seiner Seite stehen würde.[29]

Die Korrespondenz der beiden blieb indes bestehen. Der nächste in diesem Ordner abgeheftete Brief ist erst vom 9. Februar 1922; durch seinen Inhalt lässt sich allerdings rekonstruieren, dass zwischen dem zuvor zitierten Brief und dem soeben vorgestellten weitere Briefe geschrieben wurden. In diesen wurde die Kriegsschuldfrage weiter thematisiert. Auf der Versandliste

---

28 Arch. 6, S. 4.
29 Arch. 6, S. 5.

der „Kolonialen Schuldlüge" findet sich Wheeler dagegen nicht wieder,[30] vermutlich weil sich Dörpfeld der politischen Gesinnung des kaisertreuen Wheelers sicher war. In seinen Briefen sah Wheeler die Schuld am Krieg weder allein beim Kaiser noch bei der deutschen Regierung. Er musste durch Dörpfeld nicht überzeugt werden, vielmehr fand ein Austausch der von Dörpfeld bzw. von seinem näheren Umfeld produzierten Thesen statt. So schickte Dörpfeld auch ein Pamphlet des Archäologen Georg Karo, Dörpfelds Nachfolger im DAI Athen, an Wheeler, für das er sich sehr bedankte.

Auch der Versuch der Kontaktaufnahme zu anderen archäologischen Instituten in Athen zeigt sich im Ordner „Zur Kriegsschuldlüge". Im Mai 1921 antwortet Dörpfeld prompt auf einen Brief seines italienischen Kollegen Alessandro Della Seta, dem Leiter der *Scuola Archeologica Italiana di Atene*. Della Setas Brief findet sich leider nicht im Dörpfeld'schen Nachlass des Stadtarchivs, sein Inhalt lässt sich jedoch auf Basis des Antwortbriefes in Teilen rekonstruieren. Della Seta wollte die früheren Beziehungen mit dem DAI wiederaufleben lassen und wandte sich daher an Dörpfeld in seiner Position als ehemaliger Direktor. Das DAI Athen selbst wurde im November 1916 geschlossen und an den damaligen Kultusminister Lambros übergeben.[31] Georg Karo, Dörpfelds Nachfolger, war seit 1920 als Professor für Archäologie in Halle tätig, und die Nachfolge für das 1921 wiedereröffnete DAI in Athen schien zu diesem Zeitpunkt unklar gewesen zu sein. Als aktuellen Vertreter des DAI in Athen nennt Dörpfeld Franz Studniczka[32], erwähnt jedoch schon Ferdinand Noack als baldigen Vertreter. Der Brief Della Setas an Dörpfeld erklärt sich somit nicht nur aus der persönlichen Bekanntschaft, sondern auch aus dem Umstand, dass es für Della Seta aufgrund der unklaren Situation des DAI in Athen nach dem Krieg keinen bekannten Ansprechpartner gab. Denn in erster Linie strebte Della Seta einen wissenschaftlichen Austausch sowie die Wiederaufnahme gemeinsamer Tätigkeiten der archäologischen Institute in Athen an.

Der Aufbau des Antwortbriefes Dörpfelds erinnert an den des Briefes an Hogarth vom 3. November 1920. Dörpfeld schrieb:

---

30 Vgl. Abb. 1.
31 Vgl. JANTZEN, *Athener Institut*, 36.
32 Franz Studniczka, der bis Oktober 1920 in Athen war. Ab April 1921 folgte Noack.

Ich danke Ihnen verbindlich für die liebenswürdigen Worte, die Sie in Ihrem Brief an mich persönlich gerichtet haben und nicht minder auch dafür, dass Sie sich geneigt gezeigt haben, mit dem deutschen Institute wieder die freundschaftlichen Beziehungen aufzunehmen, die früher bestanden haben.[33]

Ebenso wie Della Seta kommt er zu dem Entschluss, „dass die Gelehrten berufen sind, die Wiederherstellung des wahren Friedens in Europa dadurch zu erreichen, dass sie die abgebrochenen Beziehungen wiederaufnehmen." Doch wie auch in dem Brief an Hogarth schränkt Dörpfeld die Wiederaufnahme durch Bedingungen ein. Im folgenden Satz verdeutlicht Dörpfeld, unter welchen Voraussetzungen er sich die gemeinsame Arbeit vorstellen könne: „Sie dürfen dabei vorläufig nicht über Politik streiten und auch nicht die Kriegsfrage erörtern, schon deshalb nicht, weil sie selbst gar nicht in der Lage sind, die Wahrheit über die Schuld am Kriege und über die Kriegsgreuel festzustellen." Denkbar sei es, dass Della Seta ihm die Hand zum freundschaftlichen wissenschaftlichen Verkehr reichen würde, er diese aber nicht als verurteilter Verbrecher annehmen könne, solange nicht ein Urteil gesprochen sei: „Ich will mit Ihnen also nicht über die Schuld am Kriege und die Greuel streiten, kann aber nur dann mit Ihnen offen und ehrlich verkehren, wenn ich weiß, daß Sie persönlich jene Beschuldigung nicht als cause jugée betrachten, sondern bereit sind, uns Deutsche einen unparteiischen internationalen Gerichtshof zu zugestehen." Damit spielt Dörpfeld wieder auf den bereits in seinen Briefen an Hogarth und Wheeler geforderten unparteiischen Gerichtshof an, der sich nach Dörpfeld natürlich gegen eine Schuld Deutschlands am Krieg ausspräche. Er bittet Della Seta, für genau einen solchen Gerichtshof zu werben, denn nur so könne ein offener und ehrlicher Austausch zu Stande kommen. Er schließt den Brief mit den Worten: „Ich wäre Ihnen sehr dankbar, wenn Sie meine Bitte erfüllen könnten, die keinerlei politisches Zugeständnis enthält, sondern rein menschlich und persönlich ist." Auch in dem jüngsten Dokument des Ordners, dem Brief an die *Society of Antiquaries of London*, findet sich der Wunsch Dörpfelds nach einem unparteiischen Gerichtshof wieder. Dieser

---

33 Arch. 7. Die folgenden Zitate stammen aus demselben Brief.

bestehe immer noch nicht, obwohl die Schuldfrage sich doch mittlerweile gelöst habe; der Schuldspruch gegen Deutschland bestehe jedoch weiter:

> In keinem Gericht der Welt wird der Beschuldigte gezwungen, ein Urteil anzuerkennen, das der Ankläger selbst als Richter gefällt hat und bei dem der Beschuldigte sich nicht einmal hat verteidigen dürfen. England hat aber die Deutschen in einer solchen Weise trotz ihres Protestes verurteilt und hat dieses ungerechte Urteil immer noch nicht zurückgenommen, obwohl längst festgestellt ist, dass Russland und Frankreich den Krieg bewusst herbeigeführt und Russland ihn durch die im Einverständnis mit Frankreich erfolgte Mobilmachung zum Ausbruch gebracht hatte; eine Mobilmachung, die Ihr Minister Grey hätte verhindern können, wenn er es gewollt hätte.[34]

Dörpfelds Bemühungen um eine Verständigung mit ausländischen Kollegen sind keine Ausnahmeerscheinungen, auch andere Altertumswissenschaftler pflegten trotz des offiziellen Boykotts privaten Austausch. So ist beispielsweise der Briefwechsel zwischen von Wilamowitz-Moellendorff und dem britischen Altphilologen Gilbert Murray überliefert, der zwischen März 1915 und Februar 1923 eine Lücke aufweist.[35] Die in der Edition präsentierten Briefe zeigen jedoch inhaltlich eine starke Abweichung zu denen Dörpfelds. Die Kriegsschuldfrage wird nicht thematisiert, der wissenschaftliche Austausch steht stark im Vordergrund. Auch Dörpfeld wandte sich im Januar 1923 an Murray, bezeichnenderweise unter Bezugnahme auf das Thema Kriegsschuldfrage.[36]

Zusätzlich zur persönlichen Briefkorrespondenz finden sich zahlreiche Flugblätter des Fichte-Bunds e. V. in deutscher, englischer und französischer Sprache, die Dörpfeld vermutlich verschiedenen Briefen beilegte und versendete. Eine Versandliste findet sich für *Die koloniale Schuldlüge* von Heinrich Schnee, herausgegeben über den Arbeitsausschuss Deutscher Verbände. Die Zusammenarbeit begann 1928, wie ein Brief bezeugt. Das in mehreren Sprachen verfasste Buch schickte Dörpfeld vor allem an sein Athener Umfeld, hier allerdings nicht nur an andere Altertumswissenschaftler, sondern

---

34 Arch. 2.
35 BIERL/CALDER/FOWLER, *The Prussian and the Poet*.
36 Arch. 8.

ebenfalls an Politiker wie Ministerpräsident Zaimis oder den ehemaligen griechischen Außenminster Georg von Streit, der zu Dörpfelds näherem Athener Umfeld gehörte. Aber auch internationale Wissenschaftler wie der Archäologe Walter Miller, der Philologe Gilbert Murray, die Archäologin Alice Walker Kosmopoulos, mit der Dörpfeld freundschaftlich verbunden war, oder der klassische Philologe Edward Capps erhielten jeweils ein Exemplar. Auf der Liste finden sich überdies die Tochter Schliemanns und Gustav Oberländer, um nur eine Auswahl zu nennen.

Mit von Streit stand Dörpfeld bereits im Oktober 1919 in brieflichem Kontakt, Teile der Korrespondenz finden sich im Ordner „Zur Kriegsschuldlüge". Von Streit, der sich 1919 gemeinsam mit dem griechischen König Konstantin I. im Schweizer Exil befand, sah die Schuld am Krieg nicht bei Kaiser Wilhelm II. und dem Deutschen Reich. Der telegrammartige Brief Dörpfelds beschreibt zudem den Wandel, mit dem Dörpfeld sich konfrontiert sah und in dessen Kontext der Ordner „Zur Kriegsschuldlüge" gerückt werden muss. Neben dem politischen Umbruch beschäftigte ihn auch der Verlust des Leukashauses, dessen er sich beraubt fühlte. Seine Wahlheimat Leukas, für ihn das homerische Ithaka, war für ihn bis März 1921[37] nicht erreichbar. In der Vorkriegszeit war er sowohl von dem deutschen als auch vom griechischen Königshaus für seine Expertise geschätzt worden, sein Verhältnis zum griechischen Königshaus spiegelt sich auch in seinen Dokumenten wider. In dem Ordner „Zur Kriegsschuldlüge" sammelte Dörpfeld daher alle Unterlagen, die für ihn in Verbindung mit dem Krieg, der Schuld an ihm und seinen Folgen standen – so auch zu den politischen Verhältnissen in Griechenland und ihrer Darstellung in deutschen Medien wie der Zeitung *Gewissen*, die über den Tod von König Alexander I. berichtete. Auf den Artikel *Vom Affen gebissen*, der am 3. November 1920 im *Gewissen* erschien, antwortete Dörpfeld mit einem Leserbrief, in dem er auf die seiner Meinung nach unrichtige und verleumderische Berichterstattung hinweist. Der genaue Ablauf dagegen, wie es zu dem Tode des Königs kam, sowie die politischen Verhältnisse in Griechenland seien ihm bekannt:

> Als langjähriger Leiter des Deutschen archäologischen Instituts in Athen kenne ich die griechischen Verhältnisse genau und bin durch

---

37 In seinem Tagebuch vermerkte er, dass er am 16. März zu seiner Reise nach Leukas aufbrach. DÖRPFELD, *Daten*, 72.

mündliche Berichte und durch Zeitungen beider politischen Parteien sowohl über die Krankheit des Königs Konstantin als auch die Verwundung seines Sohnes vollkommen unterrichtet. [...] Ebenso kann ich Ihnen aufs Bestimmte versichern, daß die Verwundung des Königs Alexander auf seinem Landsitz Tatoi durch einen Affen tatsächlich erfolgt ist. In den verschiedenen Parteien habe ich die Einzelheiten der Ereignisse gelesen. Alle bedauern einstimmig die bange Wendung und bedauern aufrichtig das bevorstehende schlimme Ende.[38]

Dörpfeld sieht sich selbst aufgrund seiner privaten und beruflichen Beziehung zu Griechenland sowie dem Königshaus dazu verpflichtet, die Begebenheiten in Griechenland und die Umstände des Todes von König Alexander I. dar- und klarzustellen. Trotz einer Antwort des Verfassers, in der er versucht, Dörpfeld zu beschwichtigen und zu verdeutlichen, dass sie doch eigentlich eine ähnliche Position verträten bzw. auch er sich auf bekannte Quellen berufe, weicht Dörpfeld nicht von seiner ursprünglichen These ab und fordert weiter eine Entschuldigung. Dieses Vorgehen entspricht auch seiner Methode bezüglich der Darstellung der Kriegsschuldfrage. Auch hier ließ er sich nicht von seiner einmal gewählten Meinung abbringen, verteidigte sie vehement und positionierte sich unaufgefordert. Oft berichtete er aus eigenen Erfahrungen, er sah sich als Experten, der die Materie durchdrungen hatte. Dieses Verhalten lässt sich auch auf seine wissenschaftliche Arbeit übertragen, gerade in seinen Homerstudien verfolgte und verteidigte er stets seine Außenseiterposition, ohne sich auch nur im Geringsten im wissenschaftlichen Austausch davon abbringen zu lassen.

Dass sich Dörpfelds Hartnäckigkeit bezüglich der Kriegsschuldfrage nicht nachhaltig negativ auf seine noch bestehenden internationalen Beziehungen auswirkte, zeigten die Weiterführung der verschiedenen Briefkorrespondenzen mit internationalen Wissenschaftlern, die Besuche verschiedener internationaler Grabungen und gemeinsame Vortragstätigkeiten, insbesondere im Archäologischen Institut in Athen. Mit Della Seta sowie anderen internationalen Kollegen trug Dörpfeld im Oktober 1924 auf der

---

38 Arch. 9.

Akropolis in Athen vor.[39] Die Wiederaufnahme des wissenschaftlichen Austausches war in diesem Umfang folglich möglich.

Mit seiner Position stand Dörpfeld innerhalb der deutschen Altertumswissenschaft nicht allein. Die Auseinandersetzung mit der als Unrecht empfundenen Zuweisung der Kriegsschuld an Deutschland und der damit verbundene Boykott deutscher Wissenschaftler waren auch innerhalb der Altertumswissenschaft ein verbreitetes Thema. Prominentester Vertreter aus dem näheren Umfeld Dörpfelds war sein Nachfolger im Athener DAI, Georg Karo, der ab 1921 zahlreiche Publikationen zur Kriegsschuldfrage vorlegte. Auch der Althistoriker Eduard Meyer, mit dem sich Dörpfeld über die frühgriechische Geschichte austauschte, stand weiterhin für den *Aufruf der 93* ein – ebenso Ulrich von Wilamowitz-Moellendorff, der während des Krieges eine rege Vortragstätigkeit zur Kriegslegitimation entwickelt hatte. Wenn auch auf wissenschaftlicher Ebene kein Konsens mehr zwischen ihm und Dörpfeld erreicht werden konnte, so waren sie in politischen Belangen doch einer Meinung. Die von Wilamowitz-Moellendorff verfasste *Erklärung der Hochschullehrer des Deutschen Reiches* unterzeichnete Dörpfeld nicht, er war 1915 keiner deutschen Hochschule zugeordnet. Auffällig ist, dass der doch eigentlich international vernetzte Dörpfeld der Behandlung der Kriegsschuldfrage eine höhere Bedeutung zumaß als der Wiederaufnahme der wissenschaftlichen Beziehungen nach dem Ersten Weltkrieg. Die im Ordner „Zur Kriegsschuldlüge" aufgenommenen Dokumente zeigen keine Erstkontaktaufnahme seitens Dörpfelds zu internationalen Wissenschaftlern, er nutzte jedoch gerne die Möglichkeit, auf Briefe, seien sie persönlich an ihn gerichtet oder seien sie öffentlich, zu antworten. Einen Erstkontakt wertete er als Entschuldigung und glaubte dann, die Bedingungen für eine Wiederaufnahme des wissenschaftlichen Kontakts diktieren zu können. Dabei bediente er sich jedoch weiterhin des wissenschaftlichen Kommunikationsmodus, sein Habitus in politischen Belangen entsprach dem seiner wissenschaftlichen Ausarbeitungen: Von einer einmal gefassten Überzeugung wich er nicht mehr ab und setzte alles daran, Andersdenkende mit allen argumentativen und rhetorischen Methoden auf seine Seite zu ziehen.

---

39 Vgl. DÖRPFELD, *Daten*, 79.

Literaturverzeichnis

BIERL, A./CALDER, W. M./FOWLER, R. L. (Hg.), *The Prussian and the Poet. The Letters of Ulrich von Wilamowitz-Moellendorff to Gilbert Murray (1894–1930)*, Hildesheim 1991.

GOEBEL, K./GIANNOPOULOU, C. (Hg.), *Wilhelm Dörpfeld. Daten meines Lebens*, Patras 2010 [zitiert als: DÖRPFELD, *Daten*].

GOESSLER, P., *Wilhelm Dörpfeld*, Stuttgart 1951.

JANTZEN, U., *Einhundert Jahre Athener Institut 1874–1974*, Mainz 1986.

SANDERS, M. L., *Wellington House and British Propaganda during the First World War*, in: The Historical Journal 1 (1975), 119–146.

UNGERN-STERNBERG, J. VON/UNGERN-STERNBERG, W. VON, *Der Aufruf an die Kulturwelt und die Anfänge der Kriegspropaganda im Ersten Weltkrieg*, Stuttgart 1996.

UNGERN-STERNBERG, J. VON, *Deutsche Altertumswissenschaft im Ersten Weltkrieg*, in: T. Maurer (Hg.), Kollegen – Kommilitonen – Kämpfer. Europäische Universitäten im Ersten Weltkrieg, Stuttgart 2006, 239–265.

WALLACE, S., *War and Image of Germany. British Academics 1912–1918*, Edinburgh 1988.

WEBER, T., *British Universities in the First World War*, in: T. Maurer (Hg.), Kollegen – Kommilitonen – Kämpfer. Europäische Universitäten im Ersten Weltkrieg, Stuttgart 2006, 75–90.

WEHBERG, H., *Wider den Aufruf der 93! Das Ergebnis einer Rundfrage an die 93 Intellektuellen über die Kriegsschuld*, Charlottenburg 1920.

Archivalia

Arch. 1: Wuppertaler Stadtarchiv, Dörpfeld-Nachlass (NDS 23), Box 8, Ordner „Zur Kriegsschuldlüge".

Arch. 2: Wuppertaler Stadtarchiv, Dörpfeld-Nachlass (NDS 23), Box 8, Ordner „Zur Kriegsschuldlüge". Brief vom 08.12.1932 an die *Society of Antiquaries of London*.

Arch. 3: Wuppertaler Stadtarchiv, Dörpfeld-Nachlass (NDS 23), Box 8, Ordner „Zur Kriegsschuldlüge". Brief vom 3.11.1920 von Dörpfeld an Prof. Hogarth.

Arch. 4: Wuppertaler Stadtarchiv, Dörpfeld-Nachlass (NDS 23), Box 8, Ordner „Zur Kriegsschuldlüge", Brief vom 16.11.1920 von Hogarth an Dörpfeld.

Arch. 5: Wuppertaler Stadtarchiv, Dörpfeld-Nachlass (NDS 23), Box 8, Ordner „Zur Kriegsschuldlüge", Brief vom 10.02.1921 von Wheeler an Dörpfeld.

Arch. 6: Wuppertaler Stadtarchiv, Dörpfeld-Nachlass (NDS 23), Box 8, Ordner „Zur Kriegsschuldlüge", Brief vom 08.03.1921 von Dörpfeld an Wheeler.

Arch. 7: Wuppertaler Stadtarchiv, Dörpfeld-Nachlass (NDS 23), Box 8, Brief vom 03.05.1921 von Dörpfeld an Della Seta.

Arch. 8: Archiv des DAI Berlin, Dörpfeld-Nachlass, Kasten 16, Mappe Kriegsschuld II.

Arch. 9: Wuppertaler Stadtarchiv, Dörpfeld-Nachlass (NDS 23), Box 8, Ordner „Zur Kriegsschuldlüge", Brief vom 31.10.1920 von Dörpfeld an „Das Gewissen".

Zu Gast bei Kaisers.
Wilhelm Dörpfeld in Amerongen und Doorn

Thorsten Beigel

Wilhelm Dörpfelds Besuche bei Kaiser Wilhelm II. im Exil gehören ebenso wie ihre gemeinsamen archäologischen Studien zu den wohlbekannten Eckpunkten seiner Vita.[1] Drei Zeugnisse aus dem Wuppertaler Stadtarchiv sind hier geeignet, das Verhältnis zwischen dem Monarchen und dem Archäologen noch etwas schärfer als bisher zu fassen und auch neue Schlaglichter auf Wilhelms Exilzeit zu werfen. Es handelt sich hierbei um eine unvollständig gebliebene tagebuchartige Aufzeichnung Dörpfelds nebst einem beigefügten Rundbrief an seine Familie anlässlich seines Aufenthaltes in Amerongen im Jahr 1919 sowie ein weiterer, im Haus Doorn verfasster Rundbrief aus dem Jahre 1925.[2]

Die Archivalien sind nicht nur für die Vita Dörpfelds, sondern auch als Quellen für die Exilzeit Wilhelms II. von einiger Relevanz, indem sie die bereits bekannten Zeugnisse – insbesondere die Tagebücher Sigurd von Il-

---

1 Siehe die einschlägigen Passagen in der Biografie von GOESSLER, *Dörpfeld* sowie ECKARDT, *Wilhelm Dörpfeld und Wilhelm II.*, 152f. sowie BEIGEL, *Stolz des Dilettanten*, 93f.
2 Arch. 1.

semanns und Alfred Haehners[3] – ergänzen. Gerade die beiden Rundbriefe stehen dabei in einer Reihe mit Berichten anderer Besucher des ehemaligen Kaisers.[4] Sie gestatten damit einerseits einen tieferen Blick auf dessen archäologisches Engagement, für das Dörpfeld einer seiner zentralen Berater war, und gewähren andererseits aufschlussreiche Blicke auf das Leben Wilhelms im Exil im Allgemeinen. Beide Aspekte sind nach wie vor in der Literatur zu Wilhelm tendenziell unterrepräsentiert.[5] Der Fokus der folgenden Ausführungen soll indes primär der Rolle Wilhelm Dörpfelds gelten.

Mit dem Besuch in Amerongen beginnt eine Reihe regelmäßiger Aufenthalte Dörpfelds beim Kaiser im Exil. Sowohl nach Ausweis seiner Tagebuchnotizen *Daten meines Lebens*[6] wie auch der Biografie Goesslers verbrachte er in den 1920er-Jahren fast jeden Sommer im August beziehungsweise September auf Einladung des Kaisers einige Zeit in Doorn. Lediglich für die Jahre 1920 und 1923 sind dort keine Belege zu finden. Für die Jahre 1928 und 1930 ist die Quellenlage uneindeutig.[7] Nach 1931 sind keine weiteren Besuche mehr vermerkt.

---

3 KOENIGSWALD, *Sigurd von Ilsemann*. Die Tagebücher von Alfred Haehner sind mittlerweile als Digitalisate über das Stadtarchiv Köln einsehbar (Int. 1). Zur Exilzeit s. außer ROEHL, *Wilhelm II.* noch WILDEROTTER/POHL (Hg.), *Der letzte Kaiser* und GUTSCHE, *Kaiser im Exil*.
4 So etwa ein kurzer Zeitungsbericht des Archäologen Adolf Schulten (SCHULTEN, *Beim Kaiser in Schloss Doorn*; ich danke Herrn PD Dr. Martin Luik für den Hinweis) oder das hagiografisch angehauchte Büchlein einer anonymen Besucherin (ANONYMA, *Vom Kaiser in Doorn*).
5 Vgl. dazu BEIGEL/MANGOLD-WILL, *Einleitung*.
6 DÖRPFELD, *Daten*.
7 Für 1928 vermerken die *Daten meines Lebens* keinen Besuch, wohingegen eine Bemerkung in GOESSLER, *Dörpfeld*, 206 einen solchen nahelegt. Für 1930 wiederum verzeichnen die *Daten* einen Besuch (DÖRPFELD, *Daten*, 94) während GOESSLER, *Dörpfeld*, 209f. eine Reise im Mittelmeer und Ägypten erwähnt, die kaum Raum für einen Aufenthalt in Doorn gelassen haben dürfte. Zur Ägypten-Reise s. den Beitrag von LARS PETERSEN in diesem Band.

Zeitraum	Eintrag „Daten meines Lebens"	Goessler
August 1921	S. 73: „1 Woche im August (21. August. Nach Barmen, Doorn (Wilhelm I. [sic!], Düsseldorf)"	S. 181
September 1922	S. 75: „12. September. Fahrt nach Holland: beim Kaiser war Kronprinz, Prinz Adalbert, Admiral Rebeur, Frau von Thiele-Winkler, Oberstleutnant Niemann. Vorlesung des Kaisers aus seinem neuen Buche. 21. September. Rückreise nach Düsseldorf"	S. 183f.
1923	—	—
August 1924	Daten, S. 78: „21. August. In Doorn (ohne Kaiserin) 26. August. Nach Düsseldorf"	S. 189 (Arbeit am Korfu-Buch)
August 1925	S. 82: „17.–22. August. In Doorn (Vollgraff, Kaiserin, Vortrag)"	S. 194
August/September 1926	S. 84: „30.–31. August. In Düsseldorf bei Tante. Fahrt nach Doorn (in Driebergen verschlafen), Kaiser und Kaiserin, Professor Vollgraff. 3. September. Von Doorn nach Hamburg, Vortrag über Mykene und Tiryns."	—
September 1927	S. 87: „19.–23. September. In Doorn (Kaiser und Kaiserin; Vollgraffs)"	S. 200
August 1928	— ?	S. 206
August 1929	S. 92: „1.–5. August. Juli August in Doorn, wo Prinz Eitel Fritz und Prinz Oskar mit Frau beim Kaiser (Geburtstag von Graf Bentinck). Herr und [...] (Frau Oberländer zur kaiserlichen Tafel). Gräfelfing."	S. 206
August/September 1930	S. 94: „8. September. Nach Doorn, mit Kaiser bei Frau von Parnewitz in Harlem; Vollgraff in Doorn. 13. September. Rückreise nach Berlin."	Contra: (Mittelmeer und Ägypten 209f.)

Die Fahrt nach Amerongen im Jahr 1919 fiel in eine Phase mit zwei bedeutenden Veränderungen in Dörpfelds Leben: Zum einen übersiedelte er Ende 1919 von Berlin nach Jena,[8] wo er ab 1920 eine, wenn auch nur kurze, Lehrtätigkeit übernahm, zum anderen etablierte er sich im „Kaiserhaus" auf Leukas, wo er sich nunmehr vor Ort seinen Studien zur Heimat des Odysseus widmen konnte. Hieraus entwickelte sich ein regelmäßiger Wechsel zwischen dem Winterhalbjahr, welches er in Griechenland verbrachte, und dem Sommerhalbjahr, das er teils in Jena, teils mit Reisen wie eben jenen zum Kaiser verbrachte.[9] Für den konservativ-monarchistisch gesinnten Dörpfeld waren die Einladungen des Kaisers sicherlich gleichermaßen Ehre wie angenehme Verpflichtung, wovon er im Jenaer Kollegenkreis regelmäßig Bericht erstattete, wie sehr schön im Tagebuch des Mediävisten Alexander Cartellieri nachzulesen ist:[10]

> Dörpfeld ist sehr vom Kaiser angetan, war kürzlich dort, arbeitet vermutlich an dem archäologischen Werk mit. Nach ihm hat der Kaiser abends aus seinen Erinnerungen vorgelesen. Einmal kam er dabei rühmend auf Hohenlohe zu sprechen, in Gegenwart des Kronprinzen. Als der Kaiser fort war, äusserte sich dieser ungemein absprechend über den dritten Kanzler. Dörpfeld meint, er hätte es lieber lassen oder in Gegenwart seines Vaters tun sollen.

Die Anerkennung durch den Kaiser wog dabei umso schwerer, als Wilhelm einer seiner treuesten Anhänger und Verteidiger in jenen beiden fachlichen Kontroversen war, die Dörpfelds spätere Schaffensperiode kennzeichnen: der Datierungsstreit um die frühgriechische Keramik und die Suche nach der Heimat des Odysseus. In beiden, miteinander verbundenen Problemen hat Dörpfeld ja Positionen vertreten, die ihn zum Außenseiter in der Wis-

---

8 Vgl. DÖRPFELD, *Daten*, 71: „15. Dezember. Umzug von Berlin nach Jena zur Schwester Anna Carnap in das schöne Landhaus Kernbergstraße 2."
9 Zu Dörpfeld in Jena: KLUWE, *Wirken in Jena*.
10 Tagebuch Alexander Cartellieri, 22. Oktober 1922, in: STEINBACH/DATHE (Hg.), *Cartellieri*, 466. Vgl. die einleitende Bemerkung der Herausgeber: STEINBACH/DATHE (Hg.), *Cartellieri*, 23: „Monarchienostalgie kam auf, wenn der Archäologe, der noch in engem Kontakt zu Kaiser Wilhelm II. stand und regelmäßig in dessen holländischem Exil Vortrag hielt, in Jena seinen Doorner Lagebericht erstattete."

senschaft werden ließen.[11] Umgekehrt profitierte aber auch der Kaiser von der Beziehung zum Archäologen – einmal direkt durch die fachliche Beratung Dörpfelds bei seinen kulturhistorischen Publikationen, aber auch indirekt: setzte ihn doch der Kontakt mit Teilen der Gelehrtenwelt in die Lage, zumindest in reduziertem Umfang auch im Exil seine monarchische Rolle als Förderer der Wissenschaften weiterzuspielen.[12]

Die vielfältigen Facetten dieses Beziehungsgeflechtes spiegeln sich eindrücklich in den hier zu behandelnden Quellen wider. Die zwei Dokumente aus dem Jahre 1919 schildern Dörpfelds ersten Besuch des Kaisers im Exil, damals noch in Amerongen, wo Wilhelm ja von 1918 bis zu seinem Umzug nach Doorn 1920 Gast des Grafen von Bentinck war. Das erste – eine unvollendet gebliebene, tagebuchartige Aufzeichnung – besteht aus drei mittig gefalteten Bögen, die innen wie außen beschrieben und broschürenartig ineinander gelegt wurden, so dass wir insgesamt zwölf Seiten Text haben, die mit dem Aufbruch in Berlin am 30. März 1919 beginnen und mit einem knappen Eintrag vom 28. April enden, respektive abbrechen, da Dörpfelds Aufenthalt noch weitere drei Wochen andauerte. Das zweite Dokument ist ein vom 25./27. April datierender Rundbrief Dörpfelds an die Familie[13] und umfasst ebenfalls drei Bögen mit insgesamt zwölf Seiten. Das Stück aus dem Jahre 1925 gehört in die Kategorie der Dörpfeld'schen Rundbriefe und beschreibt seinen vom 17. bis zum 22. August währenden Aufenthalt beim Kaiser in Doorn. Die acht doppelseitig beschriebenen Blätter wurden von Dörpfeld jeweils auf der Vorderseite nummeriert. Sie finden sich in einem an Dörpfelds Adresse in Jena adressierten Briefumschlag.[14]

Die kaiserliche Einladung an Dörpfeld im Frühjahr 1919 mag erstaunen, bedenkt man die damalige persönliche Situation Wilhelms. Wenige Monate nach seiner Abdankung, noch in seinem Übergangsdomizil in Amerongen und von dem Auslieferungsersuchen der Alliierten bedroht,[15]

---

11 Vgl. ECKARDT, *Wilhelm Dörpfeld und Wilhelm II.*, 152f., BEIGEL, *Stolz des Dilettanten*, 92–93.
12 S. dazu WILDEROTTER, *Politische Mythologie* sowie FRANZEN, *„Doorner Arbeits-Gemeinschaft"*. Siehe auch den Beitrag von Bernhard Steinmann in diesem Band.
13 Als Adressaten werden in folgender Reihenfolge aufgeführt: „1) Agnes v. B. 2) Fritz D. Cassel, Friedrichsplatz 1 3) Richard + Käthe Uhde, Osnabrück, Wittekindstr. 18 4) Anna Carnap, Jena, Kernbergstr. 2 und Tine v. R. 5) Gustav von Rohden, Sporen b. Bitterfeld".
14 „Prof. Dr. W. Dörpfeld, Jena, Lindenhöhe 16".
15 Vgl. dazu nun SCHABAS, *The Trial of the Kaiser*.

sollte man meinen, der Ex-Monarch hätte genügend andere Dinge im Sinne gehabt als archäologische Fachsimpeleien. Dörpfelds Aufzeichnungen zeigen indes, dass es sich um einen veritablen Arbeitsbesuch gehandelt hat. Bereits der erste Abend seiner Ankunft war von Gesprächen über Korfu und die Archäologie geprägt. Der Kaiser las zudem aus seinem Manuskript der *Erinnerungen an Korfu* vor. Diese sollten indes erst 1924 in Druckform erscheinen.[16] Umso bemerkenswerter ist es, dass bereits Anfang 1919 offenkundig eine diskussionswürdige Fassung vorlag.[17] Man fragt sich, wann der Monarch die Zeit für die Arbeit daran gefunden hatte. Dies gilt umso mehr, als im Jahre 1921 die *Vergleichenden Geschichtstabellen von 1878 bis zum Kriegsausbruch 1914* und 1922 *Ereignisse und Gestalten aus den Jahren 1878–1918* erschienen.[18] Die ersten Exiljahre waren also von einer regen publizistischen Tätigkeit erfüllt.

Während die *Geschichtstabellen* und die *Ereignisse und Gestalten* von einer klaren revisionistischen oder zumindest apologetischen Absicht geprägt sind, scheinen die *Erinnerungen an Korfu* aus der Reihe zu fallen. Der erste Teil des Buches ergeht sich in nostalgischen Reminiszenzen an die Sommer-Aufenthalte, die zweite Hälfte ist der Ausgrabung des Artemis-Tempels auf Korfu gewidmet und vor allem den weitgesponnenen Deutungsversuchen des Gorgoreliefs im Westgiebel. Die Archäologie war für Wilhelm zwar sicher auch eine Herzensangelegenheit, aber sie hatte selbstverständlich ebenso eine politische Dimension – auch und gerade für den frisch exilierten Kaiser. So schrieb er in *Ereignisse und Gestalten* mit Blick auf seine archäologischen Tätigkeiten im Vorfeld der Julikrise sarkastisch: „Solcher Gestalt war die Beschäftigung des Deutschen Kaisers, der, auf Raub und Eroberung sinnend, blutdürstig den Weltkrieg herbeigeführt haben soll, im Frühjahr 1914!"[19]

Archäologische Forschung war für Wilhelm also nicht nur Steckenpferd, nicht nur monarchische Kulturförderung, sie konnte ihm gerade in jenen Jahren nach 1918 auch als persönliche Rechtfertigung dienen. Dies –

---

16 WILHELM II., *Erinnerungen*. Auch die oben in Anm. 10 zitierte Cartellieri-Stelle zeigt, dass sich die Überarbeitungen mit Dörpfeld noch mehrere Jahre weiter hinzogen.
17 Das Schlusswort der Druckversion ist unterzeichnet mit: „Amerongen, im Frühling 1919/Doorn, im Herbst 1924".
18 WILHELM II., *Geschichtstabellen* und WILHELM II., *Ereignisse und Gestalten*.
19 WILHELM II., *Ereignisse und Gestalten*, 171.

sowie natürlich die fachlich gleichermaßen elaborierten wie strittigen Thesen zur Gorgo – erklären somit recht gut, weshalb Dörpfeld nach Holland gebeten wurde. Seine Aufzeichnungen aus Amerongen spiegeln daher nicht nur detailreich das Exilleben Wilhelms,[20] sondern bezeugen vor allem die intensive wissenschaftliche Beratertätigkeit Dörpfelds. So notierte er gleich für den ersten Morgen seines Aufenthaltes:

> Dienstag. 1 April
> Früh zu Hause gearbeitet.
> 11–1 Uhr bei S.M., zuerst im Park, dann auf seinem Zimmer. Rest des Aufsatzes durchgesprochen. Der Kaiser las wieder vor, ich machte Bemerkungen. Ich wurde aufgefordert, einen Abschnitt über die Composition des Gorgogiebels zu schreiben und am Abend darüber vorzutragen.

Auch die folgenden Einträge bezeugen ein regelmäßiges Arbeitspensum, das Dörpfeld am Schreibtisch wie auch im Gespräch mit dem Kaiser absolvierte und das bisweilen mit abendlichen Vorträgen ergänzt wurde. Gegen Ende der zweiten Woche finden sich zwei Einträge, die auf einen vorläufigen Abschluss eines Manuskriptes hinweisen:

> Donnerstag 10.4.
> 11 Uhr bei Sägen d. Kaisers
> [...] mit Maschine bis 7 Uhr abgeschrieben
> Freitag 11.4.
> Vorm. abgeschrieb. Nachm. abgeschr.

Der Inhalt dieses Typoskriptes kann nach Ausweis der Aufzeichnungen nur die archäologische Diskussion des Artemis-Tempels mit seinem Gorgo-Relief gewesen sein. Dies bestätigt auch ein weiterer Eintrag, der explizit von der „Korfu-Arbeit" spricht.[21] Angesichts der gleichzeitigen Entstehung des kaiserlichen Korfu-Buches, welches ja im zweiten Teil von eben jenem Tem-

---

20 So finden wir beispielsweise eine exakte Skizze der Tischordnung am ersten Abend und erfahren, welche Personen den Kaiser besuchten, welche Themen diskutiert wurden etc.
21 „Montag, 28.4. 80 Geburtstag von Tante Clara telegraphiert Nachm. beim Kaiser. Zusatz zur Korfu-Arbeit".

pel handelt, kann kaum ein Zweifel darüber herrschen, dass Dörpfeld hier als akademischer Ghostwriter für Wilhelm tätig war. Die intensive Arbeitstätigkeit spiegelt sich im übrigen auch in der ungewöhnlich langen Dauer des Aufenthaltes, der nachweislich der Aufzeichnungen spontan verlängert wurde:[22]

> Donnerstag 24. 4.
> Vorm. gesägt Nachm. bei Ihren Majestäten. Gespräch über Rückreise. Diese aufgeschoben. Post nachsenden lassen. Telegr. nach Cassel, Osnabrück + Düsseldorf

Dörpfelds Mitarbeit an den *Erinnerungen an Korfu* beschränkte sich indes nicht allein auf die archäologischen Passagen. Er las auch offenkundig sorgfältig den bereits als Manuskript vorliegenden ersten Teil der kaiserlichen Memoiren. Davon zeugt eine Passage in den Aufzeichnungen, die inhaltlich die Tagebuchform unterbricht. Stattdessen exzerpierte Dörpfeld recht penibel seine Lektüre. Ob seine Rolle hier über die eines interessierten, kommentierenden Lesers hinausging, erschließt sich aus den vorhandenen Quellen leider nicht. Allerdings haben wir durch Dörpfelds Exzerpt die Möglichkeit, die Fassung von 1919 mit der Druckversion der Erinnerungen von 1924 wenigstens partiell zu vergleichen. Hierin zeigt sich, dass das Manuskript vom Frühjahr 1919 mindestens in Grundzügen, teils aber auch schon bis in die Formulierungen hinein, die Gestalt der Druckfassung von 1924 hatte. Gerade für den ersten Teil (also die eigentlichen Erinnerungen) lassen sich Dörpfelds Exzerpte mit der Druckform recht gut korrelieren. Lediglich bei einem Abschnitt ist eine Umstellung zu erkennen. Bei dem archäologischen Teil sind Dörpfelds Notizen deutlich sparsamer. Ob dies daran liegt, dass hier noch weniger Text vorlag und der Kaiser noch auf Dörpfelds Zuarbeit angewiesen war, ist jedoch nicht leicht zu entscheiden. Denkbar wäre zumindest auch, dass Dörpfeld sparsamer exzerpierte, weil er mit der Thematik und der Argumentation ja bestens vertraut war.

---

22 Vgl. auch den Eintrag bei DÖRPFELD, *Daten*, 70: „30. März. Reise nach Holland, wo ich sieben Wochen in Amerongen bei dem Kaiser war und besondere archäologische Studien über die Gorgo machte (Professor Six, Vollgraff, van Hille)". Das tagebuchartige Dokument bricht an dieser Stelle ab, jedoch ergänzt der folgende Rundbrief unsere Kenntnis vom weiteren Verlauf des Aufenthaltes.

Historische Relevanz besitzen die Notizen aus Amerongen jedoch auch, weil sie an einigen Stellen zeigen, wo und wie Wilhelm auch den Memoirenteil zwischen 1919 und 1924 in einigen Details überarbeitet hat – Details, die zeigen, dass es sich bei diesem Werk eben nicht nur um harmlose „Erinnerungen" handelte. Der Kaiser und seine Entourage waren sich der politischen Dimension vollkommen bewusst, was zu einigen offenkundigen Entschärfungen des Manuskriptes beitrug, wie Dörpfelds Notizen belegen. So beschreibt die Druckversion Korfu als einen locus amoenus, der dem Kaiserpaar als Rückzugsort von der unwirtlichen Großstadt dient:[23] „In Andacht versunken, genossen die aus dem verschneiten, lärmenden Berlin entflohenen Deutschen diese Pracht der Schöpfung, die das Herz dem Schöpfer zuwendet." Im Jahre 1919 las Dörpfeld jedoch noch vom „lärmenden und nörgelnden Berlin" – ein kleines Detail, das aber eine eindeutige Spitze auf den politischen Betrieb in der Hauptstadt enthielt. Noch deutlicher zeigt dies ein zweites Beispiel, das über die Anlage des Parkes auf Monrepos handelt:[24]

> Der neugierige und mißgünstige Baum – die Olive nämlich – merkt, daß im Treibhaus schöner Humus und gutes Wasser zu haben sind, und beschließt davon zu profitieren. Umgehend entsendet er seine Wurzeln nach dem Hause, und einem Maulwurf gleich bricht er sich unter der Außenwand seine Bahn, um in die Treibbeete zu gelangen, dabei die Backsteine glatt auseinandersprengend.

Der eigentlich völlig harmlose botanische Kontext dieser Passage wurde im Jahre 1919 durch eine kleine Nebenbemerkung noch urplötzlich auf die Kriegsschuldfrage bezogen:

> Park von Sprenger erneut, dessen Leben geschildert wird, Schilderung Klimas und der Flora. (Olive neidet die Pflanzen im Treibhaus um guten Boden, sendet Wurzeln, auch im Reiche der Pflanzen gibt es böse Nachbarn, die Kleinere nicht in Ruhe ihr Dasein genießen lassen).

---

23 WILHELM II., *Erinnerungen*, 16.
24 WILHELM II., *Erinnerungen*, 24.

Wie der Vergleich mit anderen Stellen zeigt, exzerpierte Dörpfeld recht akkurat und fügte keine eigenen Gedanken hinzu, weshalb wir uns hier mit Fug und Recht ein Bild vom Originalmanuskript des Kaisers machen können. Dabei zeigt sich, dass die sich so betont privat gerierenden Memoiren offenbar doch gespickt mit politischen Untertönen waren, Untertöne, die in der damaligen Situation – die Alliierten forderten von den Niederlanden Wilhelms Auslieferung – ebenso menschlich verständlich wie politisch brisant waren. Es wäre höchst aufschlussreich zu erfahren, wer respektive was den Kaiser bewogen hatte, seinen Text für die Drucklegung zu entschärfen.

Der Rundbrief an die Familie, der zwischen dem 25. und 27. April 1919 verfasst wurde und der gemeinsam mit den Tagebuchnotizen im Nachlass aufbewahrt ist, bestätigt im Wesentlichen den bisherigen Befund. Dörpfeld entschuldigt seine längere briefliche Abstinenz mit den nötigen Arbeiten am Korfu-Band – er spricht hier explizit von der „Hauptaufgabe" während seines Aufenthaltes – und berichtet vom Abschluss des ersten Manuskriptteiles: „Die Arbeit des Kaisers ‚Erinnerungen an Korfu' ist vollendet. [...] Ich habe sie zuerst mit dem Kaiser durchgelesen, ihm Aenderungen und Zusätze vorgeschlagen und habe sie dann einem holländ. jungen Archäologen, der mit Maschine schreiben konnte, ganz diktiert." Dass es sich hierbei tatsächlich nur um den ersten Buchteil handelt, ergibt sich aus einer der nachfolgenden Bemerkungen: „An dem archäologischen Teil wird weitergearbeitet, weil der Gorgo-Tempel und seine Bildwerke für den Einfluß der Phoinikier auf Griechenland und seine Kunst von großer Bedeutung sind."

Der Grund für die Verzögerungen beim archäologischen Teil liegt auf der Hand. Seine eigentlichen Memoiren hatte der Kaiser ohne weitere Umstände selbst verfassen können, ebenso wie er sicherlich auch die Passagen über die Auffindung des Tempels und seiner Gorgo zumindest skizziert hatte. Für die archäologische Deutung des Fundes war hingegen neben der Konsultierung von Fachliteratur die Expertise Dörpfelds unabdingbar. Dies gilt umso mehr, als die Interpretation der Gorgo als Symbol der phönizisch-arabischen Sonnengöttin Šams und das Postulat eines phönizischen Vorgängertempels komplett gegen die communis opinio stand und daher mit erheblichem Aufwand begründet werden musste.[25] Eine sofortige Publikation war angesichts der Zeitläufte damals indes ohnehin nicht ge-

---

25 S. dazu BEIGEL, *Stolz des Dilettanten*.

plant, wie Dörpfeld selbst mitteilt: „Eine Abschrift behält der Kaiser, die andere werde ich mitnehmen nach Deutschland, um nach dem Frieden die Veröffentlichung zu besorgen." Die Brisanz der Schrift, auch wenn sie im Gewande von Memoiren und archäologischen Überlegungen daherkam, war allen Beteiligten bewusst, weswegen Dörpfeld seine Familie in diesem Punkt denn auch um strikte Geheimhaltung bat.

Obwohl der erwartete Friedensvertrag alsbald unterzeichnet werden sollte, erschienen die *Erinnerungen an Korfu* doch erst 1924. Aus dem darauffolgenden Jahre – Wilhelm war zwischenzeitlich nach Haus Doorn übersiedelt – datiert der zweite hier zu behandelnde Rundbrief. Er ist ebenso wie das Pendant aus Amerongen geprägt von farbigen Schilderungen und Begebenheiten[26] und erzählt im Plauderton vor allem vom Alltagsleben, den Besuchern und ihren Gesprächen. Die Archäologie ist dabei zwar durchgängig präsent: Dörpfeld hält einen Lichtbildvortrag, bespricht mit dem Kaiser archäologische Fragen, liest von ihm empfohlene Aufsätze und arbeitet auch an eigenen Texten. Insgesamt bleiben die fachlichen Themen jedoch eher am Rande, wohingegen der gesellig-soziale Aspekt des Aufenthaltes im Vordergrund steht. Dies mag zwar zum Teil dem Charakter des Textes geschuldet sein, doch spricht auch der deutlich kürzere Aufenthalt von nicht einmal einer Woche[27] dafür, dass der Doorner Aufenthalt primär kein Arbeitsbesuch war.

Den Quellenwert des Dokumentes schmälert dieser Befund indes nicht. Wir erhalten stattdessen Einblicke in das Leben am Exilhof, wie sie sonst nur wenige andere Quellen liefern. Der Stolz des Eingeladenen auf sein Nahverhältnis zum Kaiser ist dabei mit Händen zu greifen, wenn er etwa mehrfach betont, dass er beim Essen und bei der Kaminrunde zur Rechten respektive zur Linken des Kaisers oder seiner Frau saß. Umgekehrt sehen wir auch, wie Wilhelm seine Rolle als Förderer von Kultur und Wissenschaft auch im Exil weiterspielte und im wahrsten Sinne des Wortes weiter Hof hielt.

Einige Passagen gewähren uns überdies Einblicke in die politischen Diskussionen, welche neben den fachlichen Themen angeschnitten wurden.

---

26 So berichtet er vom dem Beinaheverlust seines Gepäckes auf der Hinfahrt und davon, dass der Kaiser ihn durch sein unerwartetes Erscheinen auf seinem Zimmer in Strickjacke und in Pantoffeln antraf: „Zum Glück", so Dörpfeld weiter „hatte ich meine Sachen in Ordnung gebracht."

27 Die Anreise erfolgte am 17. August, die Abreise bereits am 22. August.

Wenig überraschend spielt die Kriegsschuldfrage dabei eine wichtige Rolle, die Dörpfeld – Mitunterzeichner des *Aufrufs an die Kulturwelt* – persönlich sehr umgetrieben hat:[28]

> Am Nachmittag sprach ich eingehender als bisher mit dem Amerikaner Mr. Ahlborn, der sich besonders mit der Kriegsschuld-Frage beschäftigt hat und mir lehrreiche Mitteilungen über das Friedensangebot der Deutschen Regierung von 1916 machen konnte. Er kann nicht verstehen, daß es so viele Deutsche gibt, die ihre Partei höher stellen als ihr Vaterland und aus Parteirücksichten die Kaiserliche Regierung nicht von der Schuld am Kriege befreit sehen wollen und diese sogar zum Teil selbst beschuldigen, den Krieg zur Erlangung der Weltherrschaft herbeigeführt zu haben.

Selbstverständlich werden auch die neuesten innenpolitischen Entwicklungen offen diskutiert: „Beim Mittagessen saß ich wieder neben dem Kaiser, mit dem ich über Hindenburg sprach. Dessen Wahl zum Reichspräsidenten ihn natürlich sehr erfreut hat. Das ist doch ein würdiger Nachfolger des Kaisers als der Sattler Ebert." Insgesamt erweist sich Dörpfeld in seinen politischen Ansichten als ein typischer Vertreter der national-konservativ gesinnten Monarchisten. Neben den fast schon erwartbaren politischen Äußerungen zeigt sich Dörpfeld aber auch als feinsinniger Beobachter des Exilhofes:

> Beim Frühstück im Adjutantenzimmer erzählte der diensttuende Hofmarschall General von Finkenstein, daß der Kaiser es schwer empfinde, wie wenig von ihm in den Zeitungen die Rede sei. Das ist in der Tat richtig. Ich kann sehr wohl verstehen, daß der Kaiser, von dem früher viel geredet und dessen Urteil bei jeder Gelegenheit eingeholt wurde, es unangenehm empfinden muß, daß nicht nur alles ohne seine Mitwirkung entschieden wird, sondern daß von ihm fast nie die Rede ist. Er gehört schon fast zu den Toten.

---

28 S. den Beitrag von GIANNA HEDDERICH in diesem Band.

Dörpfeld tritt uns in dem Doorner Rundbrief zwar als vertrauter Gast auf, mit dem der Kaiser weiterhin regen wissenschaftlichen Austausch pflegt, doch scheint sich seine herausgehobene Stellung als „Sherlock Holmes der Ausgrabungen"[29] gewandelt zu haben. Zunächst war einmal mit Erscheinen der *Erinnerungen an Korfu* das gemeinsame Projekt der Deutung des Gorgo-Reliefs zu einem vorläufigen Abschluss gekommen. Der gemeinsame (und letztlich vergebliche) Kampf um die Akzeptanz ihres Standpunktes verband beide zwar weiterhin in einem regen Austausch, zeitigte jedoch keine weiteren gemeinsamen Publikationen.[30] Gleichzeitig verlor Dörpfeld seine bis dato unangefochtene Position als wichtigster historisch-archäologischer Berater an den Ethnologen Leo Frobenius, der 1923 auf Vermittlung von Wilhelms Leibarzt Haehner in Doorn weilte und gleich großen Eindruck auf den Monarchen machte.[31] Unter seinem Einfluss etablierte sich alsbald eine regelmäßige Tagung von Wissenschaftlern, die sich zunächst als „Doorner Akademie" und schließlich 1932 als „Doorner Arbeits-Gemeinschaft" (DAG) konstitutierte.[32] Das erste informelle Treffen, aus dem die DAG letztlich hervorgehen sollte, hatte eben just im Juni des Jahres 1925 stattgefunden und findet sich auch in Dörpfelds Rundbrief erwähnt: „Ich sprach mit dem Kaiser hauptsächlich über Griechenland und über die Konferenz von Gelehrten, die er vor einiger Zeit hier gehabt hat (Frobenius, Jeremias, Reinhard und Vollgraff)."

Frobenius und die DAG markieren die Etablierung einer kaiserlichen Privatakademie, die dem wissenschaftlichen Interesse Wilhelms einen institutionellen Rahmen verlieh.[33] Gleichzeitig, wechselseitig bedingt und gefördert durch den Kreis der Arbeitsgemeinschaft und insbesondere angestoßen durch Frobenius, wandte sich Wilhelm thematisch weitgespannten kulturhistorischen Fragestellungen zu.[34] In den folgenden Jahren publizierte

---

29   WILHELM II., *Erinnerungen*, 93.
30   Zu Wilhelms „Studien zur Gorgo" s.u.
31   FRANZEN, „*Doorner Arbeits-Gemeinschaft*", 102–104. Zu Frobenius und Wilhelm II.: FRANZEN/KOHL/RECKER (Hg.), *Kaiser und sein Forscher*.
32   Zur DAG s. FRANZEN, „*Doorner Arbeits-Gemeinschaft*" sowie WILDEROTTER, *Politische Mythologie*.
33   Wilhelms Hofmarschall, der Graf von Schwerin, firmierte später als Geschäftsführer der Arbeits-Gemeinschaft und Wilhelm kreierte sogar einen eigenen Orden für die Mitglieder. Vgl. dazu FRANZEN, „*Doorner Arbeits-Gemeinschaft*", 106.
34   Dass auch hier den Monarchen keineswegs nur rein wissenschaftliche Aspekte antrieben, sondern handfeste politische Interessen, belegt eindrucksvoll eine Passage aus dem Tagebuch

der Kaiser Werke mit so unterschiedlichen Titeln wie *Das Wesen der Kultur, Die chinesische Monade, ihre Geschichte und ihre Deutung, Das Königtum im alten Mesopotamien, Ursprung und Anwendung des Baldachins.*[35] Die Gorgo, deren Deutung ihn seit 1911 gemeinsam mit Dörpfeld umgetrieben hatte, und die für ihn so große Bedeutung besaß – einmal wegen der persönlichen Bindung an Korfu, zum anderen, weil sie das vermeintliche Bindeglied einer postulierten Kulturbrücke zwischen Orient und Okzident darstellte[36] –, spielte auch weiterhin eine zentrale Rolle in Wilhelms historischen Spekulationen. Allerdings untersuchte Wilhelm wie 1936 in seinen *Studien zur Gorgo* das Gorgo-Motiv nun in einem globalen Rahmen vor dem Hintergrund der kulturtheoretischen Arbeiten von Leo Frobenius. Dörpfelds Expertise war hier nur noch in Detailfragen vonnöten. Inwieweit Dörpfeld sich bei den spekulativen Volten des Gespannes Kaiser-Frobenius deplaciert fühlte, wie Uwe Eckardt vermutete,[37] bleibt letztlich ebenso offen wie die Frage, ob etwa Frobenius, der die Zusammensetzung des Doorner Kreises maßgeblich bestimmte,[38] einen potentiellen Rivalen um des Kaisers Gunst bewusst an den Rand drängte. Möglicherweise passten die Termine der DAG-Treffen auch nicht zu Dörpfelds Pendeln zwischen Leukas und Deutschland.[39] Wie dem auch sei: Dörpfelds Interessen hatten sich zwischenzeitlich ohnehin auf seine Ithaka-Forschungen konzentriert, und mit Gustav Oberländer hatte er ab 1927 einen weiteren wichtigen Mäzen gefunden. Zu einem Bruch – das ist wichtig zu konstatieren – kam es ohnehin

---

Haehners, die ROEHL, *Wilhelm II.*, 1286f. zitiert. Dieser politische „Zusatznutzen" der Thesen von Frobenius, mag sie für Wilhelm noch attraktiver gemacht haben.
35   WILHELM II., *Chinesische Monade*; WILHELM II., *Studien zur Gorgo*; WILHELM II., *Vergleichende Zeittafeln*; WILHELM II., *Königtum im alten Mesopotamien*.
36   Dazu BEIGEL, *Stolz des Dilettanten*.
37   ECKARDT, *Wilhelm Dörpfeld und Wilhelm II.*, 153: „Wilhelm Dörpfeld, dessen Homertheorien auf genauen Ausmessungen von Grabungsbefunden und exakten Berechnungen beruhten, war diese Art des Denkens fremd."
38   FRANZEN, *Doorner Arbeits-Gemeinschaft*, 107: „Man kann ohnehin sagen, daß Wilhelm II. in der ‚Personalpolitik' der DAG wenig Durchsetzungskraft zeigte und vielmehr Frobenius die Zügel fest in der Hand hielt: Ihm gelang es sogar, den Theologen Alfred Jeremias, einen traditionellen Protegé des Kaisers, mit dem der bereits während des Bibel-Babel-Streits Kontakt hatte, zu marginalisieren."
39   Die ersten beiden Sitzungen der DAG fanden im Juni 1927 und 1928 statt. In den folgenden Jahren stets Ende Oktober (s. FRANZEN, *Doorner Arbeits-Gemeinschaft*, Tab. 1, 117–121. Die Aufenthalte Dörpfelds bei Wilhelm hingegen fielen zumeist in den Spätsommer (s. die Tabelle oben).

nicht, wie sowohl die regelmäßigen Besuche als auch der verbindliche Ton der Briefe und Telegramme zwischen Kaiser und Dörpfeld zeigen.

Obwohl in beiden Texten der Kaiser, seine Schriften und der Exilhof im Fokus stehen, so tragen sie doch auch dazu bei, die Beziehung Wilhelm Dörpfelds zum Monarchen zu beleuchten und in einigen Details schärfer als bisher zu konturieren. Insbesondere die Aufzeichnungen aus Amerongen zeigen das Ausmaß der Dörpfeld'schen Mitarbeit bei den Erinnerungen aus Korfu auf. Die sieben Wochen in Amerongen stellten sicherlich die Klimax in der Zusammenarbeit dar. Danach scheinen die Besuche Dörpfelds weniger einen konkreten Arbeitscharakter denn stärker soziale Funktion gehabt zu haben. Als Gründe hierfür kommen eine ganze Reihe von Faktoren in Frage – gleichwohl: Auch wenn Leo Frobenius ab 1925 sicherlich die Rolle des führenden historischen Beraters von Dörpfeld übernahm, blieb das Verhältnis zum Monarchen immer noch von einer persönlichen Nähe geprägt.

Literaturverzeichnis

ANONYMA, *Vom Kaiser in Doorn: persönliche Erlebnisse und Betrachtungen einer Deutschen*, Leipzig 1922.

BEIGEL, TH./MANGOLD-WILL, S., *Einleitung*, in: Dies. (Hg.), Wilhelm II. Archäologie und Politik um 1900, Stuttgart 2017, 7–12.

BEIGEL, TH., *Der Stolz des Dilettanten: Wilhelm II. und die Gorgo*, in: Th. Beigel/S. Mangold-Will (Hg.), Wilhelm II. Archäologie und Politik um 1900, Stuttgart 2017, S. 87–99.

BEIGEL, TH./MANGOLD-WILL, S. (Hg.), *Wilhelm II. Archäologie und Politik um 1900*, Stuttgart 2017.

ECKARDT, U., *Wilhelm Dörpfeld und Wilhelm II.*, in: Wilfried Bölke (Hg.), Mitteilungen aus dem Heinrich-Schliemann-Museum Ankershagen 6 (1999), 145–154.

FRANZEN, CHR., *Wilhelm II. und die „Doorner Arbeits-Gemeinschaft"*, in: Th. Beigel/S. Mangold-Will (Hg.), Wilhelm II. Archäologie und Politik um 1900, Stuttgart 2017, 101–121.

FRANZEN, CHR./KOHL, K.-H./RECKER, M.-L. (Hg.), *Der Kaiser und sein Forscher. Der Briefwechsel zwischen Wilhelm II. und Leo Frobenius (1924–1938)*, Stuttgart 2012.

GOEBEL, K./GIANNOPOULOU, CH. (Hg.), *Wilhelm Dörpfeld. Daten meines Lebens*, Patras 2010 [zitiert als: DÖRPFELD, *Daten*].

GOESSLER, P., *Wilhelm Dörpfeld. Ein Leben im Dienst der Antike*, Stuttgart 1951.

GUTSCHE, W., *Ein Kaiser im Exil. Der letzte deutsche Kaiser Wilhelm II. in Holland. Eine kritische Biographie*, Marburg 1991.

KOENIGSWALD, H. v. (Hg.), *Sigurd von Ilsemann: Der Kaiser in Holland. Aufzeichnungen des letzten Flügeladjutanten Kaiser Wilhelms II.*, 2 Bände, München 1967.

KLUWE, E., *Wilhelm Dörpfelds Wirken in Jena (1919–1927)*, in: Geschichte in Wuppertal 14 (2004), 96–110.

ROEHL, J.C.G., *Wilhelm II. Der Weg in den Abgrund, 1900–1941*, München 2008.

SCHABAS, W., *The Trial of the Kaiser*, Oxford 2018.

SCHULTEN, A., *Beim Kaiser in Schloss Doorn*, in: Deutsche Zeitung für Spanien 27 (620), 1945, 3–5.

STEINBACH, M./DATHE, U. (Hg.), *Alexander Cartellieri. Tagebücher eines deutschen Historikers. Vom Kaiserreich bis in die deutsche Zweistaatlichkeit*, München 2014.

WILDEROTTER, H./K.-D. POHL (Hg.), *Der letzte Kaiser. Wilhelm II. im Exil*, Berlin 1991.

WILDEROTTER, H., *Zur politischen Mythologie des Exils: Wilhelm II., Leo Frobenius und die „Doorner Arbeits-Gemeinschaft"*, in: Ders./K.-D. Pohl (Hg.), Der letzte Kaiser. Wilhelm II. im Exil, Berlin 1991, 131–142.

WILHELM II., *Vergleichende Geschichtstabellen von 1878 bis zum Kriegsausbruch 1914*, Leipzig 1921.

WILHELM II., *Ereignisse und Gestalten aus den Jahren 1878–1918*, Leipzig/Berlin 1922.

WILHELM II., *Erinnerungen an Korfu*, Berlin/Leipzig 1924.

WILHELM II., *Die chinesische Monade, ihre Geschichte und ihre Deutung*, Leipzig 1934.

WILHELM II., *Studien zur Gorgo*, Berlin 1936.

WILHELM II., *Vergleichende Zeittafeln der Vor- und Frühgeschichte Vorderasiens, Ägyptens und der Mittelmeerländer*, Leipzig 1936.

WILHELM II., *Das Königtum im alten Mesopotamien*, Berlin 1938.

Archivalia

Arch. 1: Nachlass Wilhelm Dörpfeld, Stadtarchiv Wuppertal (NDS 23).

Internetverweise

Int. 1: http://historischesarchivkoeln.de:8080/actaproweb/archive.xhtml?id=Best++++00041888HupElko#Best____00041888HupElko (Stand 22.5.2020).

Wilhelm Dörpfeld am Nil.
Ein Rundbrief aus Ägypten 1930/31[1]

Lars Petersen

Im Alter von 78 Jahren reiste der Bauforscher und Architekt Wilhelm Dörpfeld nach Ägypten. Dort verbrachte er den Jahreswechsel 1930/31 in Kairo, um sich mit den Ursprüngen der frühgriechischen (mykenischen) Kunst wissenschaftlich auseinanderzusetzen. Besonders beschäftigte Dörpfeld die von ihm aufgeworfene Frage, ob die in den altägyptischen Quellen erwähnten Hau-nebut[2] phönizisch-südarabischer Herkunft seien. Zudem versuchte er nachzuweisen, dass die Hyksos nach ihrer Vertreibung aus Unterägypten im 2. Jahrtausend v. Chr. nach Griechenland einwanderten und dort die mykenische Kultur einführten. Mit dieser Problematik hatte sich der Architekt schon seit seinen ersten Ausgrabungen in Troja (1882–1894) und Tiryns (1884–1886) befasst.[3]

Die Reise nach Kairo war bereits der zweite längere Aufenthalt Dörpfelds in Ägypten. Im Februar und März 1898 hatte er in seiner Funktion als Erster Sekretär der Athener Abteilung des Deutschen Archäologischen Instituts (kurz: DAI) gemeinsam mit seiner Ehefrau Anne Kairo und die

---

1 Eine kommentierte Edition des Rundbriefes aus Ägypten in digitaler Form ist vom Verfasser geplant.
2 Zur altägyptischen Bezeichnung Hau-nebut: QUACK, *Das Problem der Hau-nebut*.
3 DÖRPFELD, *Alt-Olympia*, 290–377.

Ausgrabungsstätten in der unmittelbaren Nähe besucht. Dörpfeld sollte als erfahrener Bauforscher durch ein offizielles Gutachten klären, ob der junge deutsche Bauforscher und Ägyptologe Ludwig Borchardt[4] und der Finanzier Friedrich-Wilhelm von Bissing[5] mit einer Grabung im Sonnenheiligtum des Pharaos Ni-User-Re in Abu Gurob nahe Abusir beginnen sollten.[6] Den Auftrag hatte er von den Berliner Museen erhalten. Danach schloss sich eine mehrwöchige Rundreise auf dem Nil an, die Dörpfeld ohne seine Frau, aber in Begleitung Borchardts zu den berühmten Pharaonenstätten wie Karnak und Luxor bis nach Philae im Süden Ägyptens führte.[7] Dazu schrieb Dörpfeld:

> Es war eigentlich ein Unrecht, daß ich mich mit der ältesten griechischen Baukunst beschäftigte, ohne die ägyptischen Bauwerke genau zu kennen, die ja noch viel älter sind als die ältesten in Griechenland; besonders mit Rücksicht auf die nun notwendige Bearbeitung der Bauwerke von Troja muß ich die ägyptischen Bauwerke kennenlernen, die die Technik des Steinbaus und auch des Ziegelbaus in Griechenland beeinflußt haben.[8]

Zurück in Athen hielt Dörpfeld einige Vorträge zu ägyptologischen Themen wie *Architektonisches aus Ägypten* am 7. Dezember 1898, *Das Grab Rhamses [sic!] IV. und die ägyptische Elle* am 18. Januar 1899 und *Die Pyramiden Ägyptens* am 15. Februar 1899.[9]

---

4 Über Ludwig Borchardt (1863–1938), deutscher Ägyptologe und Bauforscher: Voss und von Pilgrim, *Ludwig Borchardt und die deutschen Interessen am Nil*.
5 Über Friedrich-Wilhelm von Bissing (1873–1956), deutscher Ägyptologe: Raulwing und Gertzen, *Friedrich Wilhelm Freiherr von Bissing*.
6 Borchardt, *Das Re-Heiligtum*, 4. Vgl. Voss, *Geschichte*, Band 1, 72.
7 Im Archiv des Schweizerischen Instituts für Ägyptische Bauforschung und Altertumskunde in Kairo (kurz: SIK) werden 25 Briefe und Karten von Wilhelm Dörpfeld an Ludwig Borchardt sowie sieben Briefe von Borchardt an Dörpfeld aus dem Zeitraum 1898 bis 1935 aufbewahrt. Viele betreffen die erste Ägyptenreise 1898. Trotz des Altersunterschieds von 10 Jahren hatten Dörpfeld und Borchardt ein anerkennendes kollegiales Verhältnis. Ich danke Cornelius von Pilgrim für die Informationen rund um diesen Briefwechsel.
8 Goessler, *Dörpfeld*, 114.
9 Dörpfeld, *Daten*, 50.

Über die beiden Ägyptenreisen Dörpfelds ist wenig bekannt. In den publizierten *Daten meines Lebens* sind die Aufenthalte stichpunktartig nach persönlichen Tagebuchaufzeichnungen erwähnt.[10] Peter Goessler[11] berichtet in seiner Dörpfeld-Biografie äußerst knapp, dass sich Dörpfeld 1898 und im Winter 1930/31 in Ägypten aufhielt.[12] Genauere Beschreibungen beider Ägyptenbesuche aus der Feder Dörpfelds fehlen bis auf ein jetzt wiederentdecktes Schriftstück des Bauforschers: Im bisher nur zum geringen Teil wissenschaftlich erschlossenen Teilnachlass Wilhelm Dörpfelds im Stadtarchiv Wuppertal befindet sich ein Rundbrief aus Ägypten, der die Reise nach Ägypten im Winter 1930/31 genauer beschreibt und hier erstmalig vorgestellt werden soll.[13]

Der Rundbrief aus Ägypten 1930/31

Der Brief umfasst 25 Blätter, die Wilhelm Dörpfeld in seiner sauberen und gut lesbaren Handschrift[14] eines Architekten beidseitig beschrieben hat. Das Schreiben beginnt am 20. Dezember 1930 mit der Hinfahrt nach Ägypten und endet mit der Rückkehr Dörpfelds nach Athen am 25. Februar 1931. Adressiert ist der Rundbrief an seine Verwandten in Deutschland, was aus der Briefanrede „Meine Lieben!" und der Schlussformel „Euer Bruder und Vater" hervorgeht. Namentlich werden mehrfach *Tante Tine*, d. h. Christine von Rhoden, die jüngere Schwester Dörpfelds, und sein Sohn Fritz erwähnt, sodass davon ausgegangen werden kann, dass beide zu den Empfängern des Rundbriefes gehörten. An wen der Brief zuerst adressiert war und wohin er danach weitergeleitet wurde, ist nicht bekannt. Das verwundert angesichts

---

10 DÖRPFELD, *Daten*, 48 [Die Daten aus Dörpfelds zitiertem Tagebuch (Seite 45) beziehen sich auf die erste Ägyptenreise vom 3. Februar bis 13. Mai 1898. Das Ende dieses Ägyptenaufenthaltes war aber bereits im März 1898.]; S. 94–95 [Die Daten vom 18. Dezember 1930 bis 25. Februar 1931 betreffen die zweite Ägyptenreise].
11 Über Peter Goessler (1872–1956), deutscher Prähistoriker und enger Mitarbeiter Wilhelm Dörpfelds: PARET, *Peter Goessler †*.
12 GOESSLER, *Dörpfeld*, 114 [Erste Ägyptenreise]; 209f. [Zweite Ägyptenreise].
13 Der Rundbrief ist mit anderen Briefen an die Familienmitglieder im Kasten 25 einer grünen Mappe des Nachlasses von Wilhelm Dörpfeld im Stadtarchiv Wuppertal (Signatur NDS 23) aufbewahrt.
14 Wilhelm Dörpfeld verwendete während seines ganzen Lebens die lateinische Schreibschrift.

der Tatsache, dass Dörpfeld in früheren Rundbriefen an die Familie präzise angegeben hat, von wem an wen der Brief weitergeleitet werden soll.[15]

Der umfangreiche Rundbrief aus Ägypten ist über mehrere Etappen während der gesamten Reise geschrieben worden. Am Anfang der Reise hält Dörpfeld fast täglich seine Eindrücke und Erlebnisse in Kairo fest, ab Januar nur noch wöchentlich, im Februar schreibt er sogar nur noch alle zwei Wochen nach Deutschland. In welchen Abständen genau Dörpfeld diesen Rundbrief in die Heimat geschickt hat, ist nicht mehr eindeutig nachvollziehbar. Vermutlich waren es fünf einzelne Sendungen Richtung Deutschland, wenn man davon ausgeht, dass Dörpfeld jeden neuen Abschnitt des Rundbriefes mit der Anrede „Meine Lieben!" auf einer neuen Briefseite beginnt:

Lieferung vom 6. Januar 1931 (12 beidseitig beschriebene Blätter)
Lieferung vom 14. Januar 1931 (3 beidseitig beschriebene Blätter)
Lieferung vom 22. Januar 1931 (2 beidseitig beschriebene Blätter)
Lieferung vom 5. Februar 1931 (3 beidseitig beschriebene Blätter)
Lieferung vom 25. Februar 1931 (5 beidseitig beschriebene Blätter)

Der Inhalt des gesamten Rundbriefes ist deskriptiv gehalten. Wilhelm Dörpfeld schildert darin tagebuchartig seine Reiseerlebnisse in Ägypten. Auffallend ist, dass er nur an zwei Stellen im Brief Persönliches einfließen lässt und von seinen Erzählungen aus Ägypten abschweift: zum einen, als er zu Weihnachten von seiner Schwester Christine ein Erinnerungsbuch mit Kindheitserlebnissen an eine frühere Rheinreise nach Kairo geschickt bekommt, zum anderen, als Dörpfeld seiner früh verstorbenen Mutter an deren Todestag (22. Januar) gedenkt. Auf seine eigene Familie in Deutschland nimmt er nur zweimal direkten Bezug, zum einen, als er hofft, dass seine mit Erkältung geplagten Kinder in Berlin wieder genesen sind, und zum anderen, als er von dem Todesfall der Tochter einer Bekannten erfährt. Das bestätigt aber wiederum, dass Dörpfeld während seines Aufenthaltes in Kairo Briefe von seinen Angehörigen aus Deutschland erhalten hat.

Der Rundbrief selbst mutet wie ein Tagebuch an: Die Reise beginnt am 18. Dezember 1930 mit der zweitägigen Überfahrt von Piräus nach Alex-

---

15 Vgl. Rundbrief aus Amerongen aus dem Jahr 1919 [aufbewahrt im Nachlass Wilhelm Dörpfeld, Stadtarchiv Wuppertal (Signatur NDS 23) Kasten 25].

andria auf dem türkischen Dampfer *Ankara*. Nach der Ankunft in Ägypten am 20. Dezember fährt Dörpfeld mit der Eisenbahn direkt weiter zu seinem Ziel Kairo. Dort übernachtet er während seines gesamten Aufenthaltes von zwei Monaten in der kleinen Pension *Minerva House*[16], die von einem Griechen geführt wird, den Dörpfeld aus früheren Zeiten in Athen kennt. Er ist in dieser Zeit nicht der einzige deutsche Gast in der Pension. Auch der Orientalist Franz Taeschner[17] aus Münster hält sich dort mit seiner Ehefrau für einige Tage auf. Mit dem Ehepaar Taeschner isst Dörpfeld einige Male zu Abend, was ihm laut seinen Beschreibungen gut gefällt.

Von der in der Soliman Pascha Straße Nr. 39 (heute Talaat Harb Straße) gelegenen Pension kann Dörpfeld mit der Straßenbahn (von Dörpfeld als „die Elektrische" bezeichnet) in kurzer Zeit zum DAI auf der Nilinsel Gezira im Stadtteil Zamalek gelangen. Er besucht das DAI während seines gesamten Aufenthaltes in Kairo fast täglich. Dörpfeld darf die Bibliothek für seine Forschungen nutzen und kommt oft mit den dort tätigen Ägyptologen ins Gespräch.

Der Tagesablauf Dörpfelds ändert sich fast nie: Morgens um 7 Uhr frühstückt Dörpfeld in seiner Pension. Danach geht er vormittags oder nachmittags zum Arbeiten in das DAI. Dabei begrüßt Dörpfeld in seinem Brief sehr, dass ihm dort entweder vormittags ein arabischer Kaffee oder nachmittags ein Glas Tee mit Kuchen angeboten wird. Wenn er nicht im Institut arbeitet, bleibt Dörpfeld meistens in der Pension, um dort Briefe zu lesen und zu beantworten sowie um in der Mittagszeit ein wenig auszuruhen. Abends isst Dörpfeld in der Pension zu Abend, wobei ihm die Portionen des mehrgängigen Menüs oft zu groß sind. Gegen 22 Uhr geht Dörpfeld ins Bett.

Das „orientalische Treiben" in der Altstadt der Millionenmetropole Kairo beschreibt Dörpfeld nur einmal zu Beginn seines Briefes im Vergleich zu dem immer europäischer werdenden Athen. Einheimische finden in seinem Rundbrief so gut wie keine Erwähnung, mit Ausnahme von ägyptischen Kellnern in der Pension mit ihren traditionellen weißen Gewändern und roten Fezen als Kopfbedeckung. Auch alltägliche Besorgungen von Obst

---

16 Die Pension *Minerva House* wird in den populären Reiseführern wie BAEDEKER, *Ägypten und der Sudan* nicht erwähnt. Heute befindet sich im gleichen Gebäude ein Hotel namens *New Minerva*.
17 Über Franz Taeschner (1888–1967), deutscher Orientalist: ISPHORDING, *Taeschner, Franz*.

in der Altstadt und Erledigungen wie das Geldabheben bei der Deutschen Orientbank spielen für Dörpfeld kaum eine erwähnenswerte Rolle, da sie nur beiläufig genannt werden. Das gute Wetter in Ägypten (warm und nur einmal ein kurzer Regen) wird dagegen häufiger beschrieben. So berichtet Dörpfeld seinen Verwandten im winterlichen Deutschland, dass er seinen warmen Überzieher in Kairo nicht gebraucht habe und getrost in den Schrank hängen konnte.

Obwohl Wilhelm Dörpfeld den Rundbrief nicht an einen Fachkollegen adressiert hat, nimmt der wissenschaftliche Grund für seine Reise nach Ägypten einen sehr umfangreichen Teil ein. Besonders die Begegnungen und Treffen mit Ägyptologen sowie mit anderen Deutschen, die in Kairo leben, werden ausführlich beschrieben.

Wichtigster Anlaufpunkt für Dörpfeld in Kairo ist das DAI.[18] Es befindet sich bis zu diesem Zeitpunkt (Januar/Februar 1931) noch in Zamalek direkt am Ufer des Nils. Unmittelbar daneben liegt das Wohnhaus des Ägyptologen Ludwig Borchardt und seiner Frau Mimi, den Dörpfeld seit mehreren Jahrzehnten kennt und in seinem Rundbrief als „guten alten Freund" bezeichnet. Borchardt hatte, nachdem er 1929 als Direktor des alten Instituts in den Ruhestand versetzt worden war, das in seinem Besitz befindliche Nachbargebäude an das DAI vermietet, welches dort die Abteilung Kairo unter der Leitung des deutsch-österreichischen Ägyptologen und Priesters Hermann Junker[19] eingerichtet hatte. Während Dörpfelds Aufenthalt in Kairo wurde dieser Mietvertrag wegen ständiger Querelen und dem Anspruch auf Eigenbedarf von Borchardt aufgelöst. Das DAI musste sich neue Räumlichkeiten in Kairo suchen. Kurze Zeit später, im März 1931 zog es daher in eine andere Villa, ebenfalls auf der Nilinsel Zamalek gelegen, um.[20]

Als offizieller Gast des DAI darf Dörpfeld während seines Kairo-Aufenthaltes, wie erwähnt, die wissenschaftliche Bibliothek nutzen.[21] Dort trifft er

---

18 1929 wurde das seit 1907 existierende Deutsche Institut für ägyptische Altertumskunde in Kairo dem DAI als eigene Abteilung angegliedert. Zur Geschichte des Instituts: Voss, *Geschichte,* Band 1 und 2.
19 Über Hermann Junker (1877–1962), deutsch-österreichischer Ägyptologe: Gütl, *Hermann Junker.*
20 Siehe Voss, *Geschichte,* Band 2, 29.
21 Vierteljahresberichte vom 1.10. bis 31.12.1930 in den Altakten DAI Kairo belegt nach Voss, *Geschichte,* Band 2, 29.

auf Direktor Junker und dessen Mitarbeiter, die ihn freundlich aufnehmen. Da Dörpfeld alleine reist, wird er zu den Feiertagen (Weihnachten und Silvester) ins Institut eingeladen. Am Heiligen Abend feiert Dörpfeld gemeinsam mit Hermann Junker und dessen Schwester Maria, den Mitarbeitern Heinz Wiese[22] und Siegfried Schott[23] sowie den jungen Prähistorikern Eduard Neuffer[24] und Kurt Bittel[25], die als Stipendiaten des DAI im Winter 1930/31 Ägypten bereisen und an den österreichischen Ausgrabungen am frühgeschichtlichen Fundplatz Merimde-Benisalame teilnehmen.

Unter dem geschmückten Weihnachtsbaum singen alle Gäste *Stille Nacht* und essen Gebäck aus der deutschen Heimat. Nach dem festlichen Abendessen sind die Herren in wissenschaftliche Gespräche vertieft. Bei seiner einen Tag später verfassten Beschreibung des Heiligen Abends im Rundbrief erinnert sich Dörpfeld nicht mehr an den Namen eines jungen Archäologen und schreibt dort nur ein Fragezeichen. Es ist nachweisbar Kurt Bittel, dem dagegen die Begegnung mit Wilhelm Dörpfeld zu Weihnachten in Kairo so sehr in Erinnerung blieb, dass er diese in seinen posthum erschienenen Reisebeschreibungen festhielt. Er schreibt über Dörpfeld:

Den Weihnachtsabend verbrachte ich bei Herrn Junker in Kairo, der allen Mitarbeitern des Instituts eine kleine Bescherung zuteilwerden ließ. Am Tisch vereinigten sich Herr und Frau Schott, Neuffer, Wiese, Herr Junker und seine Schwester Maria, die ihm den Haushalt hielt, und besonders Wilhelm Dörpfeld, der Nestor der Archäologie, den ich zum ersten Mal kennenlernen durfte. Dörpfeld war im Anschluß an seine Arbeiten in Olympia aufs Neue mit Studien der ältesten griechischen Kulturgeschichte beschäftigt und war so auf das Problem der in einigen ägyptischen Quellen genannten Hanebu [sic!] gestoßen. In seiner impulsiven und gründlichen Art, die vor nichts zurückschreckte, sondern stets bestrebt war, allen Dingen auf den Grund zu gehen, war er kurz entschlossen nach Ägypten gereist,

---

22 Über Heinz Wiese (1902–1933), deutscher Rechnungsangestellter am DAI in Kairo: Voss, *Geschichte*, Band 2, 24, 142–145.
23 Über Siegfried Schott (1897–1971), deutscher Ägyptologe: Theermann, *Siegfried Hugo Erdmann Schott*.
24 Über Eduard Neuffer (1900–1954), deutscher Prähistoriker: Oelmann, *Zum Gedächtnis*.
25 Über Kurt Bittel (1907–1991), deutscher Prähistoriker: Parzinger, *Kurt Bittel*.

um die Denkmäler aus eigenem Anschein kennen zu lernen und sich zugleich mit den Ägyptologen über das Thema zu besprechen. Herr Junker machte mich mit ihm bekannt, und nach dem Essen legte er mir in ausführlichen Worten seine Gedanken über die Entstehung der mykenischen Kultur dar. Wir standen beide, er hielt mich am obersten Knopf meines Rockes gefasst, und ich muss gestehen, daß ich dem Zauber seiner leuchtenden Augen und dem Fluß seiner vollendeten, stilreinen Rede erlegen bin. Trotzdem mir viele seiner Theorien unwahrscheinlich, ja als Irrtum erschienen, vermochte ich doch nicht, mich dem Eindruck dieser Persönlichkeit, die einen geradezu prophetischen Glauben ausstrahlte, zu entziehen.[26]

Solange Dörpfeld in Kairo ist, nutzt er immer wieder die Gelegenheit, sich mit Junker oder Borchardt zu mehrstündigen Gesprächen zu treffen, um seine Forschungen zu diskutieren. Auch wenn er auf französische und englische Fachgelehrte wie Percy Newberry[27] trifft, befragt Dörpfeld sie zu seinem Hauptforschungsinteresse, der Hau-nebut-Frage.

Auf Anraten Ludwig Borchardts nimmt Dörpfeld kurz nach seiner Ankunft in Kairo auch Kontakt mit Eberhard von Stohrer[28], dem deutschen Gesandten in Ägypten, auf. Am 26. Dezember 1930 findet dort ein Mittagessen zu Ehren des Berliner Medizinprofessors Ferdinand Sauerbruch statt, zu dem viele internationale Gäste eingeladen sind. Die Ehefrau des deutschen Gesandten findet (mit Hilfe von Meyers Konversationslexikon) heraus, dass Wilhelm Dörpfeld an diesem Tag Geburtstag hat, und alle Gäste gratulieren ihm. Da die in Ägypten lebenden Europäer nun erfahren hatten, dass sich der bekannte Bauforscher und Architekt in Kairo aufhält, wird er zu mehreren Vorträgen in deutsche und griechische Vereine eingeladen. Diesen gesellschaftlichen Verpflichtungen kann sich Dörpfeld nicht ganz verschließen, obwohl er mehrfach in seinem Rundbrief bemerkt, dass er eigentlich nur zum Forschen nach Ägypten gekommen sei. Als Vortragstitel wählt er altbewährte Themen wie Homer oder Leukas-Ithaka.

---

26 BITTEL, *Reisen und Ausgrabungen*, 68.
27 Über Percy Newberry (1869–1949), britischer Ägyptologe: FAGAN, *Newberry, Percy Edward*.
28 Über Eberhard von Stohrer (1883–1953), deutscher Gesandter in Ägypten von 1926 bis 1936: ISPHORDING, *Stohrer, Eberhard von*.

Mehrfach trifft Dörpfeld in Kairo auf den deutschen Augenarzt Max Meyerhof[29], der seit 1903 in Ägypten lebt und praktiziert. Dieser schenkt ihm einige altägyptische Papyrusfragmente, die Dörpfeld an seine Familie in Deutschland weiterleitet.[30]

Außerdem besucht Dörpfeld als gläubiger Protestant kurz vor Ende seiner Reise einen Gottesdienst der deutschen evangelischen Gemeinde in der Kirche im Kairoer Stadtteil Boulak. Dort trifft er den amtierenden Pfarrer Karig und missbilligt, dass die deutsche Gemeinde zwölf Jahre nach dem Ende des Ersten Weltkriegs noch immer nicht die im Krieg beschlagnahmte Kirche von den Engländern zurückerhalten hat. Er bekundet seinen politischen Unmut über die britische Beschlagnahmung auch im Rundbrief:

> Kirche, Schule und Pfarrhaus waren Eigentum der deutschen Gemeinde, sind aber von den Engländern im Kriege gewonnen und noch nicht zurückgegeben worden! Die Deutschen dürfen nur nach dem engl. Gottesdienst, der um 11 Uhr zu Ende ist, ihren Gottesdienst abhalten. Ich halte es für einen Skandal, daß die Engländer, die in Kairo eigene Kirchen haben, in dem ‚gestohlenen' Gotteshause arabischen Missionsgottesdienst abhalten, zu dem nur wenige Leute kommen![31]

Dörpfelds politische, deutschnationale und kaisertreue Einstellung zeigt sich in einer anderen Passage des Briefes. Am 5. Februar 1931 schreibt Dörpfeld, dass er dem im holländischen Exil lebenden ehemaligen deutschen Kaiser Wilhelm II. seine aufrichtigen Geburtstagswünsche am 27. Januar geschickt hat und bemerkt, dass dieses Datum in der Gesandtschaft der Deutschen Republik nicht zelebriert werde.[32]

Nur wenige Male verlässt Dörpfeld die Nilmetropole, um sich gemeinsam mit Junker die aktuellen Ausgrabungen auf der Südseite der Cheops-

---

29 Über Max Meyerhof (1874–1945): Lehnert, *Max Meyerhof*.
30 Ein Papyrusfragment aus griechisch-römischer Zeit, das Dörpfeld von Max Meyerhof geschenkt bekommen hat, befindet sich im von Klaus Goebel verwahrten Familiennachlass Dörpfeld. Ich danke Herrn Goebel, dass er mir während der Dörpfeld-Tagung in Wuppertal das Papyrusfragment gezeigt hat.
31 Rundbrief, Blatt 22, Vorderseite.
32 Zum freundschaftsähnlichen Verhältnis von Wilhelm Dörpfeld zu Kaiser Wilhelm II.: Eckart, *Wilhelm Dörpfeld und Wilhelm II*.

Pyramide anzusehen oder den Sphinx sowie die Pyramiden von Gizeh bei Mondschein zu erleben. Dörpfeld beschreibt sein Gefühl wie folgt: „Was würden die alten ägypt. Könige des 3. Jahrtausends v. Chr. wohl sagen, wenn sie die zahllosen Autos mit ihren glänzenden Augen zu den Pyramiden fahren sehen könnten, und wenn sie in der Ferne die Lichter der Großstadt bemerkten?"[33]

Ein für Februar geplanter Besuch der archäologischen Stätten im Delta, um die Hyksoshauptstadt Auaris zu suchen, scheitert daran, dass die Reisebegleitung Dörpfelds, ein im Rundbrief nicht namentlich genannter schwedischer Professor, aus gesundheitlichen Gründen kurzfristig absagen muss.

Mit dem Ehepaar Junius[34] aus Düsseldorf, das Kairo als Zwischenstation ihrer Weltreise ausgewählt hat, besucht Dörpfeld die Ausgrabungsstätte von Sakkara. Da er den britischen Ägyptologen Cecil Firth[35] kennt, der als Inspektor der ägyptischen Altertümer von Sakkara zu dieser Zeit Ausgrabungen im Djoser-Bezirk leitet, wird Dörpfeld und seinen Gästen die einmalige Gelegenheit gewährt, auch die aktuellen Grabungsschnitte zu besichtigen, die sonst kein Tourist zu sehen bekommt. In Kairo besuchen das Ehepaar Junius und Dörpfeld das große Ägyptische Museum und bewundern die Goldschätze aus dem Grab des Tutanchamun.

Gegen Ende der Reise äußert Dörpfeld den Wunsch, mit dem Archäologen Hans Schleif[36], den er von seinen Olympia-Ausgrabungen[37] kennt, von Ägypten aus weiter nach Syrien zu reisen, um dort die Phönizierstädte Sidon und Tyros im Libanon zu besichtigen. Er erhofft sich dadurch neue Erkenntnisse für seine Forschungen über die Ursprünge der griechischen Kunst. Es kommt aber nicht zu diesem Abstecher an die Levante-Küste, da Schleif in Aniba (Nubien) an Ausgrabungen des Leipziger Ägyptologen Georg Steindorff beteiligt ist.

Auf seiner Rückreise nach Athen kommt Dörpfeld erneut nach Alexandria, um von dort mit dem türkischen Schnelldampfer *Smyrna* nach Piräus

---

33 RUNDBRIEF, Blatt 20, Rückseite.
34 Das Ehepaar Junius aus Düsseldorf (aus der Familie der Klavierhersteller Junius in Hagen) gehörte zu den finanziellen Förderern von Wilhelm Dörpfeld.
35 Über Cecil Mallaby Firth (1878–1931), britischer Ägyptologe: BIERBRIER, *Who was Who*, 190f.
36 Über Hans Schleif (1902–1945), deutscher Archäologe und Bauforscher: LEHMANN, *Hans Schleif*; STÜRMER, *Karriere*.
37 Schleif nahm seit 1927 an den von Dörpfeld geleiteten Olympiaausgrabungen teil.

zu fahren. Leider gelingt es ihm nicht, von der Bahnstrecke bei Ramleh die Villa der deutschen Familie Bindernagel zu erblicken, die er nach seiner ersten Ägyptenreise 1898 nach Plänen des Erechtheion entworfen hatte.[38] In Alexandria besichtigt er das Griechisch-Römische Museum, durch welches ihn der italienische Direktor Evaristo Breccia[39] führt.

Die Schiffsreise auf dem östlichen Mittelmeer ist von starkem Seegang gezeichnet, sodass Dörpfeld, wie er im Rundbrief erwähnt, „die Fische füttern" muss.[40] In Griechenland angekommen, wird er herzlich von seinen Athener Freunden in Empfang genommen und findet in seinem Büro im DAI einen Blumengruß des Direktors Georg Karo[41] vor.

Eine von Dörpfeld für den kommenden Winter 1931/32 beabsichtigte Reise nach Ägypten kommt nicht zu Stande, da er sich von nun an intensiv mit den Arbeiten an der Publikation *Alt-Olympia* (erschienen 1935) befassen wird.

Knapp ein Jahr später (1932) bedankt sich Ludwig Borchardt für eine Karte Dörpfelds mit Neujahrsgrüßen und schreibt:

> Mit Vergnügen denken wir noch an die Genüsse zurück, die Sie uns im letzten Jahre durch Ihre Vorträge beim Gesandten usw. bereitet haben, und ich persönlich denke noch oft an unsere Besprechungen im Institut über die H3-nb.w [Hau-nebut L.P.], wobei ich viel über diese gelernt habe, wenn ich auch nicht mich zu Ihren Ansichten über diese Leutchen bekehren konnte.[42]

---

38 JOHNSTON, *Egyptian Palaces*, 105f. Heinrich Bindernagel aus Frankfurt war ein wohlhabender Baumwollhändler in Alexandria, der die Archäologie finanziell förderte.
39 Über Evaristo Brescia (1876–1967), italienischer Ägyptologe: BIERBRIER, *Who was Who*, 79.
40 Über Dörpfelds Neigung zur Seekrankheit berichtet der deutsche Geograf Alfred Philippson in seiner Autobiografie: „Auf diesen Seereisen lernte ich Dörpfeld wahrhaft bewundern und lieben. Trotz der grossen Anstrengungen und trotz einer Neigung zur Seekrankheit war er immer frisch, immer begeistert von seinem Gegenstand, dabei stets für jeden freundlich und allen Wünschen nach Möglichkeit entgegenkommend." Siehe BÖHM und MEHMEL, *Alfred Philippson*, 336.
41 Über Georg Karo (1872–1963), deutscher Archäologe: LINDENLAUF, *Georg Heinrich Karo*.
42 Die Postkarte vom 11. Februar 1932 befindet sich im SIK – Archiv Ludwig Borchardt – Mappe Dörpfeld. Ich danke Herrn von Pilgrim für den Hinweis.

Zusammenfassend lässt sich sagen, dass der autobiografische Rundbrief aus Ägypten 1930/31 viele bislang unbekannte Informationen über Dörpfelds mehrwöchigen Aufenthalt in Kairo enthält. Neben der tagebuchähnlichen Beschreibung der Reiseereignisse und Begegnungen mit zahlreichen Ägyptologen erfahren wir vor allem, warum der Bauforscher ein zweites Mal nach Ägypten reiste. Darüber hinaus gibt der Brief uns Einblicke in den Charakter und die Eigenheiten des alten Bauforschers und Architekten.

Dörpfeld und die Erforschung der Ursprünge der griechischen Kunst

Schenken wir dem dreizehnten Abschnitt *Der Ursprung und die Entwicklung des älteren griechischen Kunstgewerbes* in seiner zweibändigen Publikation *Alt-Olympia* aus dem Jahr 1935 Glauben, wurde Wilhelm Dörpfeld schon während seiner langen Ausgrabungstätigkeit in Griechenland und Kleinasien immer wieder mit der Frage zu den Wurzeln der griechischen Kunst konfrontiert.[43]

Dörpfeld versuchte durch eigene Ausgrabungen und Forschungen die antiken literarischen Überlieferungen Homers und Herodots so zu interpretieren, dass die mykenische Kultur im 2. Jahrtausend v. Chr. durch Orientalen nach Griechenland gebracht worden sei. Es waren seiner Meinung nach die Hyksos, arabische Stämme, die nach ihrer Vertreibung aus Unterägypten als Kadmeer, Minyer und Danaer bezeichnet, in die griechische Region Argolis einwanderten.[44]

Bereits in älteren Publikationen hatte Dörpfeld auf die Bedeutung seiner Theorien hingewiesen, die den Fragen nach dem Alter und der Herkunft der mykenischen Kunst für die Datierung Homers und seiner Epen nachgingen.[45] Hierbei folgte Dörpfeld dem Archäologen Wolfgang Helbig, der in seiner Publikation *Das homerische Epos aus den Denkmälern erläutert* die Meinung vertrat, dass die mykenische Kunst aus dem Orient stamme und

---

43 DÖRPFELD, *Alt-Olympia*, 290–377.
44 DÖRPFELD, *Alt-Olympia*, 290–377.
45 DÖRPFELD, *Die altgriechische Kunst* und besonders DÖRPFELD, *Homers Odyssee*, 304–325.

von den Phöniziern nach Griechenland gebracht worden sei.[46] Für diese geteilte Ansicht wurde Dörpfeld u. a. von Adolf Furtwängler kritisiert, er wärme eine längst erledigte, falsche Theorie wieder auf.[47]

Dörpfeld ließ sich von seinen Gegnern aber nicht abhalten und forschte weiter an dem Thema zur Herkunft der mykenischen Kultur. Besonders nach dem Erscheinen der deutschen Übersetzung der Ur-Odyssee im Jahr 1925 intensivierte Dörpfeld seine Studien und beschäftigte sich zunehmend mit Theorien zur phönizischen und ägyptischen Kultur in Bezug auf das bronzezeitliche Griechenland. Themen wie das Hau-nebut-Problem erörterte er u. a. mit dem Münchner Ägyptologen Wilhelm Spiegelberg.[48] Höhepunkt war sicherlich die Reise nach Ägypten im Winter 1930/31, dessen wissenschaftliche Ergebnisse Dörpfeld in der von ihm 1935 herausgegebenen Schrift *Alt-Olympia* publizierte. Zahlreiche Rezensionen ließen nicht lange auf sich warten. Der deutsche Archäologe Georg Lippold würdigte zwar die Beobachtungsgabe Dörpfelds und die Bemühungen des Bauforschers, der sich ernsthaft in fremde Gebiete einarbeitet und allen Einwänden zu begegnen sucht, formuliert aber: „Jeder große Mann, jeder große Gelehrte hat das Recht auf große Irrtümer, auf Lieblingstheorien, die ihn nicht überleben, die aber seine Verdienste auch nicht schmälern können."[49] Ähnlich sieht es der amerikanische Archäologe Allen B. West, der schreibt: „the outlook is not hopeful for the acceptance of Dörpfeld's theories."[50] Härter geht der Rezensent im *Journal of Hellenic Studies* mit Dörpfelds Publikation *Alt-Olympia* ins Gericht: „The book is a tragedy of a man who read texts and excavated to prove them true. He has done so by disregarding the discoveries of the last fifty years and by creating an archaeological world of his own, into which we need not follow him."[51]

Sehr ausführlich beschäftigt sich Friedrich-Wilhelm von Bissing als Ägyptologe in seiner Besprechung mit Dörpfelds These zu den Hau-ne-

---

46 HELBIG, *Denkmäler*.
47 FURTWÄNGLER, *Alter*, 482.
48 1929 trafen sich Dörpfeld und Spiegelberg mehrfach in München. Siehe Rundbrief. Ein Briefwechsel zwischen den beiden ist nicht bekannt. Spiegelberg starb in der Zeit, als sich Dörpfeld in Ägypten aufhielt. Siehe Rundbrief. Über Wilhelm Spiegelberg (1870–1930), deutscher Ägyptologe: GERTZEN, *Wilhelm Leeser Spiegelberg*.
49 LIPPOLD, *Rezension*, Sp. 1382.
50 WEST, *Book Review*, 276.
51 S. B. (sic), *Alt-Olympia*, Journal of Hellenic Studies 56 (1936), 81–82; Zitat 81.

but und der Interpretation ägyptischer Texte. Die Gleichsetzung Dörpfelds von Hau-nebut oder Ivanen mit Alt-Ioniern lehnt von Bissing vehement ab. Zudem kritisiert er, dass Dörpfeld den Ursprung der griechischen Kunst in Arabien sieht.[52] „Wenn all seine Phoiniker- und Arabertheorien, seine Umdatierungen griechischer Kulturschichten der Vergessenheit anheimgefallen sind, wird sein Name noch lange über der Altis [von Olympia L. P.] strahlen, unvergänglich."[53] Mit dem Satz schließt von Bissing zwar versöhnlich ab, zeigt aber bis heute, dass sich viele der Theorien Dörpfelds bezüglich der Entstehung der griechischen Kunst als historisch falsch und archäologisch nicht haltbar erwiesen haben.

Im Kontext wissenschafts- und zeitgeschichtlicher Fragestellungen gewinnen die Dörpfeld'schen Forschungen zu Homer und den *Wurzeln der ältesten griechischen Kunst* jedoch wieder an Relevanz: Diese fachwissenschaftlich kontrovers diskutierten und meist von anderen Archäologen sowie Althistorikern abgelehnten Studien können den spannenden Bruch in der Biografie des verdienstvollen Bauforschers Dörpfeld aufzeigen, der sich seit seiner Pensionierung mit diesen umstrittenen Homer-Studien immer mehr in das wissenschaftliche Abseits begab.

---

52 BISSING, *Rezension*. Die Kontroverse zwischen Dörpfeld und von Bissing bestand bereits länger und fand sogar in einem Brief des ehemaligen Kaisers Wilhelm II. an Leo Frobenius vom 28. Februar 1927 aus Doorn Erwähnung: „Es ist mir sehr wichtig – wie ich aus Ihrem Briefe entnehmen zu dürfen glaube[,] – dass Sie Dörpfelds Hyksostheorie anscheinend nicht verwerfen. Er hat sie mir schon früher vorgetragen. Sie hat viel Verlockendes an sich. Da ich aber in diesen Regionen nicht bewandert bin, kann ich mir kein Bild davon machen, wie weit seine Grundlagen[,] auf denen er baut, stichhaltig sind. Creta und Minoische Cultur von West-Asien beeinflusst zu wissen, würde den armen Bissing zu Wuthanfällen veranlassen." FRANZEN/KOHL/RECKER, *Der Kaiser*, 118.
53 BISSING, *Rezension*, 323f.

Literaturverzeichnis

BAEDEKER, K., *Ägypten und der Sudan. Handbuch für Reisende*, Leipzig 1928.
BIERBRIER, M. (Hg.), *Who was Who in Egyptology*, London 2012.
BISSING, F.-W. VON, *Rezension zu Wilhelm Dörpfeld, 'Altolympia'*, in: Göttingische Gelehrte Anzeigen 198 (1936), 300–324.
BITTEL, K., *Reisen und Ausgrabungen in Ägypten, Kleinasien, Bulgarien und Griechenland 1930–1934*, Stuttgart 1998.
BÖHM, H./MEHMEL, A. (Hg.), *Alfred Philippson, Wie ich zum Geographen wurde*, Bonn 1996.
BORCHARDT, L., *Das Re-Heiligtum des Ne-Woser-Re (Rathures)*, Band I: Der Bau, Berlin 1905.
DÖRPFELD, W., *Die altgriechische Kunst und Homer*, in: Mitteilungen des Deutschen Archäologischen Instituts, Athenische Abteilung 50 (1925), 77–111.
DÖRPFELD, W., *Homers Odyssee. Die Wiederherstellung des ursprünglichen Epos von der Heimkehr des Odysseus nach dem Tageplan mit Beigaben über homerische Geographie und Kultur*, München 1925.
DÖRPFELD, W., *Alt-Olympia. Untersuchungen und Ausgrabungen zur Geschichte des ältesten Heiligtums von Olympia und der älteren griechischen Kunst*, Berlin 1935.
ECKART, U., *Wilhelm Dörpfeld und Wilhelm II.*, in: Mitteilungen aus dem Heinrich-Schliemann-Museum Ankershagen 6 (1999), 145–154.
FAGAN, B., *Newberry, Percy Edward (1869–1949)*, in: H. Matthew/B. Harrison (Hg.), Oxford Dictionary of National Biography, From the Earliest Times to the Year 2000, Band 40, Oxford 2004, 569–570.
FRANZEN, CHR./KOHL, K.-H./RECKER, M.-L. (Hg.), *Der Kaiser und sein Forscher. Der Briefwechsel zwischen Wilhelm II. und Leo Frobenius*, Stuttgart 2012.
FURTWÄNGLER, A., *Das Alter des Heraion und das Alter des Heiligtums von Olympia*, in: Sitzungsberichte der philosophischen-philologischen Klasse der königlichen bayrischen Akademie der Wissenschaften, München 1906, 467–484.
GERTZEN, TH., *Wilhelm Leeser Spiegelberg (1870–1930)*, Vaterstetten 2017.

GOEBEL, K./GIANNOPOULOU, C. (Hg.), *Wilhelm Dörpfeld. Daten meines Lebens*, Patras 2010 [zitiert als: DÖRPFELD, *Daten*].
GOESSLER, P., *Wilhelm Dörpfeld. Ein Leben im Dienst der Antike*, Stuttgart 1951.
GÜTL, C. (Hg.), *Hermann Junker. Eine Spurensuche im Schatten der österreichischen Ägyptologie und Afrikanistik*, Göttingen 2017.
HELBIG, W., *Das homerische Epos aus den Denkmälern erläutert*, Leipzig 1887.
ISPHORDING, B., *Stohrer, Eberhard von*, in: M. Keipert (Hg.), Biographisches Handbuch des deutschen Auswärtigen Dienstes 1871–1945, Band 4, Paderborn u. a. 2012, 371–373.
ISPHORDING, B., *Taeschner, Franz*, in: M. Keipert (Hg.), Biographisches Handbuch des deutschen Auswärtigen Dienstes 1871–1945, Band 5, Paderborn u. a. 2014, 1–2.
JOHNSTON, S., *Egyptian Palaces and Villas*, New York 2006.
LEHMANN, S., *Hans Schleif (1902–1945)*, in: G. Brands/M. Maischberger (Hg.), Lebensbilder. Klassische Archäologen und der Nationalsozialismus, Rahden 2012, 207–222.
LEHNERT, I., *Max Meyerhof. Augenarzt und Orientalist in Kairo*, in: J. Schoeps/T. Gertzen (Hg.), Grenzgänger. Jüdische Wissenschaftler, Träumer und Abenteurer zwischen Orient und Okzident, Berlin 2020, 335–359.
LINDENLAUF, A., *Georg Heinrich Karo (11.1.1872–2.11.1963). Gelehrter und ‚Verteidiger deutschen Geistes'*, in: Jahrbuch des Deutschen Archäologischen Instituts 130 (2015), 259–354.
LIPPOLD, G., *Rezension zu W. Dörpfeld, 'Alt-Olympia'*, in: Philologische Wochenschrift 49/50 (1936), Sp. 1377–1384.
OELMANN, F., *Zum Gedächtnis Eduard Neuffers*, in: Bonner Jahrbücher 155 (1955), 1–5.
PARET, O., *Peter Goessler †*, in: Gnomon 28 (1956), 558–559.
PARZINGER, H., *Kurt Bittel – Leben und Wirken eines Archäologen*, in: Heimat- und Altertumsverein Heidenheim an der Brenz (2009/2010), 8–24.
QUACK, J. F., *Das Problem der Hau-nebut*, in: R. Rollinger/A. Luther/J. Wiesehöfer (Hg.), Getrennte Wege? Kommunikation, Raum und Wahrnehmungen in der Alten Welt, Frankfurt am Main 2007, 331–362.

RAULWING, P./GERTZEN, TH., *Friedrich Wilhelm Freiherr von Bissing im Blickpunkt ägyptologischer und zeithistorischer Forschungen*, in: Th. Schneider/P. Raulwing (Hg.), Egyptology from the First World War to the Third Reich. Ideology, Scholarship, and Individual Biographies, Leiden/Boston 2013, 34–119.

S. B., *Review of Wilhelm Dörpfeld, 'Alt-Olympia'*, in: Journal of Hellenic Studies 56 (1936), 81–82.

STÜRMER, V., *Eine Karriere zwischen Archäologischem Institut und Ahnenerbe e. V.*, in: A. Leube (Hg.), Prähistorie und Nationalsozialismus. Die mittel- und osteuropäische Ur- und Frühgeschichtsforschung in den Jahren 1933–1945, Heidelberg 2002, 429–449.

THEERMANN, L., *Siegfried Hugo Erdmann Schott (1897–1971): Gelehrter, Künstler und Offizier*, in: J. Arp-Neumann/Th. Gertzen (Hg.), „Steininschrift und Bibelwort". Ägyptologen und Koptologen Niedersachsens, Rahden 2019, 79–84.

VOSS, S., *Die Geschichte der Abteilung Kairo des DAI im Spannungsfeld deutscher politischer Interessen*, Band 1: 1881–1929, Rahden 2013.

VOSS, S., *Die Geschichte der Abteilung Kairo des DAI im Spannungsfeld deutscher politischer Interessen*, Band 2: 1929–1966, Rahden 2017.

VOSS, S./PILGRIM, C. VON, *Ludwig Borchardt und die deutschen Interessen am Nil*, in: C. Trümpler (Hg.), Das Grosse Spiel. Archäologie und Politik zur Zeit des Kolonialismus (1860–1940), Köln 2008, 295–305.

WEST, A. B., *Book Review 'Alt-Olympia'*, in: American Journal of Archaeology 40 (1936), 274–277.

„Er lebt allein im Kampfe für seine Idee".

Wilhelm Dörpfeld in der Zeit des Nationalsozialismus

Alexandra Kankeleit[1]

Seine letzten sieben Lebensjahre verbrachte Wilhelm Dörpfeld vorwiegend in Griechenland, größtenteils zurückgezogen auf der ionischen Insel Levkada. Dennoch nahm er regen Anteil an den Veränderungen in seiner früheren Heimat, die nicht nur für Deutschland, sondern für die ganze Welt weitreichende Konsequenzen zur Folge hatten – politisch, gesellschaftlich und kulturell. Einschneidende Ereignisse, die Dörpfeld bis zu seinem Tod im Jahr 1940 noch bewusst miterlebte, waren die Machtergreifung der Nationalsozialisten im Januar 1933, die Berufsverbote für jüdische Beamte und Kassenärzte im April 1933, die Nürnberger Rassengesetze 1935, der Anschluss Österreichs 1938 und schließlich der Ausbruch des Zweiten Weltkrieges im September 1939.

Wie hat Dörpfeld diese Epoche, in der die bisherige Weltordnung vollkommen aus dem Ruder geriet, persönlich wahrgenommen? Woran glaubte

---

1 Dr. Alexandra Kankeleit, Deutsches Archäologisches Institut, Abteilung Athen, Fidiou 1, GR-10678 Athen, kontakt@alexandra-kankeleit.de.

er? Was bewegte ihn? Und wie ordnete er sich selbst in das neue Wertesystem ein?

Eine wichtige Quelle ist in dieser Beziehung das Tagebuch von Wilhelm Dörpfeld, das 2010 erstmals einer interessierten Leserschaft zugänglich gemacht worden ist.[2] Die Aufzeichnungen geben Einblicke in Dörpfelds Aktivitäten und Kontakte, sowohl privat als auch beruflich. Weiterhin zeigen sie, wie der berühmte Bauforscher seine Zeit strukturierte und welche Schwerpunkte er bei Arbeit und Freizeit setzte. Briefe, Zeitungsartikel, Fotos und weitere Dokumente aus den Archiven in Athen, Berlin und Wuppertal vervollständigen das Bild und vermitteln einen ersten Eindruck von Dörpfelds politischer Einstellung sowie der Rolle, die er in der nationalsozialistischen Gesellschaft zu spielen beabsichtigte.[3]

Zur politischen Einstellung von Wilhelm Dörpfeld

1933, im Jahr der „Machtergreifung" der Nationalsozialisten unter Adolf Hitler, wurde Wilhelm Dörpfeld 80 Jahre alt. Der berühmte Architekt und Altertumswissenschaftler hatte in seinem Leben (1853–1940) bereits mehrere politische Umbrüche und drei Kriege erlebt: den Deutschen Krieg (1866), den Deutsch-Französischen Krieg (1870/71) und den Ersten Weltkrieg (1914–1918). Er hatte die Staatsoberhäupter des Königreiches Preußen, des Deutschen Kaiserreiches und der Weimarer Republik kommen und gehen sehen: Wilhelm I., Wilhelm II., Friedrich Ebert und Paul von Hindenburg. Jetzt waren die Nationalsozialisten mit Adolf Hitler an die Spitze

---

2 Dörpfeld, *Daten*.
3 Bei meiner Recherche zu Wilhelm Dörpfeld habe ich von vielen Seiten Unterstützung erfahren. Besonders bedanken möchte ich mich bei Armin Eich, Mira Weidhaas-Berghöfer und Gianna Hedderich (Universität Wuppertal), bei Reinhard Senff, Joachim Heiden und Katharina Brandt (DAI Athen), Martina Düntzer und Johanna Müller von der Haegen (DAI Berlin), Henner Grundhoff (Kirchliches Archivzentrum Berlin) und Julia Hiller von Gaertringen (Badische Landesbibliothek). Für Hinweise und Anregungen bin ich auch Katja Sporn, Direktorin des DAI Athen, verpflichtet. Sie selbst hat ein großes Interesse an der Biografie des langjährigen Direktors des DAI Athen, wobei sie ganz unterschiedliche Aspekte seines Wirkungskreises beleuchtet (z. B. Dörpfelds Aktivitäten als Planer der Institutsbauten in Athen oder als Initiator von Lehrreisen für ein deutsches und internationales Publikum in Griechenland), s. SPORN, K. (Hg.), *DAI Athen*. und SPORN, *Travelling and Researching*. Weitere Publikationen zu Wilhelm Dörpfeld s. Int. 1 (Stand: Oktober 2020).

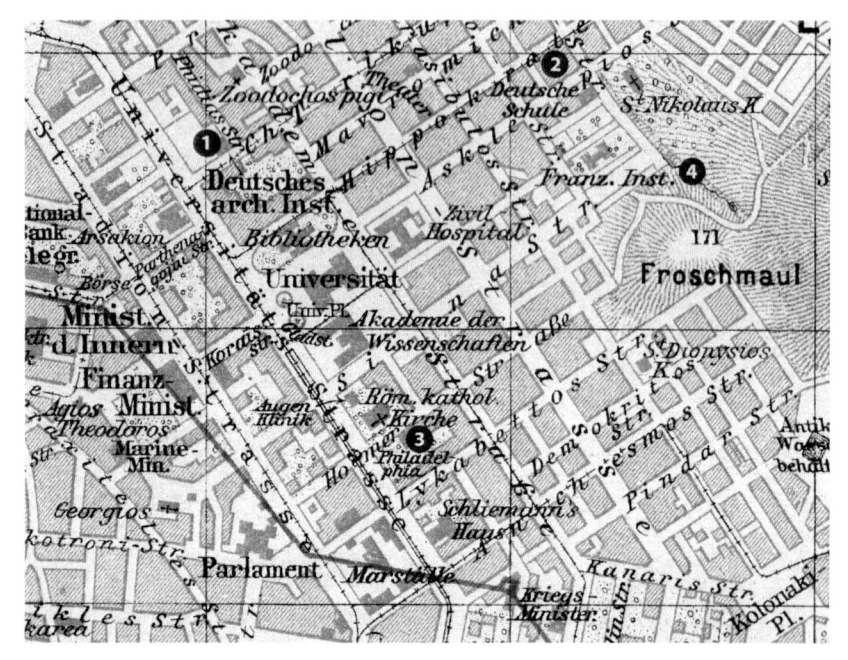

Abb. 1: Die „deutsche Kolonie" in Athen: DAI Athen (1), Deutsche Schule Athen (2), Deutscher Club „Philadelphia" (3), Deutsche Evangelische Kirche Athen (4).

gekommen und einige Quellen lassen darauf schließen, dass Dörpfeld die neue Situation durchaus begrüßte.

Wilhelm Dörpfeld und der Erste Weltkrieg

Um Dörpfelds politische Einstellung besser einordnen zu können, muss man in das Jahr 1914 zurückgehen. Zwei Jahre nach seinem Rücktritt von dem Amt des Ersten Direktors am DAI Athen war in Europa der Krieg ausgebrochen. Dörpfeld, der dem deutschen Kaiserhaus seit Jahrzehnten die Treue gehalten und insbesondere Wilhelm II. eng verbunden war,[4] gehörte

4 Kalpaxis, Αρχαιολογία s. hier die Beiträge von Thorsten Beigel und Matthias Steinbach.

Abb. 2: Dörpfelds Haus auf Levkada.

zu den Unterzeichnern des Aufrufs *An die Kulturwelt*. Dieser wurde wenige Monate nach Ausbruch des Krieges von 93 namhaften Repräsentanten aus Kultur und Wissenschaft unterzeichnet und im Oktober 1914 in allen großen Zeitungen in mehreren Sprachen veröffentlicht. Zu den Unterstützern gehörten u. a. der Physiker Max Planck, der Chemiker Fritz Haber, der Schriftsteller Gerhart Hauptmann, die Maler Friedrich August von Kaulbach, Max Liebermann und Franz von Stuck sowie die Altertumswissenschaftler Theodor Wiegand und Ulrich von Wilamowitz-Moellendorff – einige spätere Nobelpreisträger und mehrere berühmte Persönlichkeiten jüdischen Glaubens.[5]

Folgende Aussagen standen im Zentrum des Manifests: Deutschland wurde gegen seinen Willen in den Krieg hineingezogen. Es habe keine Schuld an dem Konflikt und an den kriegerischen Auseinandersetzungen. Vorwürfe der Alliierten, dass in besetzten Gebieten wie Belgien das Völker-

---

5 WEGELER, *Altertumswissenschaft und Nationalsozialismus*, 48–55; UNGERN-STERNBERG/UNGERN-STERNBERG, *Aufruf „An die Kulturwelt"*, 77; 128 Anm. 99; 145 Abb. 4; UNGERN-STERNBERG, *Ende einer Freundschaft*, 218; Int. 2 (Stand Januar 2019), s. hierzu den Beitrag von GIANNA HEDDERICH in diesem Band.

recht missachtet werde, seien als Lügen- und Gräuelpropaganda anzusehen. Deutschland werde sich gegen diese Verleumdungen zur Wehr setzen. Das Manifest endet mit dem Satz: „Glaubt uns! Glaubt, daß wir diesen Kampf zu Ende kämpfen werden als ein Kulturvolk, dem das Vermächtnis eines Goethe, eines Beethoven, eines Kant ebenso heilig ist wie sein Herd und seine Scholle."[6]

Den gleichen Tenor hatte die kurz darauf folgende *Erklärung der Hochschullehrer des Deutschen Reiches*, an der sich sogar über 3.000 Gelehrte beteiligten.[7]

Die unnachgiebige Haltung der geistigen Elite Deutschlands führte u. a. dazu, dass Dörpfeld gemeinsam mit anderen wichtigen Vertretern im Februar 1915 aus der Pariser Akademie der Wissenschaften ausgeschlossen wurde.[8]

Den Kriegsverlauf und die folgenden Ereignisse muss Dörpfeld als Katastrophe erlebt haben: die Kapitulation Deutschlands im November 1918, die Abdankung und das Exil von Wilhelm II., der Versailler Vertrag mit seinen einschneidenden Abrüstungs- und Reparationsverpflichtungen und schließlich die Gründung der Weimarer Republik. In Dörpfelds Kreisen, insbesondere unter den Altertumswissenschaftlern, mit denen er verkehrte, herrschte eine konservative und demokratiefeindliche Haltung vor. Die große Mehrheit seiner Kollegen war deutschnational eingestellt und strebte folgende Ziele an: Wiederherstellung der deutschen Einheit, Wiedererwerb der deutschen Kolonien und Erneuerung des deutschen Kaisertums. Für Dörpfelds Haltung gegenüber dem Naziregime sollten, wie wir noch sehen werden, vor allem die Sehnsucht nach Ordnung[9] und klaren Verhältnissen,

---

6 UNGERN-STERNBERG/UNGERN-STERNBERG, *Aufruf „An die Kulturwelt"*, 160.
7 BRUENDEL, *Volksgemeinschaft*; Int. 3 und Int. 4 (Stand: Januar 2019). Dörpfeld gehörte hier nicht zu den Unterzeichnern.
8 BROCKE, *Wissenschaft und Militarismus*, 674; WEGELER, *Altertumswissenschaft und Nationalsozialismus*, 52; UNGERN-STERNBERG/UNGERN-STERNBERG, *Aufruf „An die Kulturwelt"*, 97.
9 ZWEIG, *Die Welt von Gestern*, 375; 419: „Die Inflation, die Arbeitslosigkeit, die politischen Krisen und nicht zum mindesten die Torheit des Auslands hatten das deutsche Volk aufgewühlt; ein ungeheures Verlangen nach Ordnung war in allen Kreisen des deutschen Volkes, dem Ordnung von je mehr galt als Freiheit und Recht. Und wer Ordnung versprach – selbst Goethe hat gesagt, daß Unordnung ihm unlieber wäre als selbst eine Ungerechtigkeit –, der hatte von Anbeginn Hunderttausende hinter sich. [...] ich hatte zuviel Geschichte gelernt und geschrieben, um nicht zu wissen, daß die große Masse immer sofort zu der Seite

der Wunsch nach einer starken Führung und einem Wiederaufschwung Deutschlands entscheidend sein.

Dörpfelds Wirkungskreis im Zeitraum 1933 bis 1940

Dörpfeld nutzte seine Pensionierung im Jahr 1912 dazu, Dinge zu realisieren, für die er vorher keine oder nur wenig Zeit gehabt hatte. Dazu gehörten die abschließende Bewertung und Publikation seiner bisherigen Forschungsergebnisse sowie die Initiierung schon länger geplanter, neuer Projekte. Über 35 Jahre lang hatte er als Leiter spektakulärer Ausgrabungen und als Direktor des Deutschen Archäologischen Instituts in Athen (DAI Athen) vorwiegend in Griechenland gelebt. In dieser Zeit hatte er der sogenannten deutschen Kolonie in Athen seinen persönlichen Stempel aufgedrückt.[10] Neben dem DAI Athen gehörten die deutsche Gesandtschaft, Deutsche Schule Athen (DSA), die Deutsche Evangelische Kirche in Athen (DEKA) und der Deutsche Club „Philadelphia" zu den wichtigsten deutschen Zentren in Griechenland.[11]

Seinen „Ruhestand" nutzte Dörpfeld zunächst dazu, wieder in Deutschland sesshaft zu werden,[12] blieb aber seiner zweiten Heimat Griechenland

---

hinübergerollt, wo die Schwerkraft der momentanen Macht ist."; Int. 5 und Int. 6 (Stand: Oktober 2020).
10 Hierzu KANKELEIT, *The DAI Athens*. Hinweise auf Dörpfelds Bedeutung für die deutsche Gemeinde in Athen finden sich u. a. in dem Gemeindeblatt der Evangelischen Kirche Athen *Glaube und Heimat* Jahrgang 1928: „Auf den 26. Dez. fällt ein anderer 75. Geburtstag, der von Professor Wilhelm Dörpfeld. Es ist, solange er noch unter den Lebenden weilt, noch nicht an der Zeit, ihm einen Nachruf zu widmen. Aber gedacht sei seiner in herzlicher Liebe und Verehrung. Was dieser ehrwürdige, schlichte Mann für die Wissenschaft, für das Deutschtum in Griechenland selbst bedeutet hat und noch heute bedeutet, und welche menschliche Reife und Würde in ihm verkörpert ist, ermessen wir alle. Wir senden ihm hinüber nach Leukas, wo er die Weihnachtstage in Zurückgezogenheit verbringt, unseren dankbaren Gruss."
11 Gemeindeblatt der Evangelischen Kirche Athen *Glaube und Heimat* Jahrgang 1934 mit einem Grußwort von Georg Karo: „Dass Kirche und Institut als zwei der Grundpfeiler des Deutschtums in Griechenland eng verbunden seien, ist eine gute, alte Überlieferung, die das älteste Mitglied unserer Gemeinde, Wilhelm Dörpfeld, begründet und stets gepflegt hat. Er hätte heute hier an meiner Statt sprechen sollen, wenn es ihm möglich gewesen wäre, und entbietet durch mich seinen herzlichen Glückwunsch."
12 S. hierzu den Beitrag von MATTHIAS STEINBACH in diesem Band.

weiterhin eng verbunden. Trotz mehrerer Schicksalsschläge – Tod seiner Frau Anne (1915)[13], seiner ersten Tochter Else (1917)[14], seines einzigen Enkelkindes (1922)[15] und seiner zweiten Tochter Agnes (1935)[16], zunehmender Verlust des Sehvermögens[17] – ließ er sich in seinem Schaffensdrang nicht bremsen. Biografische Aufzeichnungen, insbesondere seines Schülers und Freundes Peter Goessler[18], sowie das bereits erwähnte persönliche Tagebuch zeigen, dass er mindestens sechs Monate im Jahr in Griechenland verbrachte. In seinen Briefen werden häufig zwei Adressen[19] angegeben: sein Wohnsitz auf der ionischen Insel Levkada, die er für das homerische Ithaka hielt,[20] und das Haus seines Sohnes Fritz Dörpfeld in Berlin-Lichterfelde, Hortensienstraße 49[21].

Überhaupt entfaltete Dörpfeld in seinem letzten Lebensabschnitt eine außerordentliche Reiseaktivität. Für die 1930er-Jahre lassen sich drei zentrale Tätigkeitsfelder feststellen:

Ausgrabungen,
Publikationen,
Öffentlichkeitsarbeit.

Dies wird im Jahr 1933 besonders deutlich mit drei Ausgrabungskampagnen, mehreren Führungen und Vorträgen. Als Alt-Direktor nahm er in den 30er-Jahren an den Sitzungen der Zentraldirektion des DAI in Berlin

13 DÖRPFELD, *Daten*, 67.
14 DÖRPFELD, *Daten*, 68.
15 DÖRPFELD, *Daten*, 74.
16 DÖRPFELD, *Daten*, 103; Arch. 1: „In Düsseldorf habe ich an der Einäscherung meiner Tochter Frau Agnes von Boetticher teilnehmen können, die leider an einem Krebsleiden gestorben ist."
17 GOESSLER, *Ein Leben*, 216; im Oktober 1933 notierte Dörpfeld in seinem Tagebuch „kann nicht mehr lesen", s. DÖRPFELD, *Daten*, 16; 100.
18 GOESSLER, *Ein Leben*.
19 Arch. 2: „Adresse: im Sommer – Berlin-Lichterfelde, Hortensienstrasse 49 [Absatz] im Winter – Leukas, Griechenland."
20 Zu Wilhelm Dörpfelds Haus auf Levkada: Arch. 3; zu Dörpfelds Forschungen in Griechenland während der 1930er Jahre: Arch. 4.
21 Zu dem heute noch erhaltenen Einfamilienhaus von Fritz Dörpfeld in der Hortensienstraße 49, 12203 Berlin: Arch. 5; Arch. 6 Arch. 7 (freundlicher Hinweis von Raphael Hasselberg).

teil und dort auch politisch Einfluss, wie die ZD-Protokolle belegen.[22] Den Abschluss des Jahres 1933 markierten zwei einschneidende Ereignisse: Sein Augenleiden bewirkte fortan, dass er nicht mehr eigenständig lesen und schreiben konnte. Hinzu kam sein 80. Geburtstag am 26. Dezember 1933. Die Machtergreifung der Nationalsozialisten und die damit zusammenhängenden politischen Entwicklungen nehmen zumindest in seinem Tagebuch keinen Raum ein.

Auszüge aus Dörpfelds Tagebuch im Jahr 1933:[23]

17.01.	Abreise von Frau Rhein
12.02.	Meine goldene Hochzeit, allein in Leukas
17.02.	Georgios Kosmopoulos ab Leukas nach Athen
26.02.–21.03.	Fahrt nach Korfu und Ausgrabung von Paläokastritsa In Korfu mit F. Weege, von Kardoff und Papadimitriou
22.03.–08.04.	in Olympia, mit Weege und F. Forbat[24] nach Korfu
10.–15.04.	D[ampfer] „General von Steuben" des Norddeutschen Lloyd in Korfu, Olympia, Santorin, Athen, Istanbul.
17.04.–13.05.	Ausgrab. mit Amerikanern in Troja (mit Schleif)
14.–17.05.	Reise Troja-Istanbul nach Berlin.
23.06.–11.07.	In Halebüll mit Schwester Tine bei Paulsens
11.–12.07.	Hamburg, bei Fera, Dir. Ritter, Univers. Seminar
14.07.	Sitzung Z. D. des Archäologischen Instituts[25] 2 Vorträge Universität, Studenten
01.08.	Oberländer & Junius in Berlin.

22 S. u. Anm. 25; 73; KLEIN, *Stationen*, 287 mit Anm. 66; 67.
23 DÖRPFELD, *Daten*, 98–100 (Hinweis: Dort sind die Monatsnamen ausgeschrieben).
24 Fred Forbat (1897–1972) war ein ungarisch-deutscher Architekt jüdischer Abstammung. 1933 verbrachte er drei Monate in Athen und unterstützte Wilhelm Dörpfeld bei seiner Publikation zu *Alt-Olympia*.
25 Zum Protokoll der ZD-Sitzung im Juli 1933: Arch. 8.

05.–19.08.	Reise Ballenstadt, Halberstadt, Bielefeld (Hermann Franzen), Gotha (Wartburg), Olympia-Tagung, (Purgold-Siebold)
04.09.	Vortrag Amerika-Institut, Hegelhaus
14.09.	Reise Jena, Bäumenheim, München
20.09.	mit Paula Friedrich nach Triest, wo Kaufmanns
21.–25.09.	Fahrt an Dalmatinischer Küste entlang nach Korfu
28.09.–07.10.	Grabung in Paläokastritsa
07.–08.10.	Fahrt Korfu-Leukas mit D[ampfer] „Leukas"
8.–10.10.	Kaufmanns in Leukas (kann nicht mehr lesen)
26.12.	80jähriger Geburtstag in Leukas mit Base Paula Friedrich, Herrn und Frau Pallat und Frl. H. Bieler

Dörpfelds Kommentare über Hitler und das NS-Regime

In Briefen an Kollegen, Freunde und Verwandte finden sich Äußerungen, die darauf schließen lassen, dass Dörpfeld die Aktivitäten der Nationalsozialisten mit großem Wohlwollen betrachtete. 1933 spielte er sogar mit dem Gedanken, an der städteplanerischen Umgestaltung des Zentrums von Berlin aktiv mitzuwirken. An seinen „Cousin", den ehemaligen Regierungs- und Baurat Eduard Fürstenau, schrieb er einen langen Brief mit detaillierten Vorschlägen zur Optimierung der Straßenführung.[26] Dieser endet mit dem Satz:

> [...] jetzt haben sich die Zeiten geändert. Zu meiner grossen Freude ist Deutschland endlich erwacht und geht sicher unter Hitlers Führung einer besseren Zukunft entgegen. Wer die grossen Autostrassen durch Deutschland baut und endlich alle Deutschen geeinigt hat,

---

26 Der Schriftverkehr zwischen Wilhelm Dörpfeld und Eduard Fürstenau über den geplanten Umbau der Berliner Innenstadt (speziell zum Neubau der Reichsbank) soll an anderer Stelle präsentiert werden. Peter Lemburg und Benedikt Goebel danke ich für ihr Interesse und ihre freundliche Unterstützung.

der kann leicht ein solches Projekt im Herzen von Berlin mit Hülfe [sic] der Reichsbank durchführen.[27]

Folgende Zitate machen deutlich, dass sich an Dörpfelds positiver Einstellung gegenüber dem Nazi-Regime bis zu seinem Tod nichts ändern sollte.

Auszüge aus verschiedenen Briefen von Wilhelm Dörpfeld:[28]

07.05.1934   Was diese wahren Philhellenen [Ludwig Ross und Ernst Curtius] begonnen haben, suchte ich als Epigone fortzusetzen und bin glücklich und dankbar dafür, dass die neue Generation diese Bestrebungen in erhöhtem Masse fortsetzt und die enge Verbindung beider Völker [gemeint sind Deutschland und Griechenland] zu neuer Blüte bringt. Dazu hat die politische Revolution in Deutschland und das Erwachen des Deutschen Volkes unter Adolf Hitler in wunderbarer Weise beigetragen.[29]

29.03.1936   Leukas, 29. März 1936 (am Wahltag für Adolf Hitler)[30]

20.10.1936   Nach einem dreiwöchigen Aufenthalt in Athen, wo ich die verschiedenen Ausgrabungen besuchte, den Reichsminister Goebbels aber leider nicht sah, bin ich mit meiner Nichte nach Patras gefahren und fünf Tage in Olympia geblieben.[31]

07.02.1937   Der Führer hat Deutschland von Versailles befreit und unserem Vaterland eine neue Blüte gegeben.[32]

25.11.1937   Zum Jahrhundertfest sende ich als Mitglied seit 55 Jahren, als ehemaliger Vorstand und als ältestes Ehrenmitglied, herzliche Glückwunsche. Wir waren früher stets bestrebt, alle Deutschen in der Philadelphia zu vereinen. Es gelang

---

27 Arch. 9.
28 Ergänzt werden diese Beispiele durch weitere Dokumente, die KLAUS GOEBEL hier in seinem Beitrag präsentiert.
29 Arch. 10.
30 Arch. 11; Kopie im DAI Athen, Archiv, Nachlass Hermann.
31 Arch. 12.
32 Arch. 13; KLEIN, Stationen, 294f. Anm. 99.

Abb. 3: Dörpfelds Haus auf Levkada, seit 1933 mit der Hakenkreuzfahne.

	aber nur unvollkommen. Jetzt sind alle Deutschen durch unseren Führer zu einer Volksgemeinschaft geworden, die Grosses leistet im Dritten Reich und auch in Athen. Darum: Heil Hitler für das nächste Jahrhundert der Philadelphia! Wilhelm Dörpfeld[33]
04.01.1939	Wie Sie in der Zeitung gelesen haben werden, haben mir sogar der Führer und Reichsminister Rust ihre Glückwünsche ausgesprochen; auch von unserem früheren Kaiser erhielt ich einen gütigen Brief.[34]
05.01.1939	Ausser unserm Führer und mehreren Behörden haben mir so viele Verwandte und Freunde gratuliert – auch unser früherer Kaiser schickte mir seine gütigen Glückwünsche –, dass ich den meisten nur mit einem gedruckten Brief danken kann.[35]

33 Arch. 14.
34 Arch. 15.
35 Arch. 16 („Verehrter und lieber Herr Präsident!").

Wilhelm Dörpfeld in der Zeit des Nationalsozialismus

Abb. 4: Dörpfelds Haus auf Levkada, seit 1933 mit der Hakenkreuzfahne.

09.01.1939 [...] bei Ausgrabungen in Deutschland [wird er] als Architekt leicht eine Stelle finden, weil in Zukunft überall in unserem Vaterland Ausgrabungen ausgeführt werden.[36]

12.01.1939 Es freut mich, dass es Ihnen in Kopenhagen gut geht. Es ist ein Glück, dass Sie rechtzeitig Berlin verlassen haben; denn jetzt ist es für einen Juden nicht mehr erträglich, in Deutschland zu leben.[37]

16.03.1939 Wir feiern den Einzug der deutschen Truppen in Böhmen und Mähren durch Hissen unserer beiden Fahnen.[38]

12.04.1939 Ich nehme an, dass die Besetzung Albaniens durch Italien, über die sich die Franzosen und Engländer unnötig aufgeregt haben, für uns kein Reisehindernis bieten wird.[39]

02.09.1939 Mein Sohn ist natürlich Soldat.[40]

27.09.1939 Ich bin überzeugt, dass der Krieg im Westen nicht lange dauert, weil die Engländer einsehen werden, dass sie mit den Franzosen zusammen uns weder besiegen noch aushungern können. [...] Wenn England im Krieg von 1914 volle 4 Jahre brauchte, um uns durch Hunger und durch die Mitwirkung der USA zu bezwingen, wie kann es da jetzt glauben, uns besiegen zu können, wo wir Lebensmittel und Rohstoff aus dem Norden, Osten und Süden reichlich erhalten können, wo Italien und Russland unsere Bundesgenossen sind und wo USA neutral ist und auch wohl auch bleiben wird![41]

30.12.1939 Als der Krieg gegen Polen und dann auch gegen England und Frankreich ausbrach, verzichtete ich zuerst auf

---

36 Arch. 17. Dörpfeld spielt hier auf die Baumaßnahmen in ganz Deutschland an und greift bezüglich des Berufsbildes vom „Architekten und Ausgräber" vermutlich auf Informationen von Hans Schleif zurück.
37 Arch. 18.
38 Arch. 19; KLEIN, *Stationen*, 294f. Anm. 99. Das Hissen der Hakenkreuzfahne an seinem Wohnsitz in Levkada ist ebenfalls ein Zeichen dafür, wie sehr sich Dörpfeld mit dem Dritten Reich identifizierte. Zur Propaganda der Auslandsorganisation der NSDAP in Griechenland s. Arch. 20: „überall sind Parteiabzeichen und Hakenkreuzfahnen erlaubt".
39 Arch. 21.
40 Arch. 22; zu Fritz Dörpfeld s. u. Anm. 63. 65–68.
41 Arch. 23.

die Reise nach Griechenland und wollte in Deutschland bleiben. Als wir aber von der glänzenden Beendigung des Polenkrieges erfuhren, dass Griechenland und Italien einen Freundschaftsvertrag abgeschlossen und ihre mobilisierten Truppen von der Grenze Albaniens zurückgezogen hatten, entschlossen wir uns doch noch zur Reise nach dem neutralen Griechenland und sind im Oktober mit dem Orientexpress von Berlin über Prag, Pressburg, Budapest und Belgrad nach Athen gefahren und dort einige Wochen geblieben.[42]

02.01.1940 Auch Ihnen Beiden wünschen wir ein gutes Neues Jahr, das uns allen ein siegreiches Ende des Krieges bringen möge. Nach den gestrigen Aufrufen unseres Führers und seiner Mitarbeiter dürfen wir darauf hoffen![43]

Dörpfelds Reaktion auf kritische Stimmen aus dem In- und Ausland

Ob Dörpfeld den Kontakt zu Leuten pflegte, die das Nazi-Regime offen ablehnten, ist nicht bekannt. Jedenfalls erreichten ihn auch Schreiben von kritischen Stimmen. So schrieb ihm am 04.12.1938 der US-Amerikaner Arthur S. Cooley:

> I feel sure that you personally have no sympathy with this Unchristian outburst of madness and hate which has shocked and grieved the world, and I do not wish to believe that the German people with their fine qualities, which has given to the world so much that is fine in music and poetry and literature and scholarship, approves the attitude of their present rulers, but rather fears to let their true feelings be known.[44]

---

42 Arch. 24 („sehr verehrte gnädige Majestät").
43 Arch. 25 (Fotokopie; Original im Besitz der Familie Schäfer).
44 Arch. 26, deutsche Übersetzung: „Ich bin sicher, dass Sie persönlich kein Verständnis für diesen unchristlichen Ausbruch von Wahnsinn und Hass haben, der die Welt in Schock und Trauer versetzt hat, und ich möchte nicht glauben, dass das deutsche Volk mit seinen herausragenden Eigenschaften, welches der Welt so viel Wertvolles gegeben hat in Musik,

176 | Alexandra Kankeleit

Abb. 5–6: Karte an Harald Isenstein.

Die Beziehung der beiden Männer ist vermutlich auf ihre Begegnung in Griechenland und gemeinsame archäologische Interessen zurückzuführen.[45] Ein weiteres Bindeglied könnte ihr christlicher Glauben sein, den Cooley in seinen Briefen mehrfach anspricht. Cooleys Entsetzen über die Situation in Deutschland und sein fast verzweifelter Appell an Dörpfeld, sich von dem NS-Regime zu distanzieren, gingen anscheinend ins Leere. Eine Reaktion auf das Schreiben ist zumindest nicht überliefert. Üblicherweise fertigte Dörpfeld von all seinen Briefen eine Kopie an, die dann ordentlich verwahrt wurde.[46] In diesem Fall fehlt eine entsprechende Dokumentation – dies könnte ein Hinweis darauf sein, dass Cooleys emotionaler Brief niemals beantwortet worden ist. Nicht auszuschließen ist jedoch, dass irgendwo, vielleicht in einem Privatarchiv in den USA, Dörpfelds Stellungnahme aus dem Jahr 1938 noch ihrer Entdeckung harrt. Ein ausführlicher Brief mit seiner persönlichen Einschätzung des NS-Regimes wäre in der Tat eine wichtige Bereicherung für unsere Forschung.

Dörpfelds Kontakte zu jüdischen Bekannten und Kollegen: Harald Isenstein, Alfred Schiff, Georg Karo, Willy Schwabacher und Anton Raubitschek

Es ist überliefert, dass Dörpfeld den Kontakt zu mehreren deutsch-jüdischen Kollegen und Freunden auch nach 1933 pflegte. In den Archiven des DAI finden sich Zeugnisse seiner Korrespondenz mit dem Archäologen Alfred Schiff und dem Künstler Harald Isenstein.[47] 1935 empfing er die Nachwuchswissenschaftler Willy Schwabacher und Anton Raubitschek in

---

Dichtung, Literatur und Bildung, der Haltung ihrer jetzigen Führung zustimmt, sondern eher Angst hat, seine wahren Gefühle offen zu zeigen."
45 ARTHUR STODDARD COOLEY hatte 1899 einen Artikel über den Kult der Athena Polias auf der Akropolis veröffentlicht, s. Int. 7. s. auch Arch. 27. Cooley gehörte 1897–1899 zu den „Fellows and Students of the American School of Classical Studies at Athens": Int. 8 (Stand: Januar 2019; freundlicher Hinweis von Natalia Vogeikoff-Brogan).
46 Besonders fällt dies bei seinen „Rundbriefen" aus den 1930er Jahren auf, s. Arch. 28; zu diesem Thema s. den Beitrag von LARS PETERSEN in diesem Band.
47 Der kürzlich verstorbene Bauforscher Klaus Herrmann (1940–2015) hat im Rahmen seiner langjährigen Tätigkeit für das DAI Athen eine umfangreiche Sammlung von Informationen und Dokumenten zu Wilhelm Dörpfeld zusammengestellt. Sein Nachlass befindet sich im Archiv des DAI Athen. Bei einer ersten Durchsicht wurde ich auf Korrespondenz,

Abb. 7: Wilhelm Dörpfeld und Peter Goessler.

seinem Haus auf Levkada. Er schrieb an seinen Nachfolger im DAI Athen, Georg Karo, der ebenfalls jüdische Wurzeln hatte: „beide sind mir angenehme Gesellschafter, die für meine ungläubigen Lehren, wie sie in meinem Buche geschildert werden, nicht unempfänglich sind."[48] Im gleichen Jahr ließ er der (im NS-Jargon) ‚halbjüdischen' Frau von Karl Schefold, der Assistent am DAI Athen war, ausdrücklich die besten Wünsche und Grüße ausrichten.[49] Dörpfeld kann also kein Antisemitismus vorgeworfen werden, allerdings scheint er sich für seine jüdischen Freunde und Kollegen nicht

---

die den deutsch-jüdischen Bildhauer Harald Isenstein zum Gegenstand hatte, aufmerksam. Auszüge sollen hier erstmalig präsentiert werden.
48 Arch. 29.
49 Arch. 30. Hintergrundinformationen zur Eheschließung von Karl Schefold und Marianne von den Steinen bei: SCHEFOLD, *Die Dichtung*, 75; 77; SÜNDERHAUF, E. S., *Gerhart Rodenwaldts Wirken*, 306, Anm. 130; SAILER, *Monsignorina*, 211f.; LINDENLAUF, *Georg Heinrich Karo*, 259; 287; LINDENLAUF, *Der Archäologe und Politiker*, 65, Anm. 88; MAISCHBERGER, *Martin Schede*, 195, Anm. 177; KANKELEIT, *Briefe aus dem Exil*.

sonderlich eingesetzt zu haben.[50] Es ist auch nicht überliefert, ob ihn ihr Schicksal persönlich berührte.[51]
Bei dem Bildhauer Harald Isenstein sorgte er zumindest dafür, dass dessen Name auf der Dörpfeld-Büste in Olympia angebracht wurde:[52]

Leukas, den 11.1.35
Lieber Herr Isenstein
Ihnen und Ihrer verehrten Frau Gemahlin danke ich vielmals für Ihren freundlichen Glückwunsch und erwidere ihn bestens mit guten Wünschen zum neuen Jahre. Im April gedenke ich nach Olympia zu kommen und dafür zu sorgen, daß Ihr Name auf die Büste gesetzt wird. Werden Sie auch einmal hinkommen?
Ergebenst grüßt

Ihr Wilhelm Dörpfeld.[53]

Dörpfelds engste Vertraute: Peter Goessler, Hans Schleif und sein Sohn Fritz Dörpfeld

Zu Dörpfelds engerem Umfeld gehörten nicht die Opfer des Nazi-Regimes, sondern Personen, die sich im neuen Staat engagieren und profilieren wollten. Auf ihre zum Teil sehr wechselvollen Biografien kann hier im Detail nicht eingegangen werden.[54]

---

50 LEHMANN, „Sport der Hellenen", 202–2014; Arch. 31 und Arch. 32.
51 Hiobsbotschaften erreichten Dörpfeld von vielen Seiten: „[...] wie Sie vielleicht bereits gehört haben, [bin ich] nicht mehr Professor in Giessen [...], da mich die hessische Regierung in ihrem Schreiben, das ich am 30. Juni bekam, zum 1. Juli d. J. entlassen hat."; s. Arch. 33.
52 Zu Werk und Leben von Harald Isenstein: Int. 9 (Stand: Januar 2019).
53 Arch. 34, Int. 10 (Stand: Januar 2019); 1936 soll Joseph Goebbels bei seinem Besuch in Olympia die Namensplakette eigenhändig entfernt haben: Int. 11 (Stand: Januar 2019); s. auch Arch. 35. Kritik an der Büste übte 1940 der Präsident des DAI, Martin Schede, da sie „seinerzeit von dem nichtarischen Bildhauer Isenstein angefertigt wurde und auch nicht durchweg gelungen ist, indem sie einige wesensfremde Züge enthält"; s. Arch. 36; zur Büste: SCHWEITZER *Wilhelm Dörpfeld zum Gedächtnis*.
54 Weiterführende Informationen bei BRANDS/MAISCHBERGER, *Lebensbilder I* und BRANDS/MAISCHBERGER, *Lebensbilder II*.

Abb. 8: Wilhelm Dörpfeld mit Hans Schleif und dessen erster Frau Gisela.

Zu Dörpfelds engsten Vertrauten gehörte in den 1930er-Jahren der Prähistoriker und Denkmalpfleger Peter Goessler (1872–1956), der vermutlich nicht Parteimitglied war.[55] In den *Tübinger Blättern* von 1942, die von Goessler mit herausgegeben wurden, bedankte er sich jedoch überschwänglich beim Führer und zitierte mehrfach aus dessen Buch *Mein Kampf*.[56] Auf jeden Fall scheint er nicht unter dem NS-Regime gelitten zu haben, denn am 31.01.1940 schrieb er an Dörpfeld: „Aber ich bin so froh und dankbar, dass ich so viele Aufträge habe, und dass ich so für das Ganze unserer Kultur und unser Volk arbeiten kann"[57].

55 Im Bundesarchiv gibt es keinen Hinweis auf eine NSDAP-Mitgliedschaft. Aus einem Fragebogen des Reichsverbandes Deutscher Schriftsteller e. V. von Dezember 1933 geht hervor, dass er früher Mitglied der Nationalliberalen Partei (NLP), dann der Deutschen Demokratischen Partei (DDP) und der Deutschnationalen Volkspartei (DNVP) war: Arch. 37; zu Peter Goessler: Paret, *Peter Goeßler 70 Jahre alt*; Paret, *Peter Goeßler †*; Goebel, *Peter Goessler als Biograph*.
56 Goessler, *Zur Einführung*; Int. 12 (Stand: Januar 2019).
57 Arch. 38.

Abb. 9–10: Porträt und Briefpapier von Fritz Dörpfeld.

Zu Dörpfelds wichtigsten Bezugspersonen ist weiterhin der Bauforscher Hans Schleif (1902–1945) zu rechnen. In Archäologenkreisen wurde das Zweigespann scherzhaft als „Firma Dörpfeld & Sohn" bezeichnet.[58] Schleif bewunderte Dörpfeld und betrachtete ihn als seinen Lehrer und Mentor.[59] Dörpfeld wiederum profitierte von Schleifs Jugend und Talent und versuchte ihn mit allen ihm zur Verfügung stehenden Mitteln zu fördern. Dörpfeld ist es zu verdanken, dass Schleif seit 1937 gemeinsam mit Emil Kunze für die sogenannte Führergrabung in Olympia verantwortlich war.[60]

1938 wurde Schleif zum Reichsbeamten am DAI ernannt. Gleichzeitig dazu machte er eine rasante Karriere in der SS. Seit 1935 war er in Himmlers Organisation „Deutsches Ahnenerbe" eingebunden und gehörte zur Führungselite der SS. 1939 wurde Schleif in Polen für die Beschlagnahme von Kulturgütern sowie die SS-Grabung in Biskupin eingesetzt.[61] Parallel dazu koordinierte er weiterhin die Grabungen in Olympia. Ob er während der Besatzungszeit in Griechenland ebenfalls an verbrecherischen Aktionen beteiligt war, lässt sich nicht nachweisen.[62]

Seit 1943 nahm Schleif im SS-Wirtschafts- und Verwaltungshauptamt in Berlin eine führende Position ein. Er war dort in Amt C für Bauwesen unter SS-Gruppenführer Hans Kammler am Ausbau der unterirdischen

---

58 STÜRMER, *Karriere*, 431.
59 LEHMANN, S., *Hans Schleif (1902–1945)*, 208; KLEIN, *Stationen*, 285; 297.
60 STÜRMER, *Karriere*, 436; KLEIN, *Stationen*, 298; 301; Arch. 39: „Ich habe Wiegand und v. Gerkan empfohlen, H. Schleif zum Leiter der Grabungen in Olympia zu ernennen."; Arch. 40: „[...] so schiene er [Hans Schleif] mir zur Leitung der neuen Ausgrabungen in Olympia sehr geeignet. Dass Dr. Schleif in Deutschland mehrere Grabungen geleitet hat und Mitglied der SS ist, war dem Präsidenten bekannt. Ich füge noch hinzu, dass ich selbst bei meinem hohen Alter keinerlei Amt in Olympia übernehmen könne, meinem Mitarbeiter aber noch gerne bei seiner dortigen Tätigkeit Ratschläge würde erteilen können."; Arch. 40, Martin Schede an Wilhelm Dörpfeld, 23.04.1937: „Das Ministerium legt nun noch Wert darauf, von Ihnen zu hören, ob Sie Herrn Dr. Kunze für geeignet halten, neben Herrn Dr. Schleif unter der Oberleitung von Herrn Wrede an der Olympia-Grabung als Archäologe teilzunehmen."; Arch. 41: „Die Leitung [der Ausgrabungen in Olympia] liegt jetzt in den Händen meines Mitarbeiters Schleif und des Archäologen Kunze. Es gibt in Olympia jetzt wieder ein Deutsches Haus, das am Westfuss des Kronions bei unserem früheren Museum liegt. [...] Als architektonischen Mitarbeiter habe ich Herrn Schleif, der mir schon grosse Zeichnungen des Erechtheions nach dem ursprünglichen Entwurf gemacht hat."
61 STÜRMER, *Karriere*, 438; LEHMANN, *Hans Schleif (1902–1945)*, 211; KLEIN, *Stationen*, 325–332.
62 STÜRMER, *Karriere*, 441; LEHMANN, *Hans Schleif (1902–1945)*, 212–214; KLEIN, *Stationen*, 335–345 mit Anm. 274; s. Arch. 42; Zur Situation in Olympia 1943/44: Arch. 43.

Waffenproduktion und der Konstruktion von Konzentrationslagern beteiligt.[63]

Nach 1940 kümmerte er sich gemeinsam mit Peter Goessler und Fritz Dörpfeld um den Nachlass von Wilhelm Dörpfeld und führte das Erbe der 1930 in Berlin gegründeten Wilhelm-Dörpfeld-Stiftung fort.[64] Am 27. April 1945 tötete Hans Schleif seine zweite Ehefrau, seine beiden Zwillingssöhne und anschließend sich selbst.[65]

Fritz Dörpfeld (1892–1966), der einzige Sohn von Wilhelm Dörpfeld, musste in beiden Weltkriegen dienen. Aus der Korrespondenz und seinem Lebenslauf geht hervor, dass er zu seinem Vater ein sehr gutes und entspanntes Verhältnis hatte. Beruflich offensichtlich weniger ambitioniert, leitete er in Berlin einen Autohof.[66] Während des Zweiten Weltkrieges wurde er zunächst als Artillerieoffizier, dann als Oberstleutnant eingesetzt.[67] Auch in seinem Fall gibt es keinen Hinweis auf eine Mitgliedschaft in der NSDAP.

In der Nachkriegszeit beteiligte er sich an der posthumen Entnazifizierung von Hans Schleif. Dessen erste Ehefrau erhielt dadurch eine Witwenpension und wurde von der Bürde befreit, mit einem „Hauptschuldigen" verheiratet gewesen zu sein.[68]

Am 12.03.1955 schrieb Fritz Dörpfeld an Gisela Schleif:

Ihr Mann wurde ausgewählt und zum Beamten und zum Professor gemacht, weil er die wissenschaftlichen und persönlichen Qualitäten hatte und nicht etwa, weil er Partei-Mitglied war. Dies letztere war in Bezug auf die Beamtenstelle eine conditio sine qua non wie bei allen

---

63 LEHMANN, *Hans Schleif (1902–1945)*, 211–217; KLEIN, *Stationen*, 339–358.
64 WILHELM-DÖRPFELD-STIFTUNG BERLIN (Hg.), *Dörpfeld*; STÜRMER, *Karriere*, 441 mit Anm. 33; KLEIN, *Stationen*, 339; Zu Gründung und Zielsetzung der Wilhelm-Dörpfeld-Stiftung: Arch. 44. (freundlicher Hinweis von Raphael Hasselberg).
65 STÜRMER, *Karriere*, 441; LEHMANN, *Hans Schleif (1902–1945)*, 209; 220; KLEIN, *Stationen*, 358f.
66 Zum „Autohof am Botanischen Garten" von Fritz Dörpfeld: Arch. 45; Arch. 46: Briefkopf mit Foto des Betriebes.
67 Folgende Informationen verdanke ich der Deutschen Dienststelle (WASt) in Berlin: Fritz Dörpfeld gehörte der Luftwaffe an (Flakabteilung I/12; Flakregiment 43 und 138) und hatte zuletzt den Dienstgrad eines Oberstleutnants. 1943 wurde er in Saloniki eingesetzt. Von August 1944 bis Dezember 1949 befand er sich in Kriegsgefangenschaft in Rumänien und Russland. Am 13.12.1949 wurde er „im Lager Frankfurt/Oder-Gronenfelde aus östlichem Gewahrsam kommend entlassen".
68 KANKELEIT, *Copenhagen amüsiert sich*.

Beamtenstellen. Ich glaube mich sogar zu erinnern, daß er erst nachträglich P.G. wurde.[69]

Dörpfelds Nachfolger im DAI Athen

Mit seinen Nachfolgern im DAI Athen pflegte Dörpfeld einen respektvollen und kollegialen Umgang. Dazu gehörten die Klassischen Archäologen Georg Karo (1872–1963), Ernst Buschor (1886–1961) und Walther Wrede (1893–1990). Alle drei standen dem Nationalsozialismus positiv gegenüber, wobei Motivation, ideologischer Hintergrund und persönlicher Einsatz durchaus unterschiedlich waren.

Von allen vier Institutsdirektoren, Dörpfeld miteinbezogen, hatte Ernst Buschor am meisten Einfluss auf die inhaltliche Ausrichtung und die Personalpolitik der Klassischen Archäologie in Deutschland.[70] Als einziger verfügte er über eine große Zahl von Schülern und Bewunderern, die vor, während und nach dem Zweiten Weltkrieg wichtige Posten im Bereich der Klassischen Archäologie bekleideten und somit die Entwicklung des Faches maßgeblich beeinflussen konnten. Buschor sowie viele Archäologen aus seinem engeren Umfeld standen dem George-Kreis nahe – eine Welt, die Dörpfeld vermutlich vollkommen fremd war.[71] Dennoch scheinen sich beide Archäologen auf einer menschlichen Ebene verstanden zu haben, zumindest legt dies die Korrespondenz aus der Zwischenkriegszeit nahe.[72]

---

69 Arch. 47; s. auch STÜRMER, *Karriere*, 432f. Auf Schleifs Mitgliedschaft in der SS geht Fritz Dörpfeld allerdings nicht ein.
70 Buschor war von 1921 bis 1929 Leiter des DAI Athen. Seit 1929 hatte er die Professur für Klassische Archäologie in München inne. Zu seiner Haltung während der NS-Zeit s. HOFTER, *Ernst Buschor*. Auf weitere Aspekte zur Persönlichkeit von Ernst Buschor hat mich sein Enkel Michael Kraft aufmerksam gemacht, dem ich für seine Aufgeschlossenheit und Unterstützung herzlich danken möchte.
71 BORBEIN, *Wirkung Stefan Georges*; Hofter 2012, 129f.
72 Arch. 48: Bericht von Wilhelm Dörpfeld zu Aktivitäten in Griechenland, Erwähnung gemeinsamer Führungen mit Ernst Buschor in Athen; Arch. 49: Seine Nachfolger im DAI Athen sollten den Titel „Direktor" (statt „Sekretar") und ein höheres Gehalt erhalten; Arch. 50, Ernst Buschor an Wilhelm Dörpfeld: „Wir hatten ja manchmal Weihnachten zusammen gefeiert und Ihnen am Morgen des zweiten Festtages persönlich Glück wünschen können, diesmal aus der Ferne, und ich verbinde damit herzlichen Dank für die stetige Hilfsbereitschaft, mit der Sie während meiner Amtszeit dort unten den Unerfahrenen unterstützten

Unter der Leitung von Georg Karo (1912–1919 und 1930–1936) durchlebte das DAI Athen zwei kritische Phasen: den Ausbruch des Ersten Weltkrieges und die Machtergreifung der Nationalsozialisten.[73] Von allen Direktoren standen sich Dörpfeld und Karo sowohl privat als auch politisch am nächsten.[74] Karo war ebenfalls Monarchist und deutsch-national eingestellt. Noch vehementer als Dörpfeld empörte er sich über den Standpunkt der Entente, dass Deutschland allein für den Ausbruch und den schrecklichen Verlauf des Ersten Weltkrieges verantwortlich gewesen sei. Auch kritisierte er aufs Schärfste die in den Verträgen von Versailles verordneten Strafmaßnahmen gegen Deutschland.[75] Mehrere Jahre lehnte Karo jeglichen Kontakt zu französischen Kollegen in Griechenland ab,[76] aber auch das Verhältnis zu britischen und amerikanischen Archäologen war nicht unbelastet.[77] Sein engagierter Patriotismus und seine Beziehungen bis in höchste Regierungskreise[78] schützten Karo nicht vor dem zunehmenden Antisemitismus in Deutschland. 1936 musste er vorzeitig von seinem Direktorenposten zu-

---

und ergänzten." Michael Kraft besitzt ein Foto seines Onkels Peter Buschor, das ihn 1929 mit Dörpfeld bei einem Ausflug auf Aegina zeigt.
73 LINDENLAUF, *Georg Heinrich Karo*, 267–271; 280–283; LINDENLAUF, *Der Archäologe und Politiker*, 55–57; 59.
74 KARO, *Fünfzig Jahre*, 73–90; LINDENLAUF, *Georg Heinrich Karo*, 283 Anm. 147; Georg Karos Sympathie und Wertschätzung für Wilhelm Dörpfeld geht aus mehreren Schreiben hervor; z. B. Arch. 51: „Festsitzung anlässlich der fünfzigsten Wiederkehr des Amtsantritts von Herrn Dörpfeld" mit über 200 Personen im Bibliothekssaal des DAI Athen und anschließender „festlicher Empfang" in Karos Wohnung. Zur Feier, die anlässlich der „50-jährigen Zugehörigkeit Herrn Dörpfelds zum Institut" durchgeführt wurde, s. auch Arch. 52; LINDENLAUF, *Georg Heinrich Karo*, 283 Anm. 147.
75 Zu Karos propagandistischer Tätigkeit in Griechenland: MARCHAND, *Down from Olympos*, 246–248; UNGERN-STERNBERG, *Ende einer Freundschaft*, 231–233 mit Anm. 128, 236–242.
76 LINDENLAUF, *Georg Heinrich Karo*, 279; LINDENLAUF, *Der Archäologe und Politiker*, 57 Anm. 18; UNGERN-STERNBERG, *Ende einer Freundschaft*, 221.
77 DAVIS, *That Special Atmosphere*; LINDENLAUF, *Georg Heinrich Karo*, 266 mit Anm. 36; UNGERN-STERNBERG, J. VON, *Ende einer Freundschaft*, 236–238; Artikel und Kommentare von Jack L. Davis im Blog von Natalia Vogeikoff-Brogan „From the Archivist's Notebook. Essays Inspired by Archival Research in Athens Greece": Int. 13 (Stand: Januar 2019).
78 Bis 1939 wartete Georg Karo vergeblich auf die Verleihung des ihm von Hermann Göring in Aussicht gestellten Reichsbürgerrechtes; s. LINDENLAUF, *Georg Heinrich Karo*, 261; 292f.; 300; 304f. mit Anm. 271; LINDENLAUF, *Der Archäologe und Politiker*, 62; UNGERN-STERNBERG, J. VON, *Ende einer Freundschaft*, 240.

rücktreten, woraufhin er nach Deutschland zurückkehrte.[79] Quasi in allerletzter Minute, kurz vor Ausbruch des Zweiten Weltkrieges, emigrierte er 1939 in die USA.[80] Trotz seines Flüchtlingsstatus legte das FBI eine Akte über ihn an und verdächtigte ihn der Spionage in Griechenland. Er wurde als „Schläfer" eingestuft und konnte in den USA nie richtig heimisch werden.[81] Nach dem Krieg ließ er sich in Freiburg nieder und wurde dort zum Honorarprofessor ernannt.[82]

Sein Nachfolger am DAI Athen wurde Walther Wrede (1937–1944). Dieser war überzeugter Nationalsozialist, der seine Gesinnung demonstrativ zur Schau stellte. Seine Tagebücher, die 1941 und 1942 in Auszügen veröffentlicht wurden, bringen ganz unverhohlen seine Begeisterung über die Besetzung Griechenlands zum Ausdruck.[83] Seit 1934 war Wrede Mitglied der NSDAP und engagierte sich in der neu gegründeten Landesgruppe Griechenland. 1935 stieg er zum Landesgruppenleiter auf und bekleidete somit die höchste Parteifunktion der NSDAP in Griechenland. Aus den Jahren 1937 bis 1939 gibt es zahlreiche Fotos, die Wrede gemeinsam mit Dörpfeld bei offiziellen Feiern und Führungen prominenter Persönlichkeiten zeigen.[84] Über ihr persönliches Verhältnis ist bislang wenig bekannt, allerdings gab es häufige Treffen bei öffentlichen und privaten Anlässen.[85]

Nach dem Krieg war Wrede als Mitarbeiter des DAI nicht mehr tragbar. Er wurde vorzeitig pensioniert und betätigte sich fortan ehrenamtlich als Mitarbeiter in der Bodendenkmalpflege von Süddeutschland.[86]

---

79 Die bisher gesichteten Dokumente geben keine Auskunft darüber, wie Dörpfeld dieses Ereignis aufnahm. Obwohl er mit Karo befreundet war, scheint es ihn nicht sonderlich tangiert zu haben.
80 LINDENLAUF, *Georg Heinrich Karo*, 311–324; LINDENLAUF, *Der Archäologe und Politiker*, 69–73; Auch in dieser Zeit brach der Kontakt zwischen Dörpfeld und Karo nicht ab: Arch. 53: „Bestens danke ich Ihnen für Ihren Brief vom 19.9., den ich vorgestern zugleich mit einem Brief unseres gemeinsamen Freundes Prof. Karo aus Cincinnati erhielt."
81 LINDENLAUF, Georg Heinrich Karo, 262; LINDENLAUF, Der Archäologe und Politiker, 70–73.
82 LINDENLAUF, *Georg Heinrich Karo*, 330; LINDENLAUF, *Der Archäologe und Politiker*, 74f. zur Verleihung des Bundesverdienstkreuzes im Jahr 1952.
83 ΠΕΤΡΑΚΟΣ, Τα αρχαια της Ελλάδος κατά τον πόλεμο, 106; KRUMME, *Walther Wrede*, 172 Anm. 110; Arch. 54 (freundlicher Hinweis von Angelika Betz); Int. 14 (Stand: Januar 2019).
84 S. u. Anm. 92; 93; Abb. 14–15; Arch. 55; Arch. 56.
85 DÖRPFELD, *Daten*, 112; 119.
86 KRUMME, *Walther Wrede*, 176. Bis zu seinem Lebensende blieb er allerdings ordentliches Mitglied (OM) des DAI.

Dörpfelds Auftritte in der Öffentlichkeit, 1933 bis 1939

Dörpfelds letztes Lebensjahrzehnt war durch repräsentative Auftritte – Ansprachen, Vorträge und Führungen – sowie einen intensiven Schriftverkehr mit Fachkollegen und Bewunderern ausgefüllt. Er wurde sowohl in Deutschland als auch in Griechenland mehrfach geehrt und als Gastredner zu Veranstaltungen eingeladen, bei denen die lange Tradition der deutsch-griechischen Beziehungen eine zentrale Rolle spielte. Sein vielseitiges und umfangreiches Oeuvre, sein weitgefächertes Netzwerk in den führenden Gesellschaftsschichten in Deutschland und in Griechenland, nicht zuletzt der auch von ihm gepflegte Nimbus des Genies („Geniekult") trugen dazu bei, dass er von vielen Seiten hofiert wurde. Allein durch die Anwesenheit des „Doyen" wurde eine Festlichkeit aufgewertet, erhielt Gewicht und Würde, die sie zu einem historischen Ereignis werden ließ.

Über Dörpfelds Motivation für die sicher sehr anstrengenden und fordernden öffentlichen Auftritte kann nur spekuliert werden. Vaterlandsliebe und Pflichtgefühl gegenüber Kollegen, Freunden und Angehörigen könnten ausschlaggebend gewesen sein. Sein ausgeprägtes Arbeitsethos, die radikale Ablehnung von Leerlauf und Müßiggang, liegen vermutlich in seinem protestantischen Glauben begründet. Auf der anderen Seite könnte die Pflege der sozialen Kontakte dazu beigetragen haben, dass sich Dörpfeld weiterhin als ein wichtiges Glied der deutsch-griechischen Gesellschaft empfand. Sein uneingeschränktes Selbstbewusstsein, nicht frei von Eitelkeit, blieb ihm jedenfalls bis ans Lebensende erhalten.

Ob bewusst oder unbewusst, Dörpfeld spielte während der NS-Zeit eine wichtige Rolle für die deutsche Propaganda in Griechenland, wie die folgenden Beispiele zeigen werden.

Bei der chronologischen Einordnung von Dörpfelds repräsentativen Auftritten sind sowohl die Medien[87] als auch sein Tagebuch eine hilfreiche Unterstützung. Die hier aufgeführten Ereignisse sind relativ gut dokumentiert.[88]

---

87 Beispielsweise Artikel in dem offiziellen Sprachrohr der sog. deutschen Kolonie in Griechenland: „Neue Athener Zeitung" (NAZ); Arch. 57.
88 In Dörpfelds Tagebuch werden einige Ereignisse erwähnt, zu denen eine ausführliche Dokumentation bislang fehlt. Dazu gehört seine Teilnahme an den Olympischen Sommerspielen 1936: GOESSLER, *Ein Leben*, 228; DÖRPFELD, *Daten*, 110; Arch. 58 („Hochver-

22.03.1934: Einweihung der Marmorbüste von Wilhelm Dörpfeld in Olympia [89]

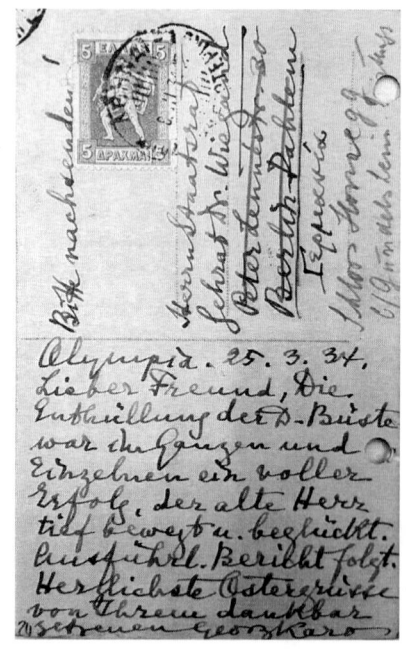

Abb. 11–12: Postkarte von Georg Karo zur Dörpfeld-Büste in Olympia.

Über das Ereignis berichtet Dörpfelds Nachfolger im DAI Athen und langjähriger Freund Georg Karo an den Präsidenten des DAI, Theodor Wiegand:

ehrte Excellenz"): „Ganz besonders begrüsse ich Ihren Gedanken, Dörpfeld am Lautsprecher bei den olympischen Spielen einen Vortrag halten zu lassen. Nach seiner jetzigen Frische darf man zuversichtlich hoffen, dass er dazu auch im nächsten Sommer gern bereit sein wird.";
Arch. 59. In den Tagebüchern von Carl Diem wird Dörpfelds Anwesenheit an den Olympischen Spielen nicht erwähnt: Arch. 60 (freundlicher Hinweis von Ralf Sühl). Ein weiteres wichtiges Ereignis war die 100-Jahrfeier der Griechischen Archäologischen Gesellschaft am 23.10.1938: DÖRPFELD, Daten, 118; LINDENLAUF, Georg Heinrich Karo, 302 Anm. 255.
89 Hierzu GOESSLER, Ein Leben, 217; DÖRPFELD, Daten, 100. Die Marmorbüste war vor der Machtergreifung bei dem Bildhauer Harald Isenstein in Auftrag gegeben worden; hierzu: Arch. 61; Arch. 62; Arch. 63; Arch. 64.

Olympia. 25.3.34
Lieber Freund, Die Enthüllung der D.-Büste war im Ganzen und Einzelnen ein voller Erfolg, der alte Herr tief bewegt u. beglückt. Ausführl. Bericht folgt. Herzlichste Ostergrüsse von Ihrem dankbar getreuen Georg Karo.[90]

18.08.1936: Enthüllung der Gedenktafel an Dörpfelds Geburtshaus in Wuppertal-Barmen[91]

Abb. 13: Wilhelm Dörpfeld vor seinem Geburtshaus in Barmen.

90 Arch. 65.
91 Hierzu GOESSLER, *Ein Leben*, 228; DÖRPFELD, *Daten*, 110.

06.04.1937: Empfang und Führung von Reichserziehungsminister Rust auf der Akropolis[92]

Reichsminister Rust besichtigt unter Führung von Prof. Dörpfeld die Akropolis. Von rechts nach links: Prof. Dörpfeld, Dr. Wrede, Prof. Kyparisis, Reichsminister Rust, Prof. Oikonomos. Foto: Hammer

Abb. 14: Wilhelm Dörpfeld mit Politikern und Archäologen auf der Akropolis.

---

92 Hierzu GOESSLER, *Ein Leben*, 230; DÖRPFELD, *Daten*, 112.

10.04.1937: Eröffnung der „Führergrabung" in Olympia[93]

Am Ort der Ausgrabungen in Olympia. Im Vordergrund Prof. Dörpfeld, der Kopf und der 90 jährige Angelis Kosmopoulos, die Hand der ersten Ausgrabungen.

Abb. 15: Wilhelm Dörpfeld mit Politikern und Archäologen in Olympia.

---

93 Zur Eröffnungsfeier: ZIEBARTH, *Ausgrabungen in Olympia*; RODENWALDT, *Deutschlands Weg nach Olympia*, 112; GOESSLER, *Ein Leben*, 231 Abb. 15; HILLER VON GAERTRINGEN, *Sparta und Olympia*, 22; DÖRPFELD, *Daten*, 112f.; KRUMME, *Walther Wrede*, 167–169; zu Dörpfelds Initiativen seit 1934, die Ausgrabung anlässlich der Olympischen Spiele wieder aufzunehmen: KLEIN, *Stationen*, 287 mit Anm. 66.

14.04.1937: 40-Jahrfeier in der Deutschen Schule Athen[94]

Links:
Der Festakt in der Turnhalle der Deutschen Schule. — Reichsminister Rust während seiner Ansprache. — In der vorderen Reihe von rechts nach links: Ihre Königl. Hoheit, Prinzessin Katherina, S. Königl. Hoheit Kronprinz Paul, Ihre Königl Hoheit Prinzessin Irene, Kultusminister Georgakopoulos, Frau Reichsminister Rust, Prof. Dörpfeld, der Direktor der Deutschen Schule, Prof. Alfred Rahn. Foto: Hammer

Abb. 16: Wilhelm Dörpfeld mit Angehörigen des griechischen Königshauses in der Deutschen Schule Athen.

26.12.1938: 85. Geburtstag von Wilhelm Dörpfeld[95]
Anlässlich seines Geburtstages erhielt Wilhelm Dörpfeld Briefe und Telegramme aus aller Welt.[96] Auszugweise sei hier ein Satz aus dem Schreiben von Otto Walter zitiert:

[...] als Stammesheros eines Zweiges der Archäologie verehren wir Sie. Viel von dem, was Sie lange Zeit vorher intuitiv vorausgeahnt haben, hat sich bestätigt, bei manchem haben Sie gerne umgelernt, in anderen Fällen verfechten Sie Ihre Ansicht, von deren Richtigkeit Sie tief überzeugt sind, mutig weiter – Heroen sind streitbar und brauchen Kampf![97]

94 Hierzu GOESSLER, *Ein Leben*, 231; DÖRPFELD, *Daten*, 113; Arch. 66; Gemeindeblatt der Evangelischen Kirche Athen *Glaube und Heimat* Jahrgang 1937: „Der Reichsminister nahm auch an der 40-Jahr-Feier der Deutschen Schule teil, die am 14. stattfand. Von den Gründern der Schule waren zwei persönlich anwesend: Herr E. von Hirst und Herr Professor Dr. Dörpfeld, während der dritte noch lebende, Herr Dr. Barth, nicht zugegen sein konnte."
95 Hierzu GOESSLER, *Ein Leben*, 235f.; DÖRPFELD, *Daten*, 119.
96 Zu einem Glückwunschtelegramm von Adolf Hitler: Arch. 67.
97 Arch. 68.

Abb. 17: Wilhelm Dörpfeld sitzend vor seinem Obelisken in Levkada.[98]

98 GOESSLER, *Ein Leben*, 223; DÖRPFELD, *Daten*, 107f.; Arch. 69 („Lieber Freund!"): „In diesen Tagen wird ferner der 5 m hohe Obelisk auf der Felsspitze zwischen unserm Haus und

Der Klassische Archäologe und Jurist Otto Walter war seit 1908 Leiter des Österreichischen Archäologischen Instituts in Athen.[99] Der ‚Anschluss' Österreichs im März 1938 führte auch zu Veränderungen an seinem Institut. Am 1. April 1939 wurde das ÖAI aufgelöst und Otto Walter als Zweiter Direktor in die Struktur des DAI eingebunden. Sein Schreiben an Dörpfeld vom Dezember 1938 liefert keinen Hinweis auf politische Differenzen oder sonstige Spannungen zwischen den beiden Forschern. Vielmehr ist es Ausdruck tiefer Sympathie und wahrer Bewunderung für den greisen Bauforscher.

21.–26. August 1939: Internationaler Archäologenkongress Berlin[100]

Abb. 18: Wilhelm Dörpfeld im Festsaal der Friedrich-Wilhelms-Universität Berlin (rechts in der ersten Reihe).

der Kapelle errichtet und ist vorzüglich von allen Seiten sichtbar." Zur Inschrift: Arch. 70; Kopie im DAI Athen, Archiv, Nachlass Hermann.
99   WLACH, *Otto Walter*.
100   Hierzu GOESSLER, *Ein Leben*, 239f.; DÖRPFELD, *Daten*, 122; Arch. 71; weiterführende Informationen zum Kongress 1939: VIGENER, *„Wichtiger Kulturpolitischer Faktor"*,

Dörpfelds Beerdigung

Die Liste der wichtigen Ereignisse endet mit Dörpfelds Tod am 20. April 1940 und der Trauerfeier, die wenige Tage später an seinem Grab in Levkada stattfand.[101] Dörpfeld hatte in der evangelischen Gemeinde von Athen schon immer eine wichtige Rolle eingenommen. Im fortgeschrittenen Alter intensivierte er seinen Kontakt zu dem amtierenden Pfarrer Ernst Schäfer (1902–1996).[102] Dieser war zugleich Theologe und Christlicher Archäologe, wies eine profunde Bildung auf und verstand sich mit Dörpfeld auch menschlich sehr gut. Seit 1936 war Schäfer in Athen ansässig. Aus seinen Memoiren geht hervor, dass er den berühmten Archäologen häufiger traf und einen durchaus vertrauten Umgang mit ihm pflegte.[103] Nicht ohne Ironie schildert er auch Dörpfelds Eigenheiten, seine ausgeprägte Rechthaberei gepaart mit einem gewissen Altersstarrsinn:

> Wilhelm Dörpfeld hatte sich damals schon längst auf sein ‚Ithaka' (Leukas) zurückgezogen. So oft er nach Athen kam, besuchte er den Gottesdienst der Christuskirche, an deren Bau er als treues Mitglied der Gemeinde regen Anteil genommen hatte. Nicht selten führte er eine Gruppe von Auserwählten, zu denen auch zahlreiche Glieder der Gemeinde zählten, auf der Akropolis. Wer je daran teilgenommen hat, dem bleibt unvergessen, wie der schon fast Erblindete mit dem Stock auf die Steine am Boden zeigend die Topographie der ältesten Bauten auf dem Burgberg erläuterte und seinen Zuhörern lebendig machte. [...] Bei einem Essen, das der Gemeinderat zu seinen Ehren gab, hatte ich in meiner Ansprache auf seine hohen Verdienste um die archäologische Forschung hingewiesen und war eben dabei,

---

86–92; Kankeleit, Το Γερμανικό Αρχαιολογικό Ινστιτούτο σε κατάσταση έκτακτης ανάγκης.
101 Hierzu Goessler, *Ein Leben*, 244–247.
102 Hintergrundinformationen zu Ernst Bruno Dawasahajam Schäfer (1902–1996) finden sich in Arch. 72. Schäfer hatte in Göttingen und Leipzig Christliche Archäologie und Theologie studiert. 1931/32 hielt er sich als Reisestipendiat des Archäologischen Instituts des Deutschen Reiches in Rom auf. Der private Nachlass wird von seinem Sohn, dem Klassischen Archäologen Thomas Schäfer, verwahrt.
103 Evangelische Kirche deutscher Sprache in Griechenland (Hg.), *Festschrift zum 150. Jubiläum*, 11–14 (freundlicher Hinweis von Julia Hiller von Gaertringen und Helene Dorfner).

die Anwesenden zu bitten, sich von ihren Plätzen zu erheben und mit dem hohen Gast auf sein Wohl anzustoßen. Doch so weit kam es nicht. Dörpfeld nahm das Wort, um in längerer Rede mit denen hart ins Gericht zu gehen, die seinen Thesen widersprachen. Still setzten wir uns wieder, das Glas aufs eigene Wohl leerend.[104]

Sehr eindringlich beschreibt Schäfer die Todesumstände von Wilhelm Dörpfeld:

Eine Woche vor seinem Tod im Frühjahr 1940, als der Krieg schon im Gange war, wünschte Dörpfeld das Heilige Abendmahl zu nehmen. Ich reiste mit unserer Diakonisse nach Leukas, obgleich die Seereise für uns nicht ungefährlich war, da das Meer von englischen Kriegsschiffen kontrolliert wurde. Da der Tod auf sich warten ließ, blieben wir fast eine Woche am Sterbebett, während sich das Haus bis in die Nacht mit den Bewohnern der Insel füllte, die von ihrem alten Freund Abschied nahmen.
Schließlich kehrte ich unbehelligt wie auf der Hinreise nach Athen zurück, um dort zu erfahren, daß Dörpfeld vor wenigen Stunden gestorben war. Am kommenden Tag brach ich wieder nach Leukas auf, ausgestattet mit mehreren Kränzen offizieller deutscher Stellen, die mit Hakenkreuzen auf den Schleifen versehen und auf dem Deck des Schiffes ausgebreitet waren.
Kaum waren wir aufs offene Meer gelangt, wurden wir von einem englischen Kanonenboot gestoppt. Der Kapitän kam an Bord, betrachtete die Kränze, ließ mich rufen und fragte nach dem Ziel meiner Reise. Als ich den Namen des Verstorbenen nannte, der ihm bekannt zu sein schien, salutierte er mit dem Blick auf die Kränze und gab freie Fahrt. Die sterblichen Reste Dörpfelds waren dem Gesetz entsprechend vom griechischen Ortsgeistlichen bereits eingesegnet und der Erde übergeben worden, wo der Verstorbene es selbst gewünscht hatte.

---

104 EVANGELISCHE KIRCHE DEUTSCHER SPRACHE IN GRIECHENLAND (Hg.), *Festschrift zum 150. Jubiläum*, 12; zu Dörpfelds Konflikten mit seinen wissenschaftlichen Gegnern: Arch. 73.

Abb. 19: Trauerfeier für Wilhelm Dörpfeld.

Nur Dörpfelds Schwester und Nichte sowie ein paar griechische Bauern waren anwesend, als ich meinen Nachruf an seinem Grab hielt. In mein Gästebuch hat Dörpfeld sich mit den kurzen, für ihn bezeichnenden Worten eingetragen: ‚Zur Erinnerung an den alten Homer'.[105]

Martin Schede, Präsident des DAI von 1937 bis 1944,[106] lieferte nur wenige Jahre vor Dörpfelds Tod eine treffende Beschreibung seines Charakters:

> Seine Volkstümlichkeit beruht auf seinem volksnahen Wesen. Er kennt alle, mit denen er jemals zu tun gehabt hat, weiß von ihren Sorgen und Lebensumständen und vermag darauf einzugehen. Darin verläßt ihn nie sein erstaunliches Gedächtnis, obwohl man glauben sollte, es sei durch seine wissenschaftliche Arbeit voll in Anspruch genommen. Diese Arbeit erfüllt sein ganzes Wesen, *er lebt allein im Kampfe für seine Idee*. Dieses Kämpferische an ihm ist vielleicht sein schönster Zug. [...] Unsere Wissenschaft kann sich glücklich schätzen, daß Dörpfeld noch tätig unter uns weilt; mag auch vielen sein Widerspruch unbequem sein, so empfinden wir doch als unschätzbar das Leben, das sein unermüdlicher Geist in die archäologische Forschung hineinbringt.[107]

---

105 EVANGELISCHE KIRCHE (wie Anm. 104), 12. Arch. 74; ergänzende Informationen finden sich in Arch. 75: „Für Vater ist der schnelle Tod eine Erlösung gewesen, für ihn mit seinem immer aktiven und regen Geist wäre ein Siechtum unausdenkbar gewesen. Und wie schön ist für ihn der Platz auf seiner Odysseus-Insel!"
106 Zu Martin Schede s. MAISCHBERGER, *Martin Schede*.
107 Arch. 76.

Abb. 20: Wilhelm Dörpfeld mit seinem griechischen Gefährten Angelis Kosmopoulos.

Literaturverzeichnis

ABELEIN, M., *Die Kulturpolitik des Deutschen Reiches und der Bundesrepublik Deutschland. Ihre verfassungsgeschichtliche Entwicklung und ihre verfassungsrechtlichen Probleme*, Leverkusen 1968.
ARNOLD, H., *Auswärtige Kulturpolitik: ein Überblick aus deutscher Sicht*, München 1980.
BAEDEKER, K., *Griechenland: Handbuch für Reisende. Athen und Attika*, Leipzig 1910.
BARTH, W., *Geschichte der deutschen Gesellschaft Philadelphia in Athen*, Athen 1936.
BARTH, W., *Geschichte der Deutschen Schule in Athen bis zum Ende des Weltkrieges*, Athen 1937.
BARTH, W./AUERNHEIMER, G., *Geschichte der Deutschen Gesellschaft Philadelphia in Athen*, Athen 2001.
ΜΠΙΡΗΣ, Κ./JOHANNES, H., *Αι Αθήναι του Κλασσικισμού*, Αθήνα 1939.
ΜΠΙΡΗΣ, Κ., *Αι Αθήναι. Από του 19ου εις τον 20ον αιώνα*, Αθήνα 1966.
ΜΠΙΡΗΣ, Μ., *Μισός αιώνας αθηναϊκής αρχιτεκτονικής: 1875–1925*, Αθήνα 1987.
ΜΠΙΡΗΣ, Μ./ΚΑΡΔΑΜΙΤΣΗ-ΑΔΑΜΗ, Μ., *Νεοκλασική αρχιτεκτονική στην Ελλάδα*, Αθήνα 2004.
BORBEIN, A., *Zur Wirkung Stefan Georges in der Klassischen Archäologie*, in: B. Böschenstein/J. Egyptien/B. Schefold/W. Vlitzhum (Hg.), Wissenschaftler im George-Kreis. Die Welt des Dichters und der Beruf der Wissenschaft, Berlin 2005, 239–257.
BRANDS, G./MAISCHBERGER, M. (Hg.), *Lebensbilder. Klassische Archäologen und der Nationalsozialismus I*, Rahden 2012.
BRANDS, G./MAISCHBERGER, M. (Hg.), *Lebensbilder. Klassische Archäologen und der Nationalsozialismus II*, Rahden 2016.
BROCKE, B. VOM, *Wissenschaft und Militarismus. Der Aufruf der 93 „An die Kulturwelt!" und der Zusammenbruch der internationalen Gelehrtenrepublik im Ersten Weltkrieg*, in: W. M. Calder III/H. Flashar/Th. Lindken (Hg.), Wilamowitz nach 50 Jahren, Darmstadt 1985, 549–719.
BRUENDEL, S., *Volksgemeinschaft oder Volksstaat. Die „Ideen von 1914" und die Neuordnung Deutschlands im Ersten Weltkrieg*, Berlin 2003.
CARLYLE, T., *On Heroes and Hero-Worship*, New York 2010.

COOLEY, A., *Athena Polias on the Acropolis of Athens*, in: American Journal of Archaeology 3 (1899), 345–408.
DAVIS, J., *„That Special Atmosphere Outside of National Boundaries". Three Jewish Directors and the American School of Classical Studies at Athens*, in: Annuario della Scuola Archeologica Italiana di Atene 87, ser. III 9 (2009), 133–145.
DEUTSCHE SCHULE ATHEN (Hg.), *100 Jahre Deutsche Schule Athen – 100 Χρόνια Γερμανική Σχολή Αθηνών*, Athen 1996.
DÖRPFELD, W., *Danksagung von Wilhelm Dörpfeld und Mitteilung einiger Ehrungen und Glückwünsche zu seinem 80. Geburtstag am 26. Dezember 1933*, Leukas 1934.
ESCH, A., *Die Gründung deutscher Institute in Italien 1870–1914. Ansätze zur Institutionalisierung geisteswissenschaftlicher Forschung im Ausland*, in: Jahrbuch der Akademie der Wissenschaften in Göttingen 1997 (1998), 159–188.
EVANGELISCHE KIRCHE DEUTSCHER SPRACHE IN GRIECHENLAND (Hg.), *1837–1987. „Ein Schiff, das sich Gemeinde nennt...". Festschrift zum 150-jährigen Jubiläum*, Athen 1987.
EVANGELISCHE KIRCHE DEUTSCHER SPRACHE IN GRIECHENLAND (Hg.), *175 Jahre Evangelische Kirche Deutscher Sprache in Athen*, Athen 2012.
GERKAN, A. VON, *Wilhelm Dörpfeld*, in: Gnomon 16 (1940), 429–432.
GERKAN, A. VON, *Rezension zu 'Peter Goessler, Wilhelm Dörpfeld: ein Leben im Dienst der Antike'*, Stuttgart 1951, in: Gnomon 1952, 166–168.
GOEBEL, K., *Stammtafel Dörpfeld*, in: Deutsches Geschlechterbuch 168 [Bergisches Geschlechterbuch 4], Limburg an der Lahn 1974, 157–176.
GOEBEL, K., *Dein dankbarer und getreuer F. W. Dörpfeld. Gesamtausgabe der Briefe Friedrich Wilhelm Dörpfelds (1824–1893) mit Erläuterungen und Bilddokumenten*, Wuppertal 1976.
GOEBEL, K., *Peter Goessler als Biograph Wilhelm Dörpfelds*, in: Zeitschrift des Bergischen Geschichtsvereins 101 (2008), 203–211.
GOEBEL, K./GIANNOPOULOU, CH. (Hg.), *Wilhelm Dörpfeld: Daten meines Lebens*, Patras 2010 [zitiert als: DÖRPFELD, *Daten*].
GOEBEL, K./KRUMME, M., in: Deutsches Archäologisches Institut. Athenische Abteilung (Hg.), Κατάλογος εκθέσεως φωτογραφιών από το ανασκαφικό έργο και τα ταξίδια του W. Dörpfeld. Katalog der Fotoaus-

stellung über W. Dörpfelds Grabungstätigkeit und Reisen. Catalogue of the Photo Exhibition on W. Dörpfeld's Excavation Work and Travel, Levkas 2006.

GOESSLER, P., *Zur Einführung*, in: Tübinger Blätter, herausgegeben vom Bürger- und Verkehrsverein Tübigen 33 (1942), 3.

GOESSLER, P., *Wilhelm Dörpfeld: ein Leben im Dienst der Antike*, Stuttgart 1951.

HERRMANN, K., *Wilhelm Dörpfeld*, in: R. Lullies/W. Schiering (Hg.), Archäologenbildnisse. Porträts und Kurzbiographien von Klassischen Archäologen deutscher Sprache, Mainz 1988, 112–113.

HERRMANN, K., *Hans Schleif*, in: R. Lullies/W. Schiering (Hg.), Archäologenbildnisse. Porträts und Kurzbiographien von Klassischen Archäologen deutscher Sprache, Mainz 1988, 285–286.

HERRMANN, K., *Wilhelm Dörpfeld. Persönlichkeit und Werk*, in: W. Bölke (Hg.), Mitteilungen aus dem Heinrich-Schliemann-Museum Ankershagen 6, Ankershagen 1999, 123–128.

HERRMANN, K., *Bauforscher und Bauforschung in Olympia*, in: H. Kyrieleis (Hg.), Olympia 1875–2000. 125 Jahre Deutsche Ausgrabungen; Internationales Symposion, Berlin 9.–11. November 2000, Mainz 2002, 109–130.

HILLER VON GAERTRINGEN, J., *Sparta und Olympia im Nationalsozialismus*, online unter: https://archiv.ub.uni-heidelberg.de/propylaeumdok/3953/, Onlinepublikation 1989, 1–29 (Stand: 22.05.2020).

HOFTER, M. R., *Ernst Buschor (1886–1961)*, in: BRANDS/MAISCHBERGER 2012.

JANTZEN, U., *Einhundert Jahre Athener Institut, 1874–1974*, in: Das Deutsche Archäologische Institut. Geschichte und Dokumente 10, Mainz 1986.

KALPAXIS, A., *Αρχαιολογία και πολιτική II, Η ανασκαφή του ναού της Αρτέμιδος (Κέρκυρα 1911)*, Athen 1993.

KANKELEIT, A., „*Στην Ελλάδα τα πράγματα θα γίνουν, πιθανότατα, δυσάρεστα": Το Γερμανικό Αρχαιολογικό Ινστιτούτο σε κατάσταση έκτακτης ανάγκης, 1933–1950*, in: Str. Dordanas/N. Papanastasiou (Hg.), Ο „μακρύς" ελληνογερμανικός εικοστός αιώνας: Οι μαύρες σκιές στην ιστορία των διμερών σχέσεων, Thessaloniki 2019, 155–192.

KANKELEIT, A., *Copenhagen amuses itself, seemingly as always, on the edge of the abyss": Two German Archaeologists in Exile in May 1939*, in: Proceedings of the Danish Institute at Athens 9 (2019), 35–54.

KANKELEIT, A., *The German Archaeological Institute at Athens and the German School of Athens, 1896–1932*, in: K. Sporn/A. Kankeleit (Hg.), Die Abteilung Athen des Deutschen Archäologischen Instituts und die Aktivitäten deutscher Archäologen in Griechenland 1874–1933, Beiträge zur Geschichte der Archäologie und der Altertumswissenschaften 2, Wiesbaden 2019, 279–299.

KANKELEIT, A., *Briefe aus dem Exil: Karl Lehmann und Karl Schefold im Jahr 1945*, in: Antike Kunst 63 (2020), 69–92.

KARO, G., *Fünfzig Jahre aus dem Leben eines Archäologen*, Baden-Baden 1959.

KLEIN, J., *Hans Schleif. Stationen der Biographie eines Bauforschers im Nationalsozialismus*, in: Jahrbuch des Deutschen Archäologischen Instituts [JdI] 131 (2016), 273–418.

KÖHNE, J., *Geniekult in Geisteswissenschaften und Literaturen um 1900 und seine filmischen Adaptionen*, Wien/Köln/Weimar 2014.

KOUTSOUKOU, F., *Die deutsche Kulturpolitik in Griechenland in der Zeit des Nationalsozialismus, 1933–1944*, Berlin 2008.

KRUMME, M., *Walther Wrede (1893–1990)*, in: BRANDS/MAISCHBERGER 2012, 159–176.

LEHMANN, S., *„Sport der Hellenen" – Die Berliner Ausstellung von 1936 und der jüdische Archäologe Alfred Schiff (1863–1939)*, in: Stadion 29 (2003), 199–220.

LEHMANN, S., *Hans Schleif (1902–1945)*, in: BRANDS/MAISCHBERGER 2012, 214–218.

LINDENLAUF, A., *Georg Heinrich Karo. „Gelehrter und Verteidiger deutschen Geistes"*, in: Jahrbuch des Deutschen Archäologischen Instituts [JdI] 130 (2015), 259–354.

LINDENLAUF, A., *Der Archäologe und Politiker Georg Heinrich Karo (11.01.1872–12.11.1963) und der Nationalsozialismus: ein „Sonderfall"?*, in: BRANDS/MAISCHBERGER 2016, 55–78.

MAISCHBERGER, M., *Martin Schede (1883–1947)*, in: BRANDS/MAISCHBERGER 2016, 161–201.

MARCHAND, S., *Down from Olympos: Archeology and Philhellenism in Germany, 1750–1970*, Princeton 1996, 344–345.

PAPADATOU-GIANNOPOULOU, C. (Hg.), Διεθνές Συνέδριο Αφιερωμένο στον *Wilhelm Dörpfeld*: υπό την Αιγίδα του Υπουργείου Πολιτισμού, Λευκάδα 6–11 Αυγούστου 2006: Πρακτικά συνεδρίου, Patras 2008.

PARET, O., *Peter Goeßler 70 Jahre alt*, in: Tübinger Blätter, herausgegeben vom Bürger- und Verkehrsverein Tübigen 33 (1942), 57–64.

PARET, O., *Peter Goessler †*, in: Gnomon 28,7 (1956), 558–559.

ΠΕΤΡΑΚΟΣ, Β., *Τα αρχαία της Ελλάδος κατά τον πόλεμο 1940–1944*, in: Mentor 7, 31, Athen 1994, 69–185.

RODENWALDT, G., *Archäologisches Institut des Deutschen Reiches 1829–1929*, Berlin 1929.

RODENWALDT, G., *Deutschlands Weg nach Olympia*, in: C. Kriekoukis/K. Bömer (Hg.), Unsterbliches Hellas, mit Geleitworten von A. Rizo-Rangabé und Alfred Rosenberg, Chef des Außenpolitischen Amtes der NSDAP, Berlin 1938, 107–117.

RÖSNER, C., *Η Αιώνια Ελλάς: επιλογή άρθρων από εικοσαετη δημοσιογραφικήν δράσιν εις τας Αθηνάς*, Athen 1944.

RUSSACK, H., *Deutsche bauen in Athen*, Berlin 1942.

SAILER, G., *Monsignorina. Die deutsche Jüdin Hermine Speier im Vatikan*, Münster 2015.

SCHEFOLD, K., *Die Dichtung als Führerin zur Klassischen Kunst. Erinnerungen eines Archäologen*, Hamburg 2003.

SCHWEITZER, B. G., *Wilhelm Dörpfeld zum Gedächtnis*, in: Die Antike 17 (1941), 1–4.

SHEAR, L., *Dörpfeld, W., Alt-Athen und seine Agora* [Book Review], in: Classical World: A Quarterly Journal of Antiquity 31 (1938), 75–76.

SPORN, K. (Hg.) unter Mitarbeit von TH. BILIS, *Das Deutsche Archäologische Institut Athen. Architektur und Geschichte*, Athen 2018. Online abrufbar unter: https://www.dainst.org/standort/athen (Stand: Januar 2019).

SPORN, K., *Travel and Research: Journeys and Travel Grant Recipients at the DAI Athens*, in: K. Sporn/A. Kankeleit (Hg.), Die Abteilung Athen des Deutschen Archäologischen Instituts und die Aktivitäten deutscher Archäologen in Griechenland 1874–1933, Beiträge zur Geschichte der Archäologie und der Altertumswissenschaften 2, Wiesbaden 2019, 49–66.

STÜRMER, V., *Hans Schleif. Eine Karriere zwischen Archäologischem Institut und Ahnenerbe*, in: A. Leube (Hg.), Prähistorie und Nationalsozialismus. Die mittel- und osteuropäische Ur- und Frühgeschichtsforschung in den Jahren 1933–1945, Heidelberg 2002, 429–449.
SÜNDERHAUF, E., *„Am Schaltwerk der deutschen Archäologie" – Gerhart Rodenwaldts Wirken in der Zeit des Nationalsozialismus*, in: Jahrbuch des Deutschen Archäologischen Instituts [JdI] 123 (2008), 283–362.
UNGERN-STERNBERG, J. VON, *Vom Ende einer Freundschaft. Maurice Holleaux und Georg Karo im Herbst 1914*, in: J. von Ungern-Sternberg (Hg.), Les chers ennemis: deutsche und französische Altertumswissenschaftler in Rivalität und Zusammenarbeit (Collegium Beatus Rhenanus 7), Stuttgart 2017, 1–37.
UNGERN-STERNBERG, J. VON/UNGERN-STERNBERG, W., *Der Aufruf „An die Kulturwelt". Das Manifest der 93 und die Anfänge der Kriegspropaganda im Ersten Weltkrieg*, Stuttgart 1996.
VIGENER, M., *„Ein wichtiger kulturpolitischer Faktor". Das Deutsche Archäologische Institut zwischen Wissenschaft, Politik und Öffentlichkeit, 1918–1954*, Rahden 2012.
WALCH, G., *Otto Walter*, in: 100 Jahre Österreichisches Archäologisches Institut 1898–1998. Sonderschriften des Österreichischen Archäologischen Institutes [SoSchrÖAI] 31, Wien 1998, 113–114.
WEGELER, C., *„...wir sagen ab der internationalen Gelehrtenrepublik". Altertumswissenschaft und Nationalsozialismus: das Göttinger Institut für Altertumskunde 1921–1962*, Wien 1996.
ΒΙΚΕΛΑ, Ε., *Wilhelm Dörpfeld: ο αρχιτέκτονας, ο αρχαιολόγος, ο φιλέλληνας*, in: Ιόνιος Λόγος 2 (2010), 160–186.
WILHELM-DÖRPFELD-STIFTUNG BERLIN (Hg.), *Wilhelm Dörpfeld, geboren 26. Dezember 1853 in Barmen, gestorben 25. April 1940 auf Leukas*, Berlin 1940.
ZACHARIOUDAKIS, F., *Die deutsch-griechischen Beziehungen 1933–1944. Interessengegensätze an der Peripherie Europas*, Husum 2002.
ZIEBARTH, E., *Eröffnung der Ausgrabungen in Olympia*, in: Hellas-Jahrbuch. Organ der Deutsch-Griechischen Gesellschaft und der Griechisch-Deutschen Vereinigungen in Athen und Thessaloniki, Göttingen 1937, 14–17.

ZWEIG, S., *Die Welt von Gestern. Erinnerungen eines Europäers*, London/ Stockholm 1941.

Archivalia

Arch. 1: DAI Berlin, Archiv der Zentrale, Nachlass Wilhelm Dörpfeld, Wilhelm Dörpfeld an Karl Schefold, 04.07.1935.
Arch. 2: Stadtarchiv Wuppertal, NDS 23/8, Wilhelm Dörpfeld an die Society of Antiquaries of London, 08.12.1932.
Arch. 3: Stadtarchiv Wuppertal, Nachlass Wilhem Dörpfeld, NDS 18, 22 und 26.
Arch. 4a: BArch R 4901/13359, Theodor Wiegand an die Deutsche Kongreß-Zentrale, 05.12.1935.
Arch. 4b: BArch R 4901/13359, Bescheinigung von Herman-Walther Frey, 05.10.1939.
Arch. 5: Landesarchiv Berlin, B Rep. 212-Kommtreff-Bezirksverwaltung Steglitz (Bauakten).
Arch. 6: B Rep. 212-01-Bezirksverwaltung Steglitz-Abräumakten.
Arch. 7: E Rep. 300-78-Nachlass Familie Borchardt/Zimmermann.
Arch. 8: DAI Berlin, Archiv der Zentrale, Altregistratur Ordner 11-03, Sitzungen Protokolle ZD, 1926–1941, 14.–15.07.1933.
Arch. 9: DAI Berlin, Archiv der Zentrale, Nachlass Wilhelm Dörpfeld, Wilhelm Dörpfeld an Eduard Fürstenau, 14.11.1933.
Arch. 10: Stadtarchiv Wuppertal, Nachlass Wilhelm Dörpfeld, NDS 23/19, Wilhelm Dörpfeld an Curt Rösner, 07.05.1934.
Arch. 11: DAI Berlin, Archiv der Zentrale, Nachlass Wiegand, Wilhelm Dörpfeld an Theodor Wiegand, 29.03.1936.
Arch. 12: DAI Berlin, Archiv der Zentrale, Nachlass Wilhelm Dörpfeld, Wilhelm Dörpfeld an Peter Goessler, 20.10.1936.
Arch. 13: DAI Berlin, Archiv der Zentrale, Nachlass Hans Schleif, Kasten 3, Wilhelm Dörpfeld an Hans Schleif, 07.02.1937.
Arch. 14: Stadtarchiv Wuppertal, Nachlass Wilhelm Dörpfeld, NDS 23/16, Grußwort von Wilhelm Dörpfeld an die Deutsche Gesellschaft Philadelphia, 25.11.1937.

Arch. 15: DAI Berlin, Archiv der Zentrale, Nachlass Wilhelm Dörpfeld, Wilhelm Dörpfeld an Hermann Thiersch, 04.01.1939.
Arch. 16: DAI Berlin, Archiv der Zentrale, Nachlass Wilhelm Dörpfeld, Kasten 1, Wilhelm Dörpfeld an Ernst Beckmann, 05.01.1939.
Arch. 17: DAI Berlin, Archiv der Zentrale, Nachlass Wilhelm Dörpfeld, Wilhelm Dörpfeld an Cläre und Georg Friederich, 09.01.1939.
Arch. 18: DAI Berlin, Archiv der Zentrale, Nachlass Wilhelm Dörpfeld, Wilhelm Dörpfeld an Harald Isenstein, 12.01.1939.
Arch. 19: DAI Berlin, Archiv der Zentrale, Nachlass Wilhelm Dörpfeld, Kasten 1, Wilhelm Dörpfeld an Peter Goessler, 16.03.1939.
Arch. 20: Kirchliches Archivzentrum Berlin, EZA 5/1395, Digitalisate EZA_005_1395_0100-0104, Bericht von Pfarrer Carl Kindermann am 24.11.1933.
Arch. 21: DAI Berlin, Archiv der Zentrale, Nachlass Wilhelm Dörpfeld, Wilhelm Dörpfeld an Peter Goessler, 12.04.1939.
Arch. 22: DAI Berlin, Archiv der Zentrale, Nachlass Wilhelm Dörpfeld, Wilhelm Dörpfeld an Max Junius, 02.09.1939.
Arch. 23: DAI Berlin, Archiv der Zentrale, Nachlass Wilhelm Dörpfeld, Wilhelm Dörpfeld an Max Junius, 27.09.1939.
Arch. 24: Stadtarchiv Wuppertal, Nachlass Wilhelm Dörpfeld, NDS 23/25, Wilhelm Dörpfeld an Wilhelm II., 30.12.1939.
Arch. 25: DAI Athen, Archiv, Nachlass Klaus Herrmann, Wilhelm Dörpfeld an Pfarrer Ernst Schäfer, 02.01.1940.
Arch. 26: DAI Berlin, Archiv der Zentrale, Nachlass Wilhelm Dörpfeld, Arthur S. Cooley an Wilhelm Dörpfeld, 04.12.1938.
Arch. 27: Stadtarchiv Wuppertal, Nachlass Wilhelm Dörpfeld, NDS 23/1, Arthur S. Cooley an Wilhelm Dörpfeld, 05.12.1933.
Arch. 28: Stadtarchiv Wuppertal, Nachlass Wilhelm Dörpfeld, NDS 23/19.
Arch. 29: DAI Athen, Archiv, K10 (früher Kasten 37), Wilhelm Dörpfeld an Georg Karo, 11.02.1935.
Arch. 30: DAI Berlin, Archiv der Zentrale, Nachlass Wilhelm Dörpfeld, Wilhelm Dörpfeld an Karl Schefold, 04.07.1935.
Arch. 31: DAI Berlin, Archiv der Zentrale, Nachlass Wilhelm Dörpfeld, Korrespondenz zwischen Alfred Schiff und Wilhelm Dörpfeld, 24.12.1938.

Arch. 32: DAI Berlin, Archiv der Zentrale, Nachlass Wilhelm Dörpfeld, Korrespondenz zwischen Alfred Schiff und Wilhelm Dörpfeld, 05.01.1939.

Arch. 33: Stadtarchiv Wuppertal, NDS 23/1, Margarete Bieber an Wilhelm Dörpfeld, 18.12.1933.

Arch. 34: DAI Athen, Archiv, Nachlass Klaus Herrmann, Wilhelm Dörpfeld an Harald Isenstein, 11.01.1935; D-DAI-ATH-Archiv-Doerpfeld-00041.

Arch. 35: DAI Berlin, Archiv der Zentrale, Nachlass Wilhelm Dörpfeld, Wilhelm Dörpfeld an Harald Isenstein, 12.01.1939.

Arch. 36: DAI Athen, Archiv, Nachlass Klaus Herrmann, Martin Schede an Viktor Dirksen (Städtisches Museum Wuppertal), 29.05.1940.

Arch. 37: BArch R 9361-V/19771.

Arch. 38: DAI Berlin, Archiv der Zentrale, Nachlass Wilhelm Dörpfeld, Peter Goessler an Wilhelm Dörpfeld, 31.01.1940.

Arch. 39: Stadtarchiv Wuppertal, Nachlass Wilhelm Dörpfeld, NDS 23/15, Wilhelm Dörpfeld an Peter Goessler, 08.09.1936.

Arch. 40: DAI Berlin, Archiv der Zentrale, Altregistratur Ordner 10–40, Wilhelm Dörpfeld an das Archäologische Institut des Deutschen Reiches, 21.03.1937.

Arch. 41: Stadtarchiv Wuppertal, Nachlass Wilhem Dörpfeld, NDS 23/16, Wilhelm Dörpfeld an Karl Purgold, 18.12.1937.

Arch. 42: BArch R 9361-VI/2640.

Arch. 43a: DAI Athen, Archiv, Nachlass Hans und Martha Weber.

Arch. 43b: DAI Athen, Archiv, Nachlass Klaus Herrmann, mehrere Briefe von Hans Schleif an Hans Weber (Fotokopien aus dem Nachlass Hans Weber).

Arch. 43c: DAI Athen, Archiv, Korrespondenz K12 (früher Kasten 41), Hans Schleif an Richard Eilmann, Hans Weber und Hermann Wagner, 16.07.1943.

Arch. 44: Landesarchiv Berlin, C Rep 105 Nr. 4430, Schreiben an den Polizeipräsidenten Berlin vom 10.06.1930, 14.12.1931, 19.12.1931, 14.11.1935, 16.11.1935 und 02.12.1936.

Arch. 45: Landesarchiv Berlin, A Rep. 342-02 Nr. 58810 und B Rep. 074 Nr. 3715 Acc. 1529.

Arch. 46: Stadtarchiv Wuppertal, NDS 23/10, Fritz Dörpfeld an Agnes Kaufmann, 03.01.1928.
Arch. 47: DAI Berlin, Archiv der Zentrale, Biographica-Mappe Hans Schleif, Fritz Dörpfeld an Gisela Schleif, 12.03.1955.
Arch. 48: BArch R 901/69495, Gerhart Rodenwaldt an das Auswärtige Amt, 23.05.1928.
Arch. 49: BArch R 4901/13359, Wilhelm Dörpfeld an das Auswärtige Amt, 22.08.1924.
Arch. 50: Stadtarchiv Wuppertal, Nachlass Wilhelm Dörpfeld, NDS 23/1, Ernst und Berta Buschor an Wilhelm Dörpfeld, 25.12.1933.
Arch. 51: BArch R 901/69496, Georg Karo an die Zentrale des DAI in Berlin, 14.04.1932.
Arch. 52: DAI Berlin, Archiv der Zentrale, Altregistratur Ordner 11-03, Sitzungen Protokolle ZD, 1926–1941, 08. und 09.07.1932.
Arch. 53: DAI Berlin, Archiv der Zentrale, Nachlass Wilhelm Dörpfeld, Wilhelm Dörpfeld an Homer A. Thompsen, 23.11.1939.
Arch. 54: Bayerische Staatsbibliothek München/Bildarchiv, Zeitschrift „Deutsches Wollen. Aus dem Kriegstagebuch der Landesgruppe Griechenland", Stempel vom 09.07.1941.
Arch. 55: DAI Berlin, Archiv der Zentrale, Nachlass Frank Brommer, Kasten 1, Fotoalbum.
Arch. 56: DAI Athen, Archiv, Nachlass Klaus Herrmann; DAI Athen, Archiv, Korrespondenz K12 (früher Kasten 41), „Neue Athener Zeitung" vom 10.04.1937.
Arch. 57: DAI Athen, Archiv, Korrespondenz K12 (früher Kasten 41).
Arch. 58: DAI Athen, Archiv, K10 (früher Kasten 37), Georg Karo an den deutschen Gesandten in Athen 19.04.1935.
Arch. 59: BArch R 4901/13359, Martin Schede an den Reichsminister für Wissenschaft, Erziehung und Volksbildung (Bernhard Rust), 06.12.1938.
Arch. 60: Carl und Liselott Diem-Archiv (CuLDA), Tagebücher von Carl Diem 1882–1962, 01.08.1936 bis 16.08.1936.
Arch. 61: BArch R 4901/13359, Theodor Wiegand an das Auswärtige Amt (Friedrich Stieve), 01.08.1933.
Arch. 62: DAI Athen, Archiv, K10 (früher Kasten 37), Friedrich Matz an Georg Karo, 01.11.1933.

Arch. 63: DAI Berlin, Archiv der Zentrale, Nachlass Theodor Wiegand, Georg Karo an Theodor Wiegand, 25.03.1934 und 28.03.1934.

Arch. 64: Carl und Liselott Diem-Archiv (CuLDA), Tagebücher von Carl Diem 1882–1962, Eintrag am 13.10.1936.

Arch. 65: DAI Berlin, Archiv der Zentrale, Nachlass Theodor Wiegand, Georg Karo an Theodor Wiegand, 25.03.1934.

Arch. 66: Stadtarchiv Wuppertal, Nachlass Wilhelm Dörpfeld, NDS 23/16, Korrespondenz zwischen Alfred Romain und Wilhelm Dörpfeld, 17.03.1937 und 29.03.1937.

Arch. 67: BArch R 4901/13359, Zeitungsartikel in der Berliner Börsen-Zeitung, 27.12.1938.

Arch. 68: Archiv der Zentrale, Nachlass Wilhelm Dörpfeld, Otto Walter an Wilhelm Dörpfeld, 22.12.1938.

Arch. 69: Stadtarchiv Wuppertal, Wilhelm Dörpfeld an Peter Goessler, 04.03.1936.

Arch. 70: DAI Berlin, Archiv der Zentrale, Nachlass Wiegand, Wilhelm Dörpfeld an Theodor Wiegand, 29.03.1936.

Arch. 71: Stadtarchiv Wuppertal, NDS 23/8: Foto von Wilhelm Dörpfeld auf dem Internationalen Archäologenkongress Berlin.

Arch. 72: Kirchliches Archivzentrum Berlin, beispielsweise in den Akten EZA 5/1396, EZA 5/3639, EZA 5/3640, EZA 5/3641, EZA 5/4199 und EZA 2002/132.

Arch. 73: DAI Berlin, Archiv der Zentrale, Nachlass Wilhelm Dörpfeld, Korrespondenz mit Leslie Shear und Homer A. Thompsen, 1936–1939; Shear 1938.

Arch. 74: DAI Athen, Archiv, Nachlass Klaus Herrmann, Korrespondenz zwischen Klaus Herrmann und Ernst Schäfer im September 1989.

Arch. 75: Stadtarchiv Wuppertal, NDS 23/10, Cläre Dörpfeld an Agnes Kaufmann, 15.05.1940.

Arch. 76: BArch R 4901/13359, Martin Schede an den Reichsminister für Wissenschaft, Erziehung und Volksbildung (Bernhard Rust), 06.12.1938.

Internetverweise

Int. 1: https://www.dainst.org/project/2356126 (Stand: Januar 2019) und http://www.kankeleit.de/publikationen.php (Stand: Oktober 2020).

Int. 2: https://www.europa.clio-online.de/quelle/id/artikel-3274 (Stand: Januar 2019).

Int. 3: http://digital.bib-bvb.de/publish/content/47/11964951.html (Stand: Mai 2020).

Int. 4: https://de.wikisource.org/wiki/Erkl%C3%A4rung_der_Hochschullehrer_des_Deutschen_Reiches (Stand: Januar 2019).

Int. 5: https://www.projekt-gutenberg.org/zweig/weltgest/chap016.html (Stand: Oktober 2020).

Int. 6: https://www.projekt-gutenberg.org/zweig/weltgest/chap017.html (Stand: Oktober 2020).

Int. 7: https://archive.org/details/jstor-496759 (Stand: Januar 2019).

Int. 8: https://www.ascsa.edu.gr/uploads/media/DIRECTORY_OF_FELLOWS_AND_STUDENTS.pdf (Stand: Januar 2019).

Int. 9: https://www.kongegaarden.dk/isenstein-samlingen/ (Stand: Januar 2019).

Int. 10: http://arachne.uni-koeln.de/item/buchseite/1266423 (Stand: Januar 2019).

Int. 11: https://de.wikipedia.org/wiki/Kurt_Harald_Isenstein (Stand: Januar 2019).

Int. 12: http://idb.ub.uni-tuebingen.de/opendigi/LXV198_33_1942_1#p=4&tab=struct (Stand: Januar 2019).

Int. 13: https://nataliavogeikoff.com/2014/11/01/a-preamble-to-the-nazi-holocaust-in-greece-two-micro-histories-from-the-american-school-of-classical-studies-at-athens/ (Stand: Oktober 2020).

Int. 14: http://www.kankeleit.de/zitat_2.php (Stand: Januar 2019).

Abbildungsnachweis

Abb. 1: Einzelblatt, vermutlich einem Baedeker (um 1910) zu Griechenland entnommen, Privatbesitz der Verfasserin.

Abb. 2: Stadtarchiv Wuppertal, Nachlass Wilhelm Dörpfeld.

Abb. 3–4: DAI Berlin, Archiv der Zentrale, Nachlass Wilhelm Dörpfeld, Kasten 17, Fotoalbum Dr. med. Eckert.

Abb. 5–6: DAI Athen, Archiv, Nachlass Klaus Herrmann (Original).

Abb. 7: DAI Berlin, Archiv der Zentrale, Nachlass Wilhelm Dörpfeld, Kasten 17, Fotoalbum Dr. med. Eckert (s. GOESSLER 1951, Abb. 3).

Abb. 8: DAI Athen, Fotothek D-DAI-ATH-Olympia-0637.

Abb. 9: DAI Athen, Fotothek D-DAI-ATH-1990-0043.

Abb. 10: Stadtarchiv Wuppertal, Nachlass Wilhelm Dörpfeld, NDS 23/10.

Abb. 11–12: DAI Berlin, Archiv der Zentrale, Nachlass Theodor Wiegand, Georg Karo an Theodor Wiegand, 25.03.1934.

Abb. 13: DAI Athen, Fotothek DAI-ATH-1990-0690 (Dörpfeld 1940, 113; Aufnahme aus anderer Perspektive: Dörpfeld 2010, 165, Abb. 23).

Abb. 14: DAI Athen, Archiv, Korrespondenz K12 (früher Kasten 41), „Neue Athener Zeitung" vom 10.04.1937.

Abb. 15–16: DAI Athen, Archiv, Korrespondenz K12 (früher Kasten 41), „Neue Athener Zeitung" vom 17.04.1937.

Abb. 17: DAI Athen, Archiv, Nachlass Klaus Herrmann.

Abb. 18: Stadtarchiv Wuppertal, Nachlass Wilhelm Dörpfeld, NDS 23/8.

Abb. 19: Stadtarchiv Wuppertal, Nachlass Wilhelm Dörpfeld, NDS 23/8 (s. DÖRPFELD 2010, 166 Abb. 25).

Abb. 20: DAI Athen, Archiv, Nachlass Klaus Herrmann (Reproduktion aus dem Nachlass Dörpfeld in Berlin; ähnlich, aber nicht identisch: Goessler 1951, Abb. 4).

Autorinnen und Autoren

THORSTEN BEIGEL ist Lehrkraft für besondere Aufgaben am Historischen Seminar der Bergischen Universität Wuppertal.

ARMIN EICH ist Professor für Alte Geschichte an der Bergischen Universität Wuppertal.

KLAUS GOEBEL ist Univ.-Prof.i.R. der TU Dortmund, wo er Neuere und Neueste Geschichte lehrte. Zu den Schwerpunkten gehörten Politische, Sozial- und Bildungsgeschichte sowie Geschichtsdidaktik für Schule und Medien.

GIANNA HEDDERICH promoviert in Wuppertal zur Geschichte des Zinses im antiken Griechenland. Sie ist Kollegiatin des Wuppertaler Graduiertenkollegs „Dokument – Text – Edition"

ALEXANDRA KANKELEIT ist seit den 1990er Jahren als Projektmanagerin in unterschiedlichen Branchen und Arbeitsgebieten tätig: Museen, Ausgrabungen und Surveys, Redaktion, E-Business und Tourismus. Als Deutsch-Griechin interessiert sie sich besonders für die Geschichte und Kultur Griechenlands. Zu ihren Forschungsgebieten gehören u.a. die römischen Mosaiken in Griechenland, Darstellungsweisen in der frühgriechischen

Flächenkunst sowie Untersuchungen zu den Aktivitäten deutscher Archäologen in Griechenland während der NS-Zeit (1933-1945).

LARS PETERSEN ist Klassischer Archäologe und Ägyptologe. Er leitet die Abteilung Ausstellungskoordination am Badischen Landesmuseum Karlsruhe und hat zahlreiche kulturhistorische Ausstellungen kuratiert. Zudem forscht und publiziert er zu wissenschaftsgeschichtlichen Themen der Archäologie während des späten 19. und der ersten Hälfte des 20. Jahrhunderts.

STEFANIE KENNELL promovierte an der Universität Toronto mit einer Arbeit über Magnus Felix Ennodius. Zurzeit ist sie als Redakteurin und geprüfte Übersetzerin (Griechisch-Englisch) in Vancouver (Kanada) tätig. Sie hat vielfältig über die Spätantike publiziert, dank eines längeren Studienaufenthalt in Athen ist aber ihr aktuelles Hauptforschungsgebiet die Geschichte der Archäologie, besonders im östlichen Mittelmeerraum.

MATTHIAS STEINBACH ist Professor für Geschichte und Geschichtsdidaktik an der TU Braunschweig.

BERNHARD F. STEINMANN ist zurzeit wissenschaftlicher Mitarbeiter am Landesmuseum für Vorgeschichte in Halle (Saale) und gehört zu den Kuratoren der Landesausstellung „Die Welt der Himmelsscheibe von Nebra - Neue Horizonte". Seine Forschungen zur Ägäischen Bronzezeit setzen Schwerpunkte auf minoisch-mykenische Grabgebräuche, Waffen und Kriegswesen sowie der kykladischen Frühbronzezeit. Daneben interessieren ihn noch die Anfänge des Forschungsfeldes im 19. Jahrhundert.

MIRA WEIDHAAS-BERGHÖFER promoviert in Wuppertal zu wissenschaftsgeschichtlichen und editionswissenschaftlichen Problemen des Dörpfeldschen Nachlasses.

Register

Orte

Abu Gurob 146
Abusir 146
Ägypten 7, 129f., 145–158
Alexandria .... 154f.
Amerongen 128–144, 148
Aniba 154
Argolis 156
Athen 5, 18, 22, 25, 28, 30–34, 43, 45, 74, 78, 84, 86f.,
 99, 107–109, 112, 116, 120, 122–125, 145–147, 149, 154f.,
 163f., 167, 169, 171f., 175, 177f., 184–188, 192, 194–196
Auaris 154
Ballenstadt 170
Barmen 11, 15, 18f., 21, 29, 130, 189
Bäumenheim 170
Belgrad 175
Bergisches Land 11, 19, 22, 77
Berkeley 116
Berlin 5, 14–17, 19, 21, 29, 32, 73f., 84, 99, 108,
 130–132, 136, 146, 152, 163, 168–171, 183, 194

Bielefeld 170
Breslau 31, 37
Budapest 175
Bunarbaschi 28
Cincinnati 186
Den Haag 118
Doorn 79, 82, 128–141
Driebergen 130
Dublin 46
Düsseldorf 15, 19, 130, 135, 154, 168
Elberfeld 20
Eleusis 86
England 30, 110, 117, 119, 122, 153, 174
Epano Englianos 56, 66
Epidauros 40, 86
Frankreich 33, 114, 119, 122, 174
Freiburg i. Br. 186
Gerresheim 19
Gizeh 154
Gotha 74, 170
Gräfelfing 130
Halberstadt 170
Halebüll 169
Hamburg 130, 169
Harlem 130
Heidelberg .... 33f.
Heraklion 31
Hückeswagen 11
Istanbul 169
Ithaka .... 31, 56, 58 f., 63–67, 95, 97, 108, 123, 141, 152, 168f., 195
Jena 5f., 73–82, 108, 115, 131f., 170
Kairo 5, 145–158
Kakovatos 54–56, 66, 68
Karnak 146

Register

Karthago 62
Kephallonia 66
Köln 18
Knossos .... 31, 52f., 63f.
Konstantinopel 119
Korakou 53, 65
Korfu .... 82, 87, 108, 130, 133–138, 140–142, 169f.
Kreta 62
Leipzig 98, 114, 154, 195
Lennep 15
Leukas / Lefkada / Levkada .... 20, 22, 57f., 63, 67 f., 87, 89 f.,
 97, 108, 123, 131, 141, 152, 162, 165, 167–174, 178f., 193, 195f.
London 37, 46, 110f., 121
Luxor 146
Merimde-Benisalame 151
Mettmann 15
Moers .... 13f.
Monrepos 136
München 82, 157, 170, 184
Nafplion 43
Navarino 54, 56
Neapel 34
New York 46
Nidri 22, 58
Österreich 119
Orchomenos 28, 37, 63, 66
Oropos 86
Osnabrück 132, 135
Oxford .... 108, 111f.
Paläokastritsa .... 169f.
Paris 46, 110, 166
Patras 171
Pergamon 86
Pherai 95

Philae 146
Piräus 86, 148, 154
Prag 175
Pressburg 175
Pylos 31, 54, 56, 58, 66, 95
Remscheid-Lüttringhausen 18
Ronsdorf 12, 22
Sakkara 154
Santorin 169
Sellscheid 13, 19
Sidon 154
Sparta 31, 66, 95
St. Maurice 45
St. Moritz 45
Theben 66
Tiryns 6, 25–27, 29, 31, 34, 36–38, 40, 43–46,
 50f., 53, 56, 58, 63, 69f., 88f., 130, 145
Triest 170
Triphylien 54
Troas 30
Troja 18, 25, 28–32, 37, 46, 50–53, 56, 58,
 66, 88f., 93, 95, 99f., 145f., 169
Türkei .... 29 f.
Tyros 154
USA 117, 174, 177, 186
Wermelskirchen 11, 13, 19
Wupperfeld .... 11 f., 15, 17, 19, 21
Wuppertal 5, 8, 11, 19–21
Zypern 111

Register

Personen

Es fehlen mythologische und Götternamen. Für Wilhelm Dörpfeld ist kein eigener Eintrag angelegt worden.

Abbe, Ernst 75
Adalbert, Prinz von Preußen 130
Adler, Anne .... 17, 29f.
Adler, Friedrich 27, 34, 38, 46
Alexander I., König von Griechenland .... 123f.
Bentinck, Godard Graf von 130, 132
Bethe, Erich 98
Bissing, Friedrich-Wilhelm von .... 146, 157f.
Bittel, Kurt 151
Blegen, Carl 53, 56, 63
Boetticher, Agnes von (s. auch Dörpfeld, Agnes) 168
Bötticher, Ernst 31
Borchardt, Ludwig 146, 150, 152, 155
Breccia, Evaristo 155
Brentano, Emil 29
Brückner (Brueckner), Alfred .... 84, 99f.
Buschor, Ernst .... 184f.
Capps, Edward 123
Carnap, Anna (s. auch Dörpfeld, Anna) .... 12, 73, 131f.
Carnap, Johann Sebulon 12
Carnap, Rudolf 73
Cartellieri, Alexander 76–78, 80f., 131, 133
Cauer, Paul 100–102
Clarenbach, Adolph 18
Collenbusch, Samuel 17
Conze, Alexander 86
Cooley, Arthur S. 175, 177
Curtius, Ernst 100, 171
Curtius, Ludwig .... 90 f.

Delbrück, Clemens von 81
Della Seta, Alessandro 120f., 124
Dickmann, Elisabeth 22
Döring, August 14
Dörpfeld, Agnes (s. auch Boetticher, Agnes von) 168
Dörpfeld, Agnes (s. auch Rohden, Agnes von) 12
Dörpfeld, Albert 15
Dörpfeld, Anna (s. auch Carnap, Anna) 17–19
Dörpfeld, Christine (geb. Keller) 12
Dörpfeld, Christine (s. auch Rohden, Christine von) 12, 19
Dörpfeld, Else 168
Dörpfeld, Friedrich-Wilhelm 6, 11–22
Dörpfeld, Fritz 147, 168, 179, 181, 183
Dörpfeld, Hans 12, 18
Dörpfeld, Maria 19
Duhn, Friedrich von 109
Ebert, Friedrich 139, 163
Eitel Fritz (Friedrich), Prinz von Preußen 130
Ellendt, Andrea 116
Evans, Arthur 53, 63, 112
Fabricius, Ernst 44–46
Fergusson, James 37, 39
Fin(c)kenstein, Conrad Graf Finck von 139
Firth, Cecil 154
Förster, Max 114
Forbat, Fred 169
Franzen, Hermann 132, 170
Friedrich, Paula 170
Frobenius, Leo 140–142
Fürstenau, Eduard 170
Furtwängler, Adolf 63, 157
Gladstone, William .... 37, 39f.
Goebbels, Joseph 171, 179
Goessler, Peter .... 5, 103, 129 f., 147, 168, 178–180, 183, 187

Register

Goethe, Johann Wolfgang von 94, 166
Graef, Botho 74, 77
Grey, Edward 122
Haber, Fritz 165
Haehner, Alfred 129, 140
Harnack, Adolf von 110
Hauptmann, Gerhart 165
Helbig, Wolfgang 156
Henke, Oscar 94
Hindenburg, Paul von 139
Hitler, Adolf 20–22, 163, 170–172, 192
Hodler, Ferdinand 74
Höfler, Josef 29
Hogarth, David Georges 111–121
Hohenlohe, Chlodwig Fürst zu Hohenlohe-Schillingsfürst 131
Hultsch, Friedrich 86
Isenstein, Harald 176–179, 188
Jantzen, Ulf 25
Jeremias, Alfred .... 140f.
Judeich, Walther 74, 76–78
Junker, Hermann 150–153
Kammler, Hans 183
Kardorff, Radolf von 169
Karig, Werner 153
Karo, Georg .... 120, 125, 155, 184–186, 188f.
Kaufmann, Reinhard 170
Kaulbach, Friedrich August von 165
Kawadias, Panagiotis 43
Kawerau, Georg 40, 43
Keller, Christine (s. auch Dörpfeld, Christine) 12
Keller, Gustav 15
Koch, Herbert 74
Köhler, Ulrich 27
Konstantin I., König von Griechenland .... 123f.

Kosmopolous, Alice Walker 123
Kosmopoulos, Angelis 199
Kourouniotis, Konstantinos 56
Krischen, Fritz 63–65
Kunze, Emil 182
Kyrieleis, Helmut 60
Lambros, Spyridon 120
Leitzmann, Albert 77
Leitzmann, Else 77
Liebermann, Max 165
Lippold, Georg 157
Mahaffy, John Pentland 46
Manatt, Irving 53
Meyer, Eduard 109, 125, 152
Meyer, Ernst 30
Meyerhof, Max 153
Meyer-Steineg, Theodor 77
Michel, Ernst 22
Miller, Walter 123
Mommsen, Theodor 86, 100
Murray, Gilbert .... 112, 122f.
Murray, John 37, 43
Neuffer, Eduard 151
Neumann, Karl Wilhelm 14
Newberry, Percy 152
Nohl, Hermann 80
Oberländer, Gustav 123, 141
Oskar, Prinz von Preußen 130
Philios, Dimitrios 37
Planck, Max 165
Radowitz, Joseph von .... 27, 29f.
Raubitschek, Anton 177
Rebeur, Hubert von Rebeur-Paschwitz 130
Rein, Wilhelm 17

Register

Rodin, Auguste 74
Rohden, Agnes von (s. auch Dörpfeld, Agnes) 12
Rohden, Christine von (s. auch Dörpfeld, Christine) ...... 21f., 147f.
Rohden, Gertrud von 22
Rohden, Gustav von 12, 21, 132
Rohden, Wilhelm von 12
Rosenthal, Eduard .... 77f.
Ross, Ludwig 171
Runnel, Curtis 26
Sauerbruch, Ferdinand 152
Sayce, Archibald Henry .... 39f.
Schäfer, Ernst .... 22, 195f.
Schede, Martin 198
Schefold, Karl 178
Schiff, Alfred 177
Schleif, Gisela 180, 183
Schleif, Hans .... 154, 169, 174, 179f., 182f.
Schliemann, Heinrich 7, 18, 25–47, 50–56, 62, 66, 74, 86, 88–90, 123
Schliemann, Sophia 28, 34
Schnee, Heinrich 122
Schott, Siegfried 151
Schulten, Adolf 129
Schwabacher, Willy 177
Schwerin, Wilhelm Moritz Detlof Graf von 140
Six, Jan 135
Sluyter, Friedrich .... 14f.
Sparmberg, Paul 20
Spiegelberg, Wilhelm 157
Steindorff, Georg 154
Stohrer, Eberhard von 152
Streit, Georg von 123
Stuck, Franz von 165
Studniczka, Frank 120

Taeschner, Franz ... 149
Tersteegen, Gerhard ... 17
Thiersch, Friedrich ... 51
Traill, David ... 25, 29
Trüper, Friedmar ... 115
Trüper, Hellmut ... 115
Trüper, Johannes ... 115
Tsountas, Christos ... 53
Uhde, Käthe ... 132
Uhde, Richard ... 132
van Hille, Ernst ... 135
Virchow, Rudolf ... 39f., 51–53, 62
Vogelsang, Wilhelm ... 18, 20f.
Vollgraff, Car(e)l Wilhelm ... 130, 135, 140
Wace, Alan ... 53, 63
Walter, Otto ... 192, 194
Weege, Fritz ... 169
Wehberg, Hans ... 109
West, Allen B. ... 157
Wheeler, Benjamin Ide ... 116f., 120f.
Wiegand, Theodor ... 109, 165, 182, 188
Wiese, Heinz ... 151
Wilamowitz-Moellendorff, Ulrich von ... 85, 88, 92, 97–100, 109f., 122, 125, 165
Wilhelm I. (Deutscher Kaiser) ... 22, 163
Wilhelm II. (Deutscher Kaiser) ... 107f., 116, 123, 128–142, 153, 158, 163f., 166
Wrede, Walther ... 182, 186
Zahn, Franz Ludwig ... 13